全球化背景下
国家产业安全与经济增长

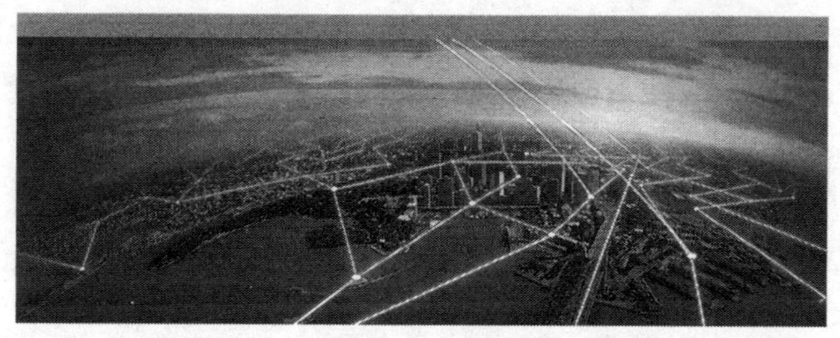

何维达　等◎著

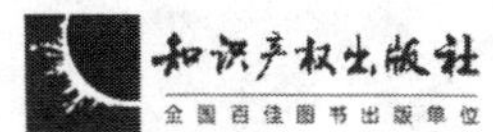

图书在版编目（CIP）数据

全球化背景下国家产业安全与经济增长/何维达等著．—北京：知识产权出版社，2016.11

ISBN 978－7－5130－4600－8

Ⅰ.①全…　Ⅱ.①何…　Ⅲ.①产业—安全—研究—中国②中国经济—经济增长—研究　Ⅳ.①F12

中国版本图书馆 CIP 数据核字（2016）第 278378 号

内容提要

本书是在国家社会科学基金重大项目（10zd&029）“经济全球化背景下中国产业安全研究”研究报告的基础上经过一再修改完成的，同时也包含了北京市社科基金重点项目（14JGA014）和教育部一般项目（15YJA790020）的部分成果。全书首先从基础理论阐述了经济全球化与产业安全的关系，然后对全球化背景下的我国基础产业安全、国际贸易摩擦与我国产业安全、信贷质量与金融安全、基于低碳视角的我国钢铁产业安全，以及全球化背景下我国电信产业与经济增长进行深度分析。同时，比较分析了国外产业安全模式，最后提出相应的对策建议。

责任编辑：蔡　虹　　　　**责任出版：**卢运霞
封面设计：邵建文

全球化背景下国家产业安全与经济增长

何维达　等著

出版发行：知识产权出版社有限责任公司	**网　　址：**http://www.ipph.cn
社　　址：北京市海淀区西外太平庄 55 号	**邮　　编：**100081
责编电话：010－82000860 转 8324	**责编邮箱：**caihong@cnipr.com
发行电话：010－82000860 转 8101/8102	**发行传真：**010－82000893/82005070/82000270
印　　刷：北京中献拓方科技发展有限公司	**经　　销：**各大网上书店、新华书店及相关专业书店
开　　本：787mm×1092mm　1/16	**印　　张：**13.5
版　　次：2016 年 11 月第 1 版	**印　　次：**2016 年 11 月第 1 次印刷
字　　数：230 千字	**定　　价：**45.00 元

ISBN 978-7-5130-4600-8

出版权专有　侵权必究

如有印装质量问题，本社负责调换。

CONTENTS

目 录

第一章 引 言

1.1 研究背景和意义

1.1.1 研究背景

随着经济全球化和我国对外开放的深入发展，我国既面临重大发展机遇，也面临日益严峻的产业安全风险。作为一个发展中大国，我国同世界经济的联系日益密切，为了在激烈的国际竞争中趋利避害，增强竞争能力，就必须重视产业安全问题的研究，维护我国的产业安全。

在经济全球化进程的推动下，面对变幻莫测的国际竞争大环境，各国都在思考如何从维护自身战略利益的角度出发，维护国家产业安全和经济安全，求得更大发展。经济全球化的实质是市场的全球化，始终以市场机制为导向。一方面，经济全球化带来了新的发展机遇，推动了全球性的经济开放和制度创新，促进了各国经济互通有无，大大降低了全球经济运行成本和交易成本，为全球经济的可持续发展创造了宏观经济运行框架，有利于加快整个世界经济的发展。另一方面，经济全球化带来的外部冲击和影响又激发了各国国内经济中本已存在的各种难题、矛盾与危机，对各国经济独立和主权形成威胁。对广大发展中国家来说，因经济实力相对较弱，产业结构不尽合理，经济处于赶超阶段，市场机制尚不成熟等种种原因，在该进程中面临着巨大的挑战和风险。如何克服各种不利因素，摆脱在世界分工当中的不利地位，缩短与发达国家的经济差距，获得有利的经济生存与发展空间成为重中之重。

1.1.2 研究的意义和价值

2014 年 4 月 15 日，总书记习近平主持召开中央国家安全委员会第一次会议并发表重要讲话，强调要准确把握国家安全形势变化的新特点、新趋势，坚持总体国家安全观，走出一条中国特色的国家安全道路。因此，本研究不仅具有重要的学术价值，而且具有重要的理论意义和应用价值，具体体现在如下四个方面。

（1）有利于促进产业升级，为提高国际竞争力提供实证分析和现实依据。经济全球化是一把“双刃剑”，在给我国产业带来挑战的同时，也带来了机遇。如何在更大程度上开放的同时，有效抵御经济风险，防止在开放中完全失去经济的独立性与自主性，维护产业安全，显然是任何国家都需要思考的问题。我国如何充分利用发展中国家的“后发优势”，促进产业结构优化升级，提高国际竞争力显得尤为重要。国务院前总理朱镕基曾指出：“善于运用世贸组织规则保护、发展自己，保护产业安全和国家经济安全。”

（2）有利于保持国民经济可持续发展。改革开放以来，我国经济发展取得了巨大成就，经济总量仅次于美国列世界第二，但也面临一些突出矛盾和问题，如经济增长的资源环境约束强化、能耗和污染加大、严重雾霾天气、产业结构不合理等。这些矛盾和问题集中起来就是经济发展方式还比较粗放，导致资源和环境约束与该地区经济发展之间面临许多突出矛盾。要实现我国经济可持续发展，就必须加快区域经济发展，调整不合理的经济结构和产业结构，走一条我国经济可持续发展的新型发展道路。

（3）有利于我国防患产业安全风险，为提升产业安全水平和企业素质提供政策支持。本研究有针对性地探讨在全球化背景下我国产业安全的重大理论与实践问题，构建中国产业安全防范体系，并对中国产业安全进行评价和预警，做到防患产业风险，提升产业竞争力和产业安全水平。并且在融入全球化经济的同时，能够通过国际实力和水平的检验，锻炼出能够经历国际经济风浪的具有高素质、高技术、善于抵御风险的大批优秀企业和优秀企业家。

（4）有利于理论创新。本研究不同于现有研究仅局限于社会安全和政治安全的研究，而是建立在经济安全基础之上。例如，全球化背景下中国产业安全面临哪些严重风险？其作用机理是什么？如何构建产业安全防范体系？如何更有效地评估产业安全风险等，需要我们以科学的探求真理的态度，了解真实的世界状况，利用规范分析方法和实证分析方法予以研究，从而发现答案和规律。本研究在理论上进行了新的探索。

1.2 研究思路与方法

1.2.1 研究思路

本书注重理论与实践的研究，重点是进行实证研究，以数据为基础，利用理论经济学和计量经济学分析方法，对经济全球化背景下中国产业安全进行深入分析研究。研究结论将严格建立在三个条件的基础上，一是高质量的数据；二是先进的分析方法；三是前沿理论进展与当前中国现实的紧密结合；同时力避基于有限证据的无限推断，避免简单化的断语。在研究上，既要坚持分析方法的先进性、前沿性，更要注重中国问题本身的特殊性，在立足于分析研究并解决中国产业安全风险的基础上，力求研究成果具有较高的学术价值和应用价值。

1.2.2 研究方法

在本研究的基本方法论上，我们将坚持多学科视角、经验分析与理论分析相统一、实证分析与规范分析相结合的基本原则。主要研究方法如下。

（1）文献调研与理论分析。本研究查阅收集经济全球化、金融危机、国际贸易摩擦、产业安全等相关的文献资料，全面分析经济全球化背景下中国产业安全的特征、影响因素和基本态势，明确产业安全的界定标准，产业安全的评价指标体系与评价方法，以及确定产业安全风险防范体系的分析框架。

（2）国内外典型经验比较研究。本研究依据大量国内外典型数据，对国内外公认的国际贸易摩擦、重要产业安全的典案例进行系统的比较分析，对全球化背景下各国产业安全模式和风险防范体系进行比较研究，以及对我国不同行业的产业安全问题进行评价分析等，总结经验，并提出可借鉴的启示与对策。

（3）统计分析。依据联合国相关组织发布的相关数据，依据世界经济年鉴、中国统计年鉴、中国经济年鉴、中国各行业发展年鉴、中国各省（市）发展年鉴等发布的大量统计数据，应用统计分析方法深度剖析经济全球化对我国产业安全的影响程度。

（4）典型数据调研、实地考察与案例分析。依据国家统计口径，初步拟定取 10 多个省市、若干行业的典型数据以及国内典型省（市）进出口产品数据，产业竞争力、产业控制力等进行典型数据调研，主要分析经济全球化背景下我国一些主要产业如制造业、金融业和新兴产业等的产业安全风险、潜力、优势劣势与发展趋势。

（5）实证分析与规范分析相结合。在上述统计分析、典型数据调研、实地考察与案例分析完成的基础上，通过相关数学模型进行实证分析，对我国产业安全进行总体评价和趋势分析，并对一些重要领域产业安全进行专门研究和评价，最后提出科学可行的我国产业安全风险防范体系。

1.3 主要研究内容与创新

1.3.1 主要研究内容

本专著总共分10章。现在概括如下：

第一章：引言。引言分为四个方面的内容：一是说明本研究的背景和研究意义。随着经济全球化和我国对外开放的深入发展，我国既面临重大发展机遇也面临日益严峻的产业安全风险。因此，开展这一课题的研究，一方面有利于完善产业安全理论包括理论体系、研究方法、评价体系和产业安全的监管与维护，进而完善产业经济学，丰富国民经济学、宏观经济学等社会主义市场经济理论；另一方面为我国抓住全球金融危机与全球化带来的重大历史机遇，促进产业升级，提高国际竞争力提供实证分析和现实依据，同时为我国防患产业风险，提升产业安全水平和企业素质提供政策支持。二是说明研究思路和方法。本研究注重理论与实践的研究，重点是进行实证研究，以数据为基础，利用理论经济学和计量经济学分析方法，对经济全球化背景下中国产业安全风险进行深入分析研究。主要研究方法包括文献调研与理论分析、统计分析、典型数据调研、实地考察与案例分析，以及实证分析与规范分析相结合。三是产业安全的主要研究内容与创新。四是关于本研究的局限性。

第二章：文献综述。本章内容主要是为后面的研究奠定理论基础和理论框架。产业安全的理论基础包括经济安全理论、产业保护理论和政府规制理论。本部分还介绍了国内外产业安全理论的发展历程、研究动态，以及产业安全的主要研究内容和观点。其中，本部分还探讨了产业安全的涵义和特征，关于产业不安全的基本原因的论述，关于产业安全的四种基本学说，关于产业安全和产业保护问题，关于产业安全的调节和维护等。最后，本章还构建了产业安全的评价指标体系。首先分析了传统产业安全的评价指标体系，重点是针对产业的经济安全，包括产业竞争力、产业控制力、产业对外依存度和产业发展环境。在此基础上，构建新的产业安全评价指标体系，尤其是在全球化背景下所包含的新的内容。因此，在传统产业安全评价指标体系的基础上，增加了两部分内容，这样，产业安全的评价指标体系就由三大部分构成：社会安全性、经济安全性和生态安全性。

第三章：经济全球化及其面临的产业安全问题。本章主要探讨经济全球化与国家产业安全的关系，以及全球化面临的产业安全风险。首先，探讨了经济全球化是一把“双刃剑”，它既反映了当前世界生产力发展的客观状况，又是资本主义生产关系向全球扩张的集中表现，对于发展中国家来说，机遇与风险并存，必须注重趋利避害。其次，本章还分析了经济全球化背景下面临的主要产业安全问题，包括国家贸易摩擦与产业安全、人民币升值与产业安全、跨国并购与产业安全、低碳经济发展与产业安全等。

第四章：全球化背景下我国基础产业安全现状分析。基础产业是国民经济的重要基础，对其他产业起着支撑和制约作用。基础产业安全是国家经济安全的重要组成部分，其产业安全水平直接影响到国民经济发展，影响整个国家经济安全。本章从四个方面进行了研究：一是基础产业安全的涵义和基本特征。二是分析我国粮食产业安全的现状。改革开放以来，我国的粮食安全基本上得到保障，取得了举世闻名的成就，但是粮食安全也存在突出问题，包括生态环境恶化，进口对外依存度增加，外资控制力加强，以及国际高粮价、自然灾害对粮食安全冲击等，因此政府应该从战略高度重视粮食安全问题，采取有效措施维护粮食安全。三是分析我国石油产业安全的现状。我国石油产业安全取得了一定的成绩，石油等能源产量稳定增加，保障能力增强。但是，石油产业安全面临不少突出问题，如对外依存度日益凸显，面临“贸易大国，定价小国”的困境和进口油源风险增加等，因此要采取有效措施维护石油安全。四是分析了我国铁路总公司债务安全。我国铁路管理体制改制后存在的突出问题，一是偿债风险，2.5万亿元债务风险就像一个定时炸弹随时爆发，二是发展环境或融资环境更加困难，三是过度垄断使竞争力下降。因此，我们必须高度重视铁路债务风险，严格区分公益性债务和经营性债务，采取分类指导的方针。

第五章：全球化背景下国际贸易摩擦与我国产业安全。我国是受国家贸易摩擦最多的国家，其中主要是“两反一保”和技术贸易壁垒，所以本部分内容重点研究“两反一保”对高新技术产业安全的影响以及技术贸易壁垒对电子信息产业安全的影响。首先，我们研究了“两反一保”对高新技术产业安全的影响。近10年来，我国高新技术产业取得了很大成绩，产值增加，一些重点技术突破，竞争力有所提升等，但是，也受到“两反一保”的影响，对我国高新技术产业安全带来一定的影响。这些影响主要表现为：反倾销调查发起的国家集中且示范效应明显；涉及高新技术产品的反倾销较为集中，带来产业损害；对外依存度较高危及高新技术产业安全和经济安全；研发投入强度不足，无法获得核心竞争力和产业主导权等，因此应该积极应对“两反一保”，加强技术创新，提升核心竞争力。其次，我们还研究了技术贸易壁垒对电子信息产业安全的影响。电子信息产业是我国的新兴产业，这些年来取得了许多成绩，提升了竞争力水平。但是，技术贸易壁垒也影响我国电子信息产品的出口，造成产业损害；此外，关键核心技术受制于人，电子信息产业国际竞争力不强；部分电子产品对外依存度较高，产业控制力仍然受制于人等。因此，一方面，应增强自主创新能力，采取提升我国产业核心竞争力的支持政策；另一方面，不断健全和完善我国产业损害预警体系和机制，灵活运用 WTO 规则，增强应对贸易争端的能力。

第六章：全球化背景下信贷质量与金融安全分析。本章利用 1999—2009 年中国 50 家商业银行数据，考察货币政策、信贷质量与银行风险的关系。研究发现，扩张性的货币政策、信贷质量不高会刺激银行风险，风险的动态性将延续到紧缩阶段，削弱货币政策的效力。本章还对异质性问题进行了综合验证，发现面对货币政策冲击，资本充足率高、收入多元化的银行更重视信贷质量，但却表现出更高的风险偏好。从银行属性来看，相对于大中型商业银行，尽管城商行信贷质量较高，却在风险效应中表现得更为激进。从董事会特征来看，规模大、独立性强的董事会更偏好于风险行为，也在风险效应中表现得更为激进。

第七章：基于低碳视角的我国钢铁产业安全评估分析。在我国面临着能源消耗持续增长，生态环境污染进一步加剧，需要减少温室气体排放的低碳背景下，如果不对我国钢铁产业的资源消耗、生态环境污染和碳排放进行有效约束，那么将大大加重我国钢铁产业对外资源的依赖和对生态环境的破坏，并进一步使我国钢铁产业处于不安全状态。本章内容首先分析了我国钢铁产业碳减排的现状与问题，主要是低碳技术创新能力不高、化石能源所占比例偏高等；其次，分析了我国钢铁产业碳减排的影响因素并对其进行了分解；再次，构建低碳背景下产业安全评价指标与分析模型，对我国钢铁产业安全进行了定量估算和评价，结果表明，我国钢铁产业安全度大体呈上升趋势，但是最近两年受外界经济复苏和铁矿石价格影响较大。从社会性安全、经济性安全和生态性安全来看，我国的钢铁产业安全已经开始从传统的经济性安全向生态性安全转变，但是仍然面临不少困境。

第八章：全球化背景下我国电信产业与经济增长。本章研究了如下基本问题：实现分析了在行业发展早期（1990—1999 年），移动电话基础设施普及显著促进了中国地区经济增长，固定电话只有与移动电话基础设施的交互项才对经济增长产生积极影响。其次，进入行业相对成熟期（2000—2010 年），移动电话基础设施虽仍对经济增长具有显著的正向影响，但边际贡献率递减。最后，通过定量分析，发现我国电信业南北拆分后固定电话基础设施的重复建设，使得固定电话基础设施对经济增长具有显著的负向影响。

第九章：国外产业安全模式与防范体系的比较研究。本章内容主要比较分析了发达国家的产业安全模式、新兴市场工业国家的产业安全模式和其他国家的产业安全模式。通过比较分析，得到如下几点启示：(1) 总体上看，每个国家都制定了相应的法律法规维护本国的经济利益和产业安全，并且有相应的组织机构。比较而言，发达国家的法律制度更加完备和规范，不仅范围广、标准多，而且历史悠久，不断改进完善；而新兴市场国家和发展中国家则相对落后一些，所涉及产业安全范围、标准和法律制度都较为薄弱，有待于进一步的充实和完善。(2) 有效利用外资的同时必须维护国家经济安全，立法在先。(3) 必须培育真正的市场主体和竞争体制、形成与开放环境相适应的竞争能力。(4) 对资本流动和对外投资实施有效的调控和监督。必须优化外资结构，把握合理投向，严格控制资本的非法流入流出，减少其可能投机获利的机会，跟踪监测外资和外债风险指标等。(5) 加强国际协调合作，建立有效的合作机制和安全网络。此外，需要建立新的国际合作体系，防范风险，维护产业安全，促进全球经济健康发展。

第十章：维护产业安全，促进经济增长的政策。本章包括如下内容：首先，要构建我国产业安全的“四位一体”的保障体系框架，即通过对国外产业安全模式及防范体系的比较研究，并且根据中国的具体国情，我们认为有必要构建“四位一体”的保障体系框架。其次，建立我国产业安全的政策法律体系，包括构建产业安全法律法规，建立民主、科学的产业安全决策机制和评议机制等。最后，构建新的国际合作机制，包括国际合作机制的内涵、建设的基本内容等。第四，构建中央与地方新的协调机制。构建和谐社会离不开中央与地方的协调机制，处理好中央与地方关系既是构筑现代民主政治体系的需要，同时还是完善现代法制，推进经济发展和社会进步的必要条件。第五，进一步提升企业竞争力水平，产业安全最终要落实到微观层面。因此，必须培育优势企业，增强企业的国际竞争力，大力发展高科技产业和战略性新兴产业，建设多元开放平台促进企业创新。

1.3.2 主要创新

本专著将经济全球化背景下中国产业安全研究看作一个系统工程，由理论研究、实证研究和政策研究三部分组成。本课题针对经济全球化和国际金融危机的影响，除了分析评价中国产业安全的总体状况和趋势之外，还对中国产业安全若干重大问题如国际贸易摩擦、人民币升值、低碳经济发展以及经济方式转变等对中国产业安全的影响进行前瞻性探讨，在此基础上，借鉴国外的先进经验，进一步构建全球化背景下中国产业安全风险防范体系。具体包括以下几个方面。

（1）研究经济全球化发展与产业安全的关系，寻找其一般规律和特征，为产业安全的实证研究铺垫理论基础。

（2）在内容上是创新的、具有明显特色：一是研究新贸易保护主义下国际贸易摩擦的类型及风险，以及它对中国产业安全的影响程度与未来发展前景，为化解国际贸易摩擦对中国产业的损害提供政策支持；二是研究全球化背景下我国信贷质量与金融安全，发现扩张性的货币政策、信贷质量不高会刺激银行风险，风险的动态性将延续到紧缩阶段，削弱货币政策的效力；三是研究低碳经济发展对中国钢铁产业安全的影响机制及影响程度，为降低制造业的碳排放和提高制造业的国际竞争力提供科学依据和政策支持；四是从宏观层面、产业层面和微观层面等几个层次，对构建我国产业安全防范体系进行系统探索与设计，试图探求更加科学合理的维护产业安全的宏观政策和微观措施。

（3）应用构建的与联合国工业组织和贸发会议组织以及中国统计口径相适应的产业安全评价指标与评价方法，对中国与典型发达国家，对中国若干重要产业以及中国各重要省（市）产业竞争力、控制力等进行实证分析，比较它们之间的差异性和特点，探寻在经济全球化背景下提高我国产业竞争力水平和提升我国产业安全的思路和途径，是本书的又一特色。

1.4　研究的局限性

（1）行业局限性。在本研究中，涉及中国产业安全的领域很多。为此，我们第一产业主要选择了粮食安全，第一产业的其他方面就没有具体分析，只是在产业安全总体评价时对第一产业安全状况进行了定性分析和评价；第二产业涉及的领域比较多，我们主要针对钢铁产业、金融业、石油产业、电子信息产业等进行了分析和评价；第三产业涉及领域也很广泛，我们选择了交通运输业、金融业安全进行了定量分析。虽然这些都是重点领域，但是仍然存在以偏概全，以及存在行业的局限性。这也是我们今后需要继续加强的地方所在。

（2）数据局限性。由于 2014 年以后的许多数据还没有出来，所以本书中所引用的数据最近年份是 2012 年和 2013 年的；此外，还有些数据在统计年鉴和其他数据库找不到，个别数据可能是 2010 年的。因此，最近 2 年以来发生的对我国产业安全形成了较大影响的数据很难及时发布，也就只能进行定性分析。这样，就可能影响科学分析的准确性。

（3）实证研究的局限性。我们运用新的产业安全评价指标体系对低碳经济背景下的中国钢铁产业安全进行了估算，但是对其他产业基本上还是运用传统的产业安全评价指标体系，主要是相关数据很难获得。

由于以上几个局限性，所以我们在本专著中，有些地方主要运用定性分析方法，例如国际贸易摩擦与我国产业安全，就是用的定性分析方法，而有些地方主要采用定量分析方法，例如低碳经济与高铁产业安全等。尽管如此，我们使用的评价指标体系都是一样的，研究思路与方法基本上是一样的。当然，定性分析结果可能比定量分析结果的科学性要略微差一点。

第二章　文献综述

2.1　产业安全的理论基础

2.1.1　经济安全理论

随着冷战的结束，国家经济安全上升为国家安全的首位。美国、日本等发达国家的政治家、战略家对经济安全的理解，主要是从国家经济利益、国家安全需要出发，从战略、政策层面予以阐述的。美国政府及理论家认为：美国的国家经济安全就是国家的经济利益要有足够的安全保证；美国的国家经济发展不能受到外来的威胁；经济安全本质上是“经济适应变化的能力”，国家经济体系的国际竞争力。从霸权国家的地位出发，美国的政治家和学者认为，经济安全是美国在世界上霸权地位的保证和体现。日本政府对于国家经济安全的看法是：由于日本既无资源也无能源，二者同时依靠国际市场。因此，日本要通过保证海外资源、能源的稳定供给和国际市场的开放，维护国家的经济安全。俄罗斯的经济学家、战略家往往把社会安全与经济安全紧密联系在一起，认为：“社会经济安全是国民经济的一种状态。在这种状态下，能够保障社会的快速发展，保持经济和社会稳定，拥有抵御内部和外部不良因素影响的强大国防能力。”俄罗斯学者认为，保证国家安全首先要保证国家的经济安全，而对于俄罗斯而言，经济安全首先是保证国家经济的正常运行。

与国家经济安全相对应的是国家经济利益。因此，只有提到国家经济安全层面来认识，并由政府制定公共政策，甚至采取强硬手段予以支持的，才是国家经济利益体系中的重大国家经济利益。这些重大经济利益关系到整个国家、全体民众的生存与发展，甚至关系国家兴衰。只有涉及关系整个国家全体民众的生存与发展，甚至关系国家兴衰的重大经济利益受到侵袭、破坏时，才能做出“已经危及国家经济安全”的判断。

我们认为，国家经济安全就是指维护国家经济秩序正常运转，国家的经济发展和经济利益不受国内外环境的威胁、制裁和破坏的一种状态，它是国家安全的重要组成部分，是军事安全和政治安全的基础。具体来说，国家经济安全包括两方面：一是指国内（本土）经济安全，即一国不会出现严重的社会经济不稳定和产业不安全、失业、金融市场紊乱、严重的通货膨胀，也不存在大规模的贫困、商品不安全和外来人口的冲击（主要是外来移民）等，社会经济处于稳定、均衡和可持续发展的状态；二是指国家外部经济安全，即一国内部经济发展所依赖的国外资源的供给获得有效保证，免于供给中断或价格暴涨而产生的突然打击，同时一国遍布世界各地的市场和投资以及经贸环境等商业利益不受威胁。

根据经济安全的定义，国家经济安全应该具有如下基本特征：①经济主权的独立性。这是最基本的国家生存权力。经济主权不仅表现在领土的管辖与治理，而且在全球化背景下更主要体现在主权国家对国内经济事务的自主决策。独立自主决策是国家经济安全的关键。②经济安全的战略性。经济安全关系到国计民生和一国经济的长远发展，是国家安全的重要基础。要使国家经济利益不受到严重威胁或侵害，确保经济安全至关重要。因此，必须从战略上高度重视国家经济安全问题的研究。③经济安全的综合性。经济安全涉及范围很广，既包括财政金融安全，又包括产业安全、能源资源安全和科技人才安全，它们之间相互关联，相互影响，相互依存，不能顾此失彼。此外，影响经济安全的因素是复杂的、综合的，包括政治、经济、自然、社会、信息和技术等，由此可见，经济安全具有高度复杂性和综合性的特点，因此在维护经济安全的手段上也应该是综合性的。④经济安全的紧迫性。经济安全的紧迫性源于该问题的战略性和综合性，发展中国家在经济全球一体化的条件下进行对外开放使这一问题变得尤其紧迫。如果对经济安全问题的紧迫性不给予高度重视并采取及时的应对措施，必将给国民经济带来重大的隐患或损失，直至危及国家安全。所以，无论是理论界还是政府或企业都应关注这一问题。⑤经济安全的系统性。经济安全是一个有丰富内涵的政策系统。它既涉及组织内部问题，又涉及组织外部问题。从组织内部来说，它涉及制度结构以及相关的技术问题和管理问题。如果在一个经济组织内建立了有效的制度，包括先进的技术、科学的管理以及具备了较强的国家、产业和企业的综合创新能力和竞争力，那么在这种制度环境下，经济安全就会有保障。否则，经济安全就可能受到威胁。组织外部环境是影响经济安全的另一个重要因素。组织外部的环境因素主要指的是国际市场条件、国外企业的组织制度、技术水平和竞争力，尤其是指国外企业进入中国市场的资本、技术、管理等状况。经济全球化，外资进入、跨国并购、国际贸易摩擦等无疑给中国经济安全带来许多风险。⑥经济安全的动态性。一国或一地区的经济安全不是静止的，而是动态的，这符合辩证法原理。经济安全的动态性具有两层含义：一是指经济发展本身而言。在一定时期内，一国经济处于安全状态，不需要政府规制；而有时候，经济发展可能面临较大风险，就需要政府适当规制和维护。二是指，经济安全的政府规制模式和保障措施不是静止的，而是动态的。

在本课题研究中，经济安全理论是我们所依赖的重要理论基础，因为产业安全是经济安全的重要组成部分，研究产业安全问题，必然涉及国家经济安全。

2.1.2 产业保护理论

产业保护理论又叫幼稚产业保护理论（Infant Industry Theory），最早是由美国政治家汉密尔顿（Alexander Hanmilton）于1791年提出，但是真正引起人们注意的是德国经济学李斯特（Friedrich List）的论述。一种对某些产业采取过渡性的保护、扶植措施的理论，是国际贸易中贸易保护主义的基本理论。其基本内容是：某个国家的一个新兴产业，当其还处于最适度规模的初创时期时，可能经不起外国的竞争。如果通过对该产业采取适当的保护政策，提高其竞争能力，将来可以具有比较优势，能够出口并对国民经济发展做出贡献的，就应采取过渡性的保护、扶植政策。主要运用关税保护之类手段来实现。他在1841年出版的《政治经济学的国民体系》一书中，系统地提出了保护幼稚工业的贸易学说。

但是传统的幼稚产业保护理论强调以规避竞争为主的保护方式，而且主张国家干预经济生活。他认为政府应通过对国民经济活动的一部分加以限制来保证国家经济利益的实现，而国际利益的保证是持久的个人利益得以实现的前提。其主要内容包括：

1）保护对象。①农业不需要保护。②一国工业虽然幼稚，但在没有强有力的竞争者时，也不需要保护。③只有刚刚开始发展且遭遇国外强有力的竞争对手的工业才需要保护。

2）保护时间。以30年为最高限期，如果在此期限内，被保护的产业始终发展不起来，那就放弃保护。

3）保护手段。通过禁止输与征收高额关税的办法来保护幼稚工业，以免税或征收少量进口关税的方式鼓励复杂机器进口。

尽管在开放经济条件下，产业保护理论受到了多方面的批评，但是又受到不少国家政府领导的重视，即使美国和英国等推行自由市场经济的国家也不例外。这是因为，一方面，幼稚产业保护理论具有理论上的合理性。自由贸易的倡导者约翰·穆勒尚且将幼稚产业保护理论作为贸易保护“唯一成立的理由”。幼稚产业保护理论在现实中有着广泛的影响力，世界贸易组织也以该理论为依据，列有幼稚产业保护条款。该条款允许一国为了建立一个新工业或者为了保护刚刚建立不久、尚不具备竞争力的工业采取进口限制性措施，对于被确认的幼稚产业可以采取提高关税、实行进口许可证、征收临时进口附加税的方法加以保护。另一方面，幼稚产业保护理论在实践中成效不大。这可能是由于无法准确界定幼稚产业所致。发展中国家都很注重对幼稚产业的保护，但多数都未达到预期效果，反而付出惨痛代价。例如我国保护了多个像汽车这样的产业，结果却使得国内企业安于现状，结果国产轿车的价格远远高于汽车的国际价格。

所以，产业保护理论在本课题研究中是有选择的借用，而不是全盘照搬。

2.1.3 政府规制理论

规制一词来自西方，源于英文的 Regulation 或 Regulatory Constraint，是日本经济学家创造的译名。它还被译为我们习惯使用的“管制”一词。由于这一词的译法至今尚未取得一致，因此在本课题中，为了引用文献和论述的方便，有时也沿用管制一词，把它们当做同义语来使用。

在通常的意义上，规制是指依据一定的规则来制约特定行为，其外延较宽。从规制的主体方面来看，有私人规制和公共规制；从规制的手段方面来看，有直接规制和间接规制；从规制的内容方面来看，有经济性规制和社会性规制。

早期的经济学文献，对管制的定义局限于某些公共事业的管制。后来，随着管制理论的发展，不仅对管制的范围进行了拓展，并开始对可替代的政策手段做的激励于福利性质做出估价。

卡恩（Kahn，1970）在其经典的教科书《规制经济学：原理与制度》中对公共事业等的规制定义为：“对该种产业的结构及其经济绩效的主要方面的直接的政府规定，比如进入控制、价格决定、服务条件及质量的规定、以及在合理条件下服务所有客户时应尽义务的规定。”这个定义是建立在公共事业的管制经验之上的，并不能一般化地扩展到其他管制领域，如环境污染和作业场所安全。更应该引起注意的是，作为竞争性市场内容而存在的政府制度，在卡恩看来只游离于市场之边缘。此后，乔科斯和诺尔（Joscow and Noll，1981）对管制的内容作了进一步的扩展，他们全面总结了竞争与非竞争产业的价格与进入的管制，以及对质量（环境、健康、就业安全及产品质量）的管制。施蒂格勒（Stigler，1971）提出："作为一种法规（Rule），管制是产业所需要的并为其利益所设计和主要操作的。"在他看来，规制是国家强制权力的应用，他列举了四项为产业所需而由国家提供的规制手段：直接的货币补贴、新进入的控制、对产业辅助品生产的鼓励及替代品生产的压抑、价格的控制。到1981年，施蒂格勒又将规制的范围扩展到所有公共－私人关系中，不仅仅包括老式的公用事业和反托拉斯政策，还包括对要素市场的公共干预、举债和投资，以及对商品和服务的生产、销售或交易的公共干预。施蒂格勒的理论主要偏重于规制的起源，这在管制被确切理解前是必要的。布雷耶和麦卡沃伊（Breyer & MacAvoy，1992）在《新帕尔格雷夫经济学大词典》的"管制与放松管制"的词条中，将管制定义为："政府为控制企业的价格、销售和生产决策而采取的各种行动，政府公开宣布这些行动是努力制止不充分重视社会利益的私人决策。"植草益（1992）在其《微观规制经济学》一书中，将规制定义为："社会公共机构依照一定的规则对企业的活动进行限制的行为。"

因为政府规制的出发点就是治理市场失灵，哪里出现了市场失灵，政府规制就应该进入哪里（宏观调控领域范围除外）。根据史普博的分析，政府规制的内容可以区分为对以下几类市场失灵的治理：垄断、外部性、内部性。

政府规制理论也是本课题研究的重要理论基础，尤其是涉及产业安全机制设计、产业安全政策提出，必须考虑政府规制，或者说，考虑政府如何才能出台有效的宏观调控措施，维护我国的产业安全以及提升产业国际竞争力。

2.2 产业安全理论研究综述

2.2.1 关于国内外产业安全研究进程

（1）国外产业安全研究进展

国外学者对国家经济安全和产业安全问题的研究成果较多，时间更早，最早可以追溯到重农主义及18世纪的贸易保护主义。而现代经济学对经济安全和产业安全的研究是在20世纪60年代后期，美国学者提出要关注"经济安全问题"。到了70年代，日本学者开始关注"日本的生存空间和经济安全问题"。到了20世纪80年代后期尤其是90年代，国家经济安全问题引起了越来越多的政府高层官员以及战略专家的关注。美国前总统克林顿在 1993 年便表示要“把经济安全作为对外政策的主要目标”，并在政策上将“经济安全”定为国家安全战略的三大目标之一（赵刚箴，1999）。美国前总统小布什 2006 年还特别强调加强美国经济安全的重要性。2013 年 2 月 13 日，美国总统奥巴马发表《国情咨文》讲话，强调经济与安全议题的重要性。1990 年，日本学术界和企业界组成日本产业绩效委员会，该委员会对日本的制造业进行了系统研究，并于 1994 年出版了《日本制造——日本制造业变革的方针》一书。俄罗斯 1996 年也明确提出了“国家经济安全战略”和“国家安全基本构想”（梅德韦杰夫，1999）。除此之外，英国、法国、印度等国也提出了本国的国家经济安全思路。之后国际货币基金组织和世界银行、联合国非洲经济委员会、OECD、美国 Lawrence Livermore 国家实验室、斯坦福研究院、兰德公司、Sarkey's 能源中心、加拿大社会发展院、德国柏林 Thunen 研究所、俄罗斯社科院经济研究所、韩国产业研究院、法国及印度有关机构，都在有组织地研究国家经济安全问题。

关于外国直接投资的影响。早在 1973 年，美国经济学家罗伯特 · B. 莱福特维奇对 1962—1971 年外国在美国的直接投资做了全面的分析，得出结论认为，尽管外国在美国的投资增长迅速，但总的来说，直到 1972 年，美国还没有任何一个产业被外国主宰。但 1988 年美国《纽约时报》记者 MartinTolchin 和华盛顿大学教授 Susan Tolchin 在《购买美国》一书中指出，外国投资在改变着美国，美国必须要采取措施，防止外国人控制美国经济的要害部门和插手美国的内政。John N. Ellison、Jeffrey W. Frumkin、Timothy W. Stanley（1998）对美国市场的并购进行了研究，并建议政府加强对国外企业并购美国企业的监管。如果一个企业因并购受外国资本控制，该企业又具有相当的市场支配力，这对美国产业安全将构成威胁。

俄罗斯经济学家 B. K. 先恰戈夫（2003）认为，稳定与发展对经济安全至关重要。经济的稳定性反映了经济系统的各要素之间和系统内部的纵向、横向和其他联系的稳固性和可靠性，反映了承受内部和外部压力的能力。仅有稳定是不够的，如果经济没有发展，那么经济的生存能力、抵御和适应未来威胁的能力就会大大降低。

关于跨国公司直接投资对产业安全影响的研究以布雷（Burnell，1986）、联合国跨国公司中心（1992）和费雪（Fischer，2003）为代表，他们认为，发达国家试图将落后的和发展中的国家变为自己的附庸的时候，跨国公司也正忙于将这些国家的经济或者产业变成自己的产业附庸。

在战略性产业安全研究方面，国际上已经有较深入系统的研究成果，并应用于实践，如美国的国家能源模型系统（National Energy Modeling System，NEMS）。国家能源模型系统用于宏观经济子模型，预测整个模型系统的国家宏观经济活动背景。在进行能源供需预测时，分成几个子领域进行，子领域再细分下去，最后对所有的子领域、子模块进行综合集成，得出完整的预测结果。波特（M. E. Porter，1990，1998）和戴维（David B. Audretsch，1998）认为，一个国家的经济、社会、政治等环境影响各个行业的国际竞争力。如果一国产业面临国外更高生产率的竞争对手时，其产业发展与安全将受到威胁。

（2）国内产业安全研究进展

我国对国家经济安全和产业安全问题的研究较晚，是进入20世纪90年代后才开始的。中国人民大学的顾海兵（1997），对中国经济的安全度进行了估计，他认为，这一评价体系至少应该包括如下五种评价：中国经济的市场化程度评价，中国经济的稳定度评价，中国经济的景气度或警度评价，中国经济的开放度评价，中国经济的安全度评价五个方面。郑通汉（1999）研究了经济全球化中的国家经济安全问题。中国社会科学院的江小娟（1995）、赵英（1994）、金碚（1997）和上海财经大学的杨公仆（1998）等人从产业经济学角度探讨了经济安全和产业竞争力等问题。而童志军（1997）和于新东（1999）主要考察了跨国公司介入对产业安全的影响及其应对策略。何维达（2000，2003，2008）构建了一套产业安全评价指标体系，并对若干重要产业如汽车、机械、电信、金融等进行了评价与估算。朱棣（2006）探讨了入世后开放对中国产业安全的影响，黄烨菁（2004）分析了中国信息技术产业的发展与产业安全。雷家骕（2000）、赵英（1999，2008）和李孟刚（2006）等对产业安全的基本理论和方法进行了研究。此外，国家商务部等政府部门也开展了产业安全的研究，取得了一定的研究成果。

2.2.2 关于产业安全的涵义与特征

（1）关于产业安全的涵义

一般认为，产业安全是国家经济安全的重要组成部分。所谓国家经济安全是从经济生活的宏观面来研究的，是与国家安全处于同一个范畴内的概念。因此，国家经济安全是指国家的根本经济利益不受伤害。其具体内容主要包括：一国经济在整体上基础稳固、健康运行、稳健增长、持续发展；在国际经济生活中具有一定的自主性、自卫力和竞争力；不至于因为某些问题的演化而使整个经济受到过大的打击和损失过多的国民经济利益；能够避免或化解可能发生的局部性或全局性的经济危机（雷家骕，2000）。

产业安全与国家经济安全概念相比，产业安全以更加具体的产业为研究对象，因而更加具有针对性和指导性。产业，通俗地讲，就是指国民经济的各行各业。因而，产业意义上的安全研究是较为中观层次的。

至今，有多位学者从不同的角度对产业安全给出了明确的定义。杨公朴等（1999）认为："产业安全是指在国际经济交往与竞争中，本国资本对关系国计民生的国内重要经济部门的控制，本国各个层次的经济利益主体在经济活动中的经济利益分配的充分，以及政府产业政策在国民经济各行业中贯彻的彻底。"张碧琼（2003）认为："国家产业安全问题最主要是由于外商直接投资（FDI）产生的，指的是外商利用其资本、技术、管理、营销等方面的优势，通过合资、直接收购等方式控制国内企业，甚至控制某些重要产业，由此而对国家经济构成威胁。"于新东（2000）认为："所谓产业安全，可以做这样的界定：一国对某一产业的创始、调整和发展，如果拥有相应的自主权或称控制权的话，即可认定该产业在该国是安全的。"何维达（2000，2003，2008）从市场开放的角度给出了产业安全的一般定义："在市场开放的条件下，一个国家影响国民经济全局的重要产业的生存发展以及政府对这些产业调制权或控制权受到威胁的状态。"赵世洪（1998）提出了国民产业安全的概念。认为国际产业竞争是指在各国国家经济政治主权完全独立自主的条件下，各国的国民产业主体之间为争取产业权益最大化进行的不触犯竞争所在国当地法律的一切商业性较量。同时这里的国际产业竞争主要是指在一国国内市场上的国际产业竞争，不包括国外市场上的竞争。国民作为国民产业安全中的权益主体，是指一个国家全体公民的集合，具备在国界内有明确的排他性经济主权，全体国民有共同一致的对外经济权益两个基本属性。产业权益则是指对产业产权及其现实和潜在经济收益的占有。产业权益危害主要是指在国际竞争的情况下，由于竞争而导致的国民对产业产权丢失乃至完全丧失和产业现实和潜在收益的减少或消失。因此，他认为国民产业安全是指一国的国民产业在国际产业竞争中为得到由对外开放带来的产业权益总量而让渡最小的产业权益份额，在让渡一定国民产业权益份额的条件下得到由对外开放引致最大的国民产业权益总量。简单地说，就是要在国际竞争中达成国民产业权益总量和其在国内份额达最佳组合。夏兴园、王瑛（2001）将国家产业安全界定为：一国产业对来自国内外不利因素具有足够的抵御和抗衡能力，能够保持各产业部门的均衡协调发展。具体表现在：国家经济命脉是否被外资控制，即外资进入关键产业的深度和广度是否保持在一个合理的范围之内；国内市场结构状况是否合理；产业结构是否安全。李连成、张玉波（2001）主张产业安全应从动、静态两个角度进行研究，认为产业安全的内涵一般是指一国拥有对涉及国家安全的产业和战略性产业的控制力及这些产业在国际比较意义上的发展力。控制力是对产业安全的静态描述，发展力是对产业安全的动态刻画，是产业安全的本质特征。景玉琴（2004）将产业安全分为宏观和中观两个层次。认为宏观层次的产业安全就是一国制度安排能够引致较合理的市场结构及市场行为，经济保持活力，在开放竞争中本国重要产业具有竞争力，多数产业能够生存并持续发展。中观产业层次意义上的产业安全定义为：本国国民所控制的企业达到生存规模，具有持续发展的能力及较大的产业影响力，在开放竞争中具有一定优势。

此外，从产业的动态变化看，产业安全包括产业生存安全和产业发展安全两个方面。产业生存安全是指产业的生存不受威胁的状态。首先，它意味着该产业有一定的市场或市场份额；该产业能达到一定的利润率水平。其次，产业要生存，还必须具备它自身的生存特征，即产业要生存，还必须实现它的货币资本循环、生产资本循环和商品资本循环的统一。因此，可以将产业生存安全具体定义为产业的市场或市场份额、利润水平以及产业资本循环中的任何一个循环都不受威胁的状态。产业发展安全是指产业的发展不受威胁的状态。

（2）关于产业安全的基本特征[1]

产业安全的特征有许多，多数人认为，产业安全的基本特征可以归纳为五个：战略性、综合性、紧迫性、系统性、动态性。战略性，产业安全关系到国计民生和一国经济的长远发展，是国家经济安全的重要基础和前提条件，必须从战略高度重视产业安全问题的研究；综合性，产业安全涉及国民经济的各行各业，并且产业与产业之间相互关联。而且，影响产业安全的因素是复杂的、综合的，从而产业安全具有高度复杂性和综合性的特点，因此在维护产业安全的手段上也应该多种多样；紧迫性，产业安全涉及重要产业的生存与发展受到外界威胁，如果不采取相应政策措施，可能给国民经济带来巨大损失，因此，一旦出现产业安全问题，都非常紧迫，不得不采取紧急应对措施；系统性，产业安全是一个有丰富内涵的政策系统，它既涉及产业内部问题，又涉及产业的外部环境。从产业内部来说，它涉及制度结构以及相关的技术问题和管理问题。产业外部环境主要包括国际市场条件，国外企业组织制度、技术水平和竞争力，尤其是指国外企业进入中国市场的资本、技术、管理等状况；动态性，一国或一地区的产业安全不是静止的，而是动态的。它包括两层含义：一是指

[1] 何维达．中国“入世”后的产业安全问题及对策［J］．经济学动态，2001（11）：5－8.

产业本身而言，有些产业在一定时期内是安全的，不需要政府保护，而有些产业在一定时期内具有较大风险，需要政府适当保护。二是指产业安全的政府保护是动态的。这意味着绝大多数的产业安全保护不是永久的，因为政府保护的实质是为了促进产业升级，提高其在国际市场的竞争力。

2.2.3 关于产业不安全原因的研究

一些学者对产业不安全的原因进行了分析，他们一般认为产业安全的威胁来自开放条件下的外商直接投资和外国商品倾销（Lee Branstetter，2006）。

国内学者景玉琴（2005）认为，如果一个发展中国家引进外资的规模过大，资本流向过于集中，必然导致某些产业被外国投资者所控制，进而抑制民族产业的发展。在直接投资领域，外商通过产业控制影响产业安全的主要方式是：股权控制、技术控制、品牌控制以及通过并购进行控制，这种控制极大地挤压了民族产业的生存空间。在商品贸易领域，外商对产业安全的影响，主要表现在倾销危及新兴产业的创立、成熟产业的市场占有率和战略产业的培育。夏兴园和王瑛（2001）认为，国家产业安全是指一国产业对来自国内外不利因素具有足够的抵御和抗衡能力，能够保持各产业部门的均衡协调发展。中国从20世纪70年代末开始的改革开放，其实质就是在国内经济体制中引入竞争机制，积极地参与国际市场的竞争。改革开放不断深入的过程同时也是民族资本面对外国资本在工业领域日趋激烈的竞争的过程。对我国民族工业来说，主要是受外资的压制效应的影响，即外资凭借其技术、规模等垄断优势，通过兼并、收购和新建企业，挤压我国民族企业，挤占我国国内市场，使我国的产业发展缺乏动态比较优势而成长乏力。目前我国一些行业几乎被外资垄断，这种情况如果发展下去，不仅会造成资源闲置和社会福利的损失，而且可能导致民族工业逐渐被跨国公司控制。

另一影响产业安全的外部因素是国外对我国出口商品反倾销和外国商品对我国倾销。王金龙（2004）认为，随着国际贸易自由化进程的推进，世贸组织允许单边使用的控制进口措施已寥寥无几，而反倾销措施却越来越成为各国极力寻求使用的贸易保护武器。国外对我国出口产品的反倾销诉讼案件数量逐年上升，涉及金额也不断增加，这严重影响了出口产业的可持续发展，危及我国产业安全。曹秋菊（2009）认为，据估计，国外产品倾销每年至少给我国造成上百亿元的损失，几十万人失业或潜在失业；倾销不仅使我国已建立的产业受损，而且使一些新兴产业的建立和发展受挫。首例新闻纸反倾销调查的开启标志着我国产业在受到国外倾销产品的损害时，能通过申请采取反倾销措施来消除倾销所造成的产业损害，维护公平的贸易竞争秩序。但是目前反倾销法在实践中还有许多问题，首先是企业和行业协会缺乏反倾销的意识，而他们是反倾销调查的申请者，大部分企业还不知道用反倾销的法律手段来保护自己；其次，我国目前十分缺乏反倾销方面的人才，从事反倾销的各类人员太少，根本不能胜任日益繁忙的反倾销工作；最后，反倾销条例还存在许多问题需要改进，主要有实体法和程序法两方面的问题。张然（2002）把经济全球化条件下，发展中国家经济不安全的原因归结为三个层面：理论层面、国际层面和发展中国家自身。理论层面：发展中国家的经济发展理论大体经历了四个阶段：现代化理论、传统的依附理论、依附发展理论和新古典主义回潮理论。经济发展理论的不成熟性导致的经济发展失误，造成发展中国家无法摆脱贫穷落后的地位。发达国家推行的经济发展理论对发展中国家造成了冲击。发达国家按照新古典主义的理论，在发展中国家推行新自由主义模式。许多发展中国家按照新自由主义经济的思路，实行贸易、投资和金融的自由化，大力削弱政府的作用，结果导致了市场和政府的同时失灵。国际层面：首先，世界经济组织的发达国家主导性决定了发展中国家的经济不安全性。其次，经济全球化迅速发展，货币与金融制度的相对滞后也导致了发展中国家经济不安全。最后，国际经济政治化的冲击。发展中国家自身主要有三方面的原因：一是发展中国家的风险意识、安全意识差。二是发展中国家的经济实力弱，其抵御风险的能力差。三是发展中国家经济安全问题的根源在于经济体系普遍存在制度非均衡。

赵广林（2000）从投资自由化和贸易自由化角度分析产业安全问题产生的原因。投资方面，外商利用其资本、技术、管理等生产要素或营销环节方面的优势，通过合资、收购等方式控制东道国的企业，甚至控制某些重要产业，由此引发产业安全问题。贸易方面，其他国家对东道国产业安全的影响方式，主要是通过对东道国的商品和服务贸易来抢占东道国的国内市场，兼之以与贸易有关的投资活动，挤压东道国国内产业的市场份额。从东道国的国内体制和产业国际竞争力方面分析产业安全问题产生的原因：东道国国内体制与世贸组织的贸易体制之间存在差距。国内外贸体制和某些垄断产业的管理体制，以及政策的透明度和合乎世贸组织的规则性都需要加以调整，才能建立起一套较为成熟和安全的与世贸组织接轨的体制和法规、政策框架。东道国一些产业的国际竞争力差，国外大量廉价进口商品和服务对国内市场的巨大冲击将挤压国内产业的原有市场份额，国际竞争国内化，从而对各类面向国内市场的产业的安全问题提出了挑战。

有的学者从国家经济安全的角度分析产业安全产生的原因。肖文韬

(2001) 认为：产业安全作为国家经济安全的基本内容之一，究其产生的原因，是因为任何国家的经济都包含一定的产业并形成各个时期的产业结构。当一国融入经济全球化的进程时，其产业和产业结构也必定受全球化进程的影响而面临威胁。产业结构不良和低下必然导致产业处于不安全状态，从而导致国家经济处于不安全状态。从更深层次分析产业安全产生的原因，主要是发达国家和发展中国家在产业结构调整过程中充满了矛盾，这主要表现在：①从全球化的目标来看,发达国家与发展中国家的目标不同。发达国家希望通过经济结构调整实现国民经济结构升级，把一些技术相对落后的劳动密集型产业和污染比较严重的产业转移到发展中国家，并通过对高新技术的垄断和在全球建立的生产销售系统保持其在世界经济中的主导地位。而发展中国家则在全球性的产业调整中始终处于不利地位，资金匮乏、技术落后、技术创新能力低下使他们不得不接受发达国家的过时产业转移，不得不接受以破坏环境为代价的低附加值的产品生产，不得不以市场换技术。②跨国公司的进入。在发展中国家的开放过程中发达国家的跨国公司往往依仗其技术、资金、人才优势，市场营销优势等多方面的综合优势而在与发展中国家的竞争中占尽上风，而使发展中国家的产业处于不安全状态。③外资流入的产业领域可能与东道国的产业政策相抵触。另外他还分析了发展中国家自身的原因，如发展中国家的市场经济体系不完善，政府管理能力和经验不足，经济体制与市场经济的相容性不高等原因，使得发展中国家客观上往往存在发展战略上的重大失误，从而也可能导致严重的产业安全问题。

何维达、宋胜洲（2003，2008）则把影响产业安全的原因归纳为：外因、内因和政策因素。外因是指由于全球经济一体化和市场开放条件下来自国外的资本、技术和产品等因素。具体来说，这些因素又是通过资本输出和跨国公司战略来实现。其中包括资本输出及国际债务、跨国公司战略两部分。内因包括国内产业的生存环境和竞争环境两类。国内产业生存环境决定了产业在国内生存的可能性，其中又包括金融环境、生产要素环境和市场需求环境三个方面。竞争环境主要是指过度竞争问题。如果一个国家的企业失去了对合理竞争格局的控制力和影响力，过度竞争必然影响到产业结构的合理调整，进而影响到产业的安全。衡量过度竞争的指标主要有两个：市场集中度和行业规模；错误产业政策给产业安全带来的负面影响主要表现在：一是国内产业政策无法规范盲目的投资行为，可能造成严重生产过剩或需求不足。二是外商投资导向政策无法规范外资的行业进入行为，加剧国内一些产业的竞争压力。三是地方政策干扰导致监督外国直接投资合法经营的制度存在许多缺陷，导致对外资企业监管的失控。四是产业制度安排的不合理必然引起产业结构调整刚性，产业竞争力下降，产业利益大量流失，从而造成产业的不安全。

马健会（2002）总结了影响产业安全的八大原因：一是跨国公司发展战略与东道国产业发展的吻合度。跨国公司对东道国产业安全的严重影响主要表现在：一方面跨国公司向发展中东道国输出的工业结构与消费格局与东道国所渴望的发展格局不一致，这样就会导致东道国产业结构的畸形发展；另一方面跨国公司敌意性地抑制东道国的战略性产业如新兴幼稚性产业、自然资源性产业等。二是产业金融环境。金融环境为产业的生存提供资本支持，其状况可用产业获得的金融资本数量以及相应的成本来反映。三是产业生产要素环境。其状况可以用产业内劳动力素质及成本、相关知识资源状况、相关供给产业的竞争力来反映，其中劳动力素质指劳动力的综合素质，包括生产技能、文化专业知识、思想职业道德等。四是市场需求环境。市场需求环境为产业生存提供市场支持，其状况可以用市场需求量和市场需求增长率来反映；五是市场集中度。它是反映产业控制力的一个重要指标；六是产业进入壁垒；七是产业国际竞争力；八是产业控制力。产业控制包括内部控制和外部控制。从内部控制看，国家对本国产业的调控力包括：政府对该产业国内生产能力的控制；政府对某一产业中重要企业的控制和提供支持的能力；政府对基础产业的控制。从外部控制看，包括七个指标：外资市场控制率、外资品牌拥有率、外资股权控制率、外资技术控制率、外资经营决策控制率、某个重要企业受外资控制情况、受控制企业外资国别集中度。

2.2.4 关于产业安全与产业保护问题

德国的李斯特提出了针对幼稚产业的“有效保护”理论。其观点是：在国家经济基础不十分强大，产业安全不十分理想的情况下，不宜迫不及待地利用外资。幼稚产业保护论得到了学术界的普遍承认，成为一个较为定型的理论。英国经济学家穆勒也认为幼稚产业必须实行保护，对正在发展的国家应该“把完全适合外国情况的产业移植到本国而暂时征收保护性关税”，“当确有把握所扶植的产业过一段时间以后便可以自立时，才提供这种保护”（穆勒，中译本，1997）。这是产业保护的理论基础。但是，迄今为止，在民族工业的保护政策及保护程度方面仍缺乏成熟的理论。企业跨国化的发展及企业国籍归属的模糊化，也使得对民族工业的保护缺乏操作性。从发展的角度看，有关产业保护的政策应强调产业之间的动态体系和综合国力的增强，使产业保护政策服务于提高产业安全性的目标。从各国的发展情况看，产业保护并不等于产业安全，产业安全也并非是产业保护的必然结果。产业保护和产业安全是分析同一个问题的两个密不可分的核心范畴，它们分析问题的角度不同。产业保护是手段，产业安全是目的。

于新东（1999）分析了产业保护与经济保护、贸易保护的区别与联系，指出产业保护既不是宏观意义上的一般经济保护，也不是单边贸易保护主义主张意义下的贸易保护。产业保护可综合性地描述为：在对外经贸交往过程中以坚持向国际惯例靠拢为原则，以维护贸易自由化、公平竞争与公正交往、互惠互利为基础，以优化全球资源配置、促进多边贸易利益、提高国际贸易效率为动力，对本国各具体产业在其初生时、在其生成过程中、在其力量相当弱小时、或甚至在其已经强大但需抢占国际竞争制高点时，实施各种相应措施下的有效保护，从而使国民经济各产业部门达到积极、稳步、健康高效发展的目的，并避免消极影响、消极作用出现的一种积极、理性的外向型行为。何维达（2003，2008）分析了产业保护的效果，指出产业保护和市场效率之间存在一定的替代关系。政府的政策在安全和效率之间进行选择，以达到效用最大化。政府效用的提高，可能是由于政府政策制定、实施能力的提高，也可能是市场经济的完善而使经济运作效率提高，或者是政府保护效果增强。对于特定产业的保护来说，产业安全度与保护度之间存在着一种反抛物线的关系。存在一个最佳保护度，使得产业的安全度达到最高水平。并要处理好产业保护与开放、产业保护与市场自由化、保护收益与保护成本的关系，以期达到良好的保护效果。商务部杨益（2010）则主张要突破国外贸易保护重围，维护国家产业安全。

2.2.5 关于产业安全调节与维护

从国内外的研究文献看，产业安全调节与维护理论主要包括的内容有：产业政策的动态调整（其中包括产业开放政策、产业监管政策），产业国际竞争力的提升等。

2008 年的国际金融危机给全世界上了一堂生动的产业安全课，使各国政府和人民认识到维护和提升产业安全的重要性。美国政府深受金融危机之害，奥巴马总统一次在演讲中批评说，现在的监管规则允许公司损害他们顾客的利益；通过复杂的金融交易，将他们的风险隐藏在债务里；允许金融机构一方面做投机的交易，另一方面又让纳税人担保他们，让他们又可以任意承担巨大风险，以至于整个金融体系都受到威胁。为了维护经济安全，防范金融危机，经过不懈努力，终于在 2010 年 7 月 21 日，美国总统奥巴马签署了金融监管改革法案，使之成为法律，这标志着历时近两年的美国金融监管改革立法完成（新华社，2010）。

国内有学者认为，产业安全调节的含义是当国民产业处于不安全的状态时要保护，而当国民产业处于过分安全状态时要放开。在关于一国对外开放形式选择的讨论中引进了从经济比较不发达的资本输入国角度考虑的N国理论。在关于外资和外贸政策手段的讨论中分别考察了对外资和外贸的具体调节方式。引进外资调节主要是从引资国的角度进行研究，通过税收、市场准入、股比限制、投资期限、国有化及征用等方式调节外资流入的数量和结构。进口调节主要是通过关税和非关税壁垒影响一国的进口数量，以达到调节产业安全状态的目的。并借鉴现代经济博弈论的原理，把产业安全与保护看成一个动态的多角色对策过程，对调节手段做进一步探讨（赵世洪，1998）。

还有学者认为，产业安全政策本身是产业的保护、支持政策与市场开放政策两方面有机组成的对立统一体。王学人、张立认为（2005），过多的保护与支持不但达不到目的，反而还会阻碍本国产业的发展。同样，市场开放时机或力度不当也会损害本国产业安全。而对此两者而言什么是适度的，什么是过度，绝不是一成不变的，而要决定于本国与外国实力对比和各自优势、劣势的演化，决定于国际环境和本国条件的改变。因此，对产业安全的调节，调节政策的选择是一个动态调整的过程。

还有学者认为，产业开放政策一般包括：产业开放的领域选择、产业开放的深度选择，产业开放的地域选择、产业开放的时期选择。产业开放政策是否与一国承受外来冲击的承受能力相适应，是否与一国产业发展的需要相适应，将决定一国产业开放所带来的风险大小的变动，即产业安全度高低的变动（曹秋菊，2009；卢欣，2010）。

对产业国际竞争力提升的讨论是对产业安全调节理论的进一步深化。有学者认为，对产业安全最好的调节是提高国民产业自身的竞争力。产业竞争力的大小取决于完全开放和放任状态下的国民产业状态和国民产业的最佳安全状态的差距。这个差距取决于国民产业与外国产业的表现因素的差距，表现因素的差距又取决于国民产业与外国产业的构成因素的差距。因此，要提高产业竞争力，就是要使国民产业在国内市场的权益总量和份额能自行接近最佳状态的要求。要达到这种境地，必须不断改进国民产业的各个表现因素，而要改善国民产业的各个表现因素，根本的要从改进产业竞争力的各个构成因素做起（宋维明，2001）。另外，景玉琴（2005）认为，法制不完善与规制真空制约产业安全，我国目前采用的多部门、多机关的执法体制，导致执法部门缺乏权威，相互之间职能交叉、职责划分不清，执法过程中的相互内耗和推诿塞责，严重影响了执法的效果。从当前规范市场竞争秩序的实践看，已有法规制度的落实不仅与新法规制度的制定同样重要，而且在一定意义上比新法规制度的制定更加紧迫，更需要我们下功夫、花力气，更需要政府部门有所作为。所以，必须杜绝行政不作为与行政权力滥用。

此外，有学者认为，形成产业国际竞争力优势的关键在于通过竞争资产和过程的相互转换培育产业国际竞争力，首先要培育竞争资产与竞争过程相互转换的机制。从产业国际竞争力取决于产业内企业竞争力，企业竞争力取决于产品竞争力，而产业竞争力最终要集合为国家竞争力的性质出发，产业国际竞争力的培育机制可以分为微观、中观和宏观三个层次的竞争机制。以价值链为分析工具，分别从产品和企业、产业、国家层次分析产业竞争力的培育和提升（陈凤英，2004）。

商务部副部长高虎城 2009 年称我国产业处于国际分工全球产业链低端，必须保护和发展国内产业，维护产业安全，并指出，提升产业国际竞争力是维护产业安全的根本途径，面对越来越多的各种各样的贸易壁垒，我国产业必须从根本上提高档次和技术含量，发展具有自主知识产权和品牌的产品，才能提高整体竞争优势。中国社科院工业经济研究所副所长金碚（2006）认为，产业安全问题归根到底是产业竞争力问题，也就是说，对于一个国家竞争力强的产业，一般不会存在产业安全问题。换句话说，通常是一个国家的产业竞争力比较弱的时候才会出现产业安全问题，而且并不在于产业是高新技术还是自主产业，只要这个产业比较弱就会有安全问题。要维护中国的产业安全，归根到底是政府怎样提升中国的产业竞争力的问题。任何产业只要有国际竞争，一定会有安全的威胁。如果产业竞争过程中完全没有威胁，也就谈不上竞争。所以产业安全本质上总是以存在一定程度的安全风险为条件。改革开放的过程中，如果不参与国际竞争，就不会有安全问题，但如果与外资竞争，不管用什么方式竞争，都要承受一定的产业安全风险。

整体而言，国内外对经济全球化背景下产业安全问题的研究取得了较大进展。在理论上，借助经济理论和数理模型等工具，对全球化背景下的经济发展与危机、产业安全的影响因素及成因、产业安全的概念与特征、产业安全与保护、产业安全评价理论与方法以及产业安全的调节与维护等进行了深入的探讨，并得出了一些颇具价值的结论；在实证和经验分析方面，许多研究根据大规模的调查数据，借助比较先进的计量经济模型和分析软件，分析了产业安全的关键因素、产业安全的状态和趋势等，为理解经济全球化背景下的产业安全问题提供了可靠的经验材料，提出了有益的政策思路。总之，产业安全已有的国内外研究成果对于我们进一步的研究具有重要的理论借鉴意义，对于实践有重要的指导意义。

但是，已有研究的深度和广度还不够，对经济全球化新趋势带来的产业安全问题缺乏系统研究，比如，对涉及未来战略的产业安全问题研究不足，对产业链安全研究较少，割裂了产业之间的联系，对产业安全防范体系研究不够等，这就阻碍了研究者提出适合我国国情的、更具价值的结论。因此，在经济全球化背景下加强中国产业安全的研究，有必要把这些新变化、新的因素综合考虑到产业安全的研究中来，以便更全面、更科学地评价中国产业安全的状态及趋势，制定出符合时代发展特点、适合中国发展路径的产业安全战略和政策，实现国民经济健康、快速和可持续发展。

2.3 产业安全评价指标体系构建

2.3.1 传统产业安全的评价理论与方法

(1) 关于产业安全评价体系研究

国外学者对产业安全评价理论的主要贡献在于提出了评价产业国际竞争力的有关指标，但是并未提出一套评价产业安全的指标体系，因而也不可能对产业安全进行整体评价和估算。俄罗斯的先恰戈夫（2003）在提出经济安全“阈值”标准时对产业有所涉及，但其中的经济安全指标太宽泛，不足以用作产业安全评价。

国内学者提出了产业安全评价模型和评价体系。其中，最具有代表性的有：一是制造业安全模型。国务院发展研究中心国际技术经济研究所与清华大学中国经济研究中心建立了“经济安全论坛”，其组编的《中国国家经济安全态势》一书中，提出了制造业安全模型。该书认为，一个完整的制造业安全整体评价模型应该包括两个部分。首先要对制造业行业和产品的现行状态进行描述，这主要反映制造业安全的基础状况，即制造业行业与产品的对外依赖程度和抵御“不安全”的能力。这方面指标包括：生产设备水平、研发水平、管理水平、制造业市场表现、制造业总体规模、关键制造业产品安全等。其次，制造业安全与否在许多情况下是由制造业之外的诱发因素导致的，诱发因素包括国际经济关系、国内科技水平、国内宏观经济条件三个部分。国际经济关系的主要指标包括：外贸依存度、就业的外贸依存度、公司利润外贸依存度等；国内经济条件指标有：一国 GDP 所占的全球份额、一国经济增长率、一国法制的完善程度与效率等；反映国内科技水平的指标主要有：专利登记数目、技术贸易收支、基础科学竞争力指标、教育发展指标等。

二是产业安全评价指标体系。何维达（2000）等在主持完成的国家社会科学基金项目《中国“入世”后产业安全与政府规制研究》中较早提出了产业安全评价指标体系，该体系由产业国际竞争力、产业对外依存和产业控制力等评价指标组成。进而对入世后中国三大产业安全问题作了一个初步估算，但对未来中国产业安全评价与估算的定量研究却未展开深入探讨。之后，他们根据影响产业安全的因素，将产业安全的评价指标划分为四大类及各小类：①产业环境评价指标，包括资本效率、资本成本、劳动力素质、劳动力成本、相关知识资源状况、供给产业的竞争力、境内需求量及境内需求增长率；②产业国际竞争力评价指标，包括产业世界市场份额、产业国内市场份额、产业国际竞争力指数、产业 R&D 费用、价格比、产业集中度；③产业对外依存评价指标，包括产业进口对外依存度、产业出口对外依存度、产业资本对外依存度、产业技术对外依存度；④产业控制力评价指标，包括外资市场控制率、外资品牌拥有率、外资股权控制率、外资技术控制率、外资经营决策权控制率、某个重要企业受外资控制情况、受控制企业外资国别集中度。为了评价和估算产业安全度，将产业指标安全状态分为四种，即安全、基本安全、不安全、危机，相应的安全等级为 A、B、C、D，并分别给四种状态规定不同的分数范围[0，20]，[20，50]，[50，80]，[80，100]，分数越大，危险越大。

除了以上两个典型评价指标体系，其他学者也针对产业安全评价建立了相应的评价体系。例如，许芳（2008）等从生态学角度开展产业安全研究，从活力、组织结构、恢复力和综合指标四个方面重构产业安全的生态学评价指标体系。

（2）关于产业安全的实证研究

从目前国内的研究看，大多以实证研究为主，有些是以中国加入 WTO 所面对的具体贸易条件为分析基础，更多的是以某产业为比较对象和分析落脚点。

有的学者（何维达、宋胜洲，2003，2008）对我国几个重要产业安全进行了评价，如对中国汽车产业安全从产业国内环境、产业国际竞争力、产业对外依存度和产业外资控制率方面进行了估算，得出了中国汽车产业处在基本安全的下档，我国的汽车产业安全度较低，很可能陷入不安全境地的结论。并同时分析了江西省的各产业安全度，开创了国内研究单个产业或者地区产业安全的先河。

李林杰等在对粮食安全的内涵与制约因素进行分析的基础上，设立了以粮食预警指标体系、预警指标权重体系、警限和警区以及粮食安全综合指数为主要内容的粮食安全即期预警系统，通过这一预警系统可以及时、有效地进行粮食安全警情分析和预报，并提出了粮食产能安全、市场安全、消费安全等有效机制（李林杰、黄贺林，2005；王定祥、李伶俐、李茂，2005）。

傅夏仙（2004）在其著作《WTO与中国经济——对入世后我国相关产业的分析》中阐述了中国加入WTO在经济方面的影响，并且选取了在国民经济中权重较高同时又与百姓生活密切相关的农业、银行业、纺织业、电信业、汽车业、保险业和零售业作为分析的重点，与大多数国内学者的分析角度相同，他分析的重点放在了这些产业的现状，包括优势与面对的问题、加入WTO以后这些产业面临的机遇与挑战及相应的政策选择上，同时，对于国际贸易中日益频繁出现的反倾销以及技术贸易壁垒问题也作了分析和阐述。此外，余治利（2000）从“产业空洞化”角度对产业安全的实质进行了深入发掘。黄建军（2001）提出了产业安全的基本特征和产业安全的形成机理，他认为引发产业安全的原因主要有五个方面，即跨国公司战略的实施、国内产业生存环境的恶化、市场集中度的下降、行业规模不经济、错误的国内产业政策和制度安排等。此外，王毅（2009）通过建立产业安全评价与预警体系，对中国一些重要产业安全进行了评估和预警。

2.3.2 新的产业安全评价指标体系的构建

（1）关于新的产业安全观

面对经济全球化，尤其是在低碳背景下我们在研究产业安全问题时，不能仅仅关注我国的产业的经济安全性或是将经济利益作为衡量我国产业安全的唯一标准，而应综合考虑到资源供给、生态环境和能源消耗等对我国产业自身发展的影响作用。据此，我们构建了新的产业安全观内涵：产业安全是在经济全球化的条件下，本国产业能够通过各种方式抵御国内外不利因素保持产业均衡发展，或是在发展的过程中受到资源供给和生态环境约束影响自身的可持续发展，从而产生对国家经济安全的威胁的状态，具体包括产业外部安全和产业内部安全，产业外部安全主要是指产业的控制力和竞争力，内部安全是指产业自身发展的可持续性。这比原来的产业安全观范围更广，并且包含了生态效益和社会效益在内。

（2）产生背景

人类经济社会发展的长期实践经验表明：经济增长、经济效益、生态环境三者之间具有互相依存、互相影响和互相作用的关系。在忽视经济效益和生态环境而过度追求经济增长时期，尽管近期的经济增长速度相当快，但后期的经济发展却受到了经济效益差而增长后劲乏力和生态环境恶化的巨大报复，使得经济发展停滞不前或萎缩。在既重视经济增长，又注重经济效益和生态效益的时期，不仅近期的经济快速发展，而且后期的经济增长也能保持着良好的增长势头。如果我们采取消极的注重经济效益和生态环境，单纯为了经济效益和生态环境而不要必要的经济增长，那么，终究会因没有必要的经济增长而导致经济效益滑坡，缺乏强有力的经济实力支撑而使得生态环境保护失去现实意义或物质基础。因此，产业安全的评价离不开资源的安全保障和生态环境的制约，设计产业安全评价指标体系时必须反映到产业自身发展的可持续性和生态环境的约束上来。

（3）指标构建的出发点

在建立产业安全评价指标体系时应充分考虑外部环境对产业安全的影响和产业自身的可持续性。因此在建立指标体系时考虑的出发点如下：

① 基于外部环境对国内产业安全的影响；

② 基于产业自身的可持续性。

（4）指标构建遵循的原则

① 科学性与综合性原则。在设计产业安全评价指标体系时，应该覆盖面广、全面并综合地反映资源、经济和社会的各种要素的相互作用，又要涉及社会生活以及人类生存环境的各个方面。因此，要求指标体系具有科学性和综合性。

② 继承性和创新性原则。在设计产业安全评价指标体系时既不能完全照搬已有的核算指标体系，又不可能完全与之相脱离，而应在充分利用现有指标的基础上有所发展和创新。

③ 可测性和实用性原则。首先，各项指标应该是可测的，每一个指标体系都可以通过对经济现象的观测值准确的计算出来；其次，指标体系的建立最终要反映产业安全的发展的现状和趋势，为管理层的政策制定和科学管理服务，因此指标体系要易于被使用者所理解和接受，易于数据收集，易于量化，具有实用性特点。

④ 相关性与动态性相结合。产业安全的变化应该能通过指标灵敏的反映出来，使这些指标成为产业安全状况的“晴雨表”，即产业安全应该与各项指标密切相关。另外，产业安全的评价应该是一个动态的过程，要求一些指标充分考虑动态变化的特点，既要有静态指标，也要有动态指标。

⑤ 定性指标与定量性指标相结合。产业安全评价指标体系尽可能量化，但对于一些难以量化，其意义又比较重大的指标，也可以用定性指标来描述。

⑥ 短期产业安全与长期产业安全相结合。产业安全的评价不仅要注重短期的产业安全，还要注重产业自身的长期安全。短期产业安全侧重于产业受近期国内外环境的影响，长期产业安全侧重于产业自身的可持续发展。因此，评价产业安全时应把短期产业安全和长期产业安全相结合起来。

（5）新的产业安全评价指标体系构建

人类经济社会发展的长期实践经验表明：经济增长、经济效益、生态环境三者之间具有互相依存、互相影响和互相作用的关系。在忽视经济效益和生态环境而过度追求经济增长时期，尽管近期的经济增长速度相当快，但后期的经济发展却受到了经济效益差而增长后劲乏力和生态环境恶化的巨大报复，使得经济发展停滞不前或萎缩。在既重视经济增长，又注重经济效益和生态效益的时期，不仅近期的经济快速发展，而且后期的经济增长也能保持着良好的增长势头。如果我们采取消极的注重经济效益和生态环境，单纯为了经济效益和生态环境而不要必要的经济增长，那么，终究会因没有必要的经济增长而导致经济效益滑坡，缺乏强有力的经济实力支撑而使得生态环境保护失去现实意义或物质基础。因此，产业安全的评价离不开资源的安全保障和生态环境的制约，设计产业安全评价指标体系时必须反映到产业自身发展的可持续性和生态环境的约束上来。

因此，本课题建立的新的产业安全指标体系如下表所示：

评价方面	影响因素	影响因子
社会安全性	社会发展环境	产业资本成本
		劳动力素质
		相对资源知识状况
		国内市场需求增长率
		当年国外对华反倾销立案数占全球新立案数的比重
	社会影响	失业率
		产业贡献度
经济安全性	产业依存度	外商投资依存度
		产业技术对外依存度
		产业能源依存度

续表

评价方面	影响因素	影响因子
经济安全性	产业竞争力	产业集中度
		产业国际竞争力
		产业利润增长率
		技术进步贡献率
	产业控制力	外资市场控制力
		股权控制率
		自主品牌拥有率
生态安全性	能源约束力	产业单位产值能耗
		清洁能源比例
		产业单位增加值用水量
	环境约束力	碳排放量
		水资源污染排放率
		资源回收利用率

（6）指标体系说明

产业资本成本：它是指产业内企业筹集和使用资本需要付出的代价。企业的生存和发展需要资本的支持，无论是企业是依靠内部积累还是从外部获得资本，都存在一个资本成本的问题。如果资本成本过高将影响产业的生存。

劳动力素质：劳动力的综合素质，不仅包括生产技能、文化专业知识还包括思想、职业道德等。主要是根据国内间企业劳动力培训的再投入来衡量。

相对资源知识状况：它反映相关科学技术对产业生存的支持状况，可以根据产业内企业研究开发费用占生产总成本的比重或是国内该产业领域专利拥有量与世界拥有量之比来衡量。

国内需求增长率：较高的国内需求增长率可以促使产业内企业更快的采取新的技术，建造高效的设施。这对产业的生存非常有利，可以根据过去几年的数据及经济增长、人口等因素来预测。

当年国外对华反倾销立案数占全球新立案数的比重：反映了国际市场竞争环境下的不利因素。相关比重越高，给国内行业造成的损失业越大，国际市场竞争环境越激烈。

失业率：该指标可以反映一定时期内劳动人口的失业情况。失业率下降，代表产业自身的健康发展，安全性较好；相反，失业率上升，代表产业发展放缓衰退，安全性较弱。

产业贡献度：产业对社会的贡献，主要包括利税，希望工程等。这里主要从当年的产业产值和当年国内生产总值的相对水平来衡量。

外商投资依存度：该指标比例越高，则当年本行业对外商直接投资依存度越高，产业中本土资本部分的控制力越弱。可用当年本行业外商直接投资额度与当年本行业固定资产总额之比来衡量。

产业技术对外依存度：该指标反映国内产业的生存对国外技术的依赖程度。可以用当年全部引进技术项目的产值占当年产业总产值之比来衡量。

产业能源依存度：该指标反映国内产业的能源供给对国外能源的依赖程度。可以用当年进口的能源总额与当年产业总产值之比来衡量。

产业集中度：产业内部的组织来反映产业的国际竞争力状况。产业内最大几家企业的当年销售额与当年产业销售总额之比来衡量。

产业国际竞争力：直接反映产业的国际竞争力。指数值越高，表明产业的国际竞争力越强，反之，则越低。

产业利润增长率：从经济方面反映产业安全的状态，可以规模以上的企业为计算口径，产业利润增长率越高，则产业安全性越强。

技术进步贡献率：指企业由于技术进步而使产值的增加额占产值增长总额的百分比。表示企业产值增长中由于技术进步所导致的增长所占的百分比，反映了企业科研开发的有效成果、技术创新对企业总产值增长的贡献大小。

外资市场控制力：该指标反映国内产业外资市场的控制程度。它可以用当年外资控制企业市场份额与当年国内产业总额之比来衡量。外资市场控制率越高，产业发展安全受影响的程度越大。

股权控制率：该指标从股权角度反映内资对国内产业控制的情况。一般来讲，单个企业股权份额超过 20% 即达到对企业的相对控制，超过 50% 即达到对企业的绝对控制。该指标越高，产业安全就相对越安全。

自主品牌拥有率：该指标反映国内产业市场自主品牌控制程度。可以用自主品牌市场份额与国内产业份额市场之比来衡量。该指标越高，产业发展安全受影响的程度越小。

产业单位产值能耗：每产生万元产业产值所消耗掉的能源。是一个能源利用效率指标。该指标说明一个产业经济活动中对能源的利用程度。该指标越大，说明产业的消耗的能源越多，从可持续发展的角度来讲，产业的可持续性越差，其生存的空间越小。

清洁能源比例：清洁能源在产业的生产中所占的比例，该指标说明产业对一次性能源的依赖程度，该指标越大，说明产业对一次性能源的依赖程度越小，其产业生存的空间越大，可持续性越强。

产业单位增加值用水量：产业用水总量与产业总的增加值之比，该指标说明产业发展对水资源的依赖程度，指标越大，说明产业对水资源的依赖程度越大，其存在的发展空间相对较小。

碳排放量：指每单位货品累积排放的温室气体量，同一产品的各个批次之间会有不同的动态碳排放量。该产业碳排放量越高，则产业的可持续发展空间就越小，生存空间也越小，产业发展安全受到的影响也就越大。

水资源污染排放率：该指标是反映产业的污水排放量与利用水资源的总量之比。该指标越高，说明该产业对生态环境的污染也就越大，其生存的空间也就越小，可持续的能力也就越低，产业的可持续性就越弱。

资源回收利用率：废旧资源及可利用材料的再利用和能量再生比率，通常以可回收利用材料占整个资源利用量的百分比来衡量。资源回收利用率越高，对能源的利用率也就越高，其产业可持续发展的能力也就越强。

需要说明的是，我们在评价产业安全的时候，基本上还是用传统的产业安全评价指标体系，即主要从经济安全角度考虑。这其中的原因有很多，但主要原因是新的指标体系的数据很难获得，尤其是政府的统计年鉴基本上还是偏向经济的因素比较多，其他涉及社会安全和生态安全的指标较少，而且没有连续性。在进行问卷的时候，这部分指标企业也没有办法给予，因为目前考核的指标偏重经济的较多。所以，我们在进行产业安全实证分析时，只是针对钢铁产业安全按照新的产业安全评价指标体系进行了探讨。

第三章　经济全球化及其面临的产业安全问题

3.1　关于经济全球化的双重效应问题

3.1.1　经济全球化的本质与特征

经济全球化（Economic Globalization）这个概念最早是由美国学者西奥多·莱维特（Theodre Levitt，1983）在他题为《市场全球化》的文章中提出的。关于经济全球化的性质，中外学者有不同的见解，比较一致的看法有：①经济全球化是世界经济发展的客观趋势，有其必然性。甚至有人认为，经济全球化已成为当代世界经济发展中的一大潮流，任何国家只能适应这一潮流，而不可以回避这一现实（王三星，2001）。②经济全球化是市场经济在全球的扩展，也是市场经济的体制和运行机制的全球化。③经济全球化是一把双刃剑。它既反映了当前世界生产力发展的客观状况，又是资本主义生产关系向全球扩张的集中表现（李琮，2001；余永定，2002）；对于发展中国家来说，机遇与风险并存，必须注重趋利避害。

经济全球化的主要特征是：①商品和生产要素的全球化。商品经济高度发达，贸易国际化迅速发展，各个国家和地区的经济活动超越边界的限制，国际市场急剧拓展，形成了经济全球化的前导。在全球的经济活动空间里，人们之间的经济活动距离缩短，联系时间缩短，“世界在空间和时间上被压缩”是全球化的一个主要特征（[日] 初濑龙平，2000）。②全球化呈多元化趋势——市场规则的全球化、金融运作的全球化、人力资源的全球化、科技开发利用的全球化等，构成了当前经济全球化的主要方面（William E. Rees.，2006）。其核心是金融市场、国际贸易、跨国生产、科学技术以及专业人才。通过这些全球化的、关键性的经济成分，经济系统得以在全球范围内相互连接，世界上的经济相互依靠是全球化核心的表现（[德] 伯恩德·梅，2001）。③国际水平分工进一步发展。如果说过去国际分工主要是垂直分工，则当代国际分工中，水平分工占有主导地位。在这种国际分工中，科学技术因素的作用大大加强，甚至起决定性作用，自然资源的作用下降。这样的国际分工打破了自然条件的局限，形成了高度发展的全球分工体系。④跨国公司急剧扩张。跨国公司具有垄断资本属性，追求利润，以对外扩张来维护本国利益（江涌，韩世春，2009）。以美国为例，其跨国公司领导人和政府官员都认为美国公司的对外扩张是服务于美国重要的国家利益的。跨国公司对原材料和能源的控制为美国经济提供了保障，而美国的政治军事力量又为美国的跨国公司提供了保护伞。此外，还有区域一体化、集团化得到加强。

3.1.2 全球化背景下的经济发展与危机

世界上多数学者认为，全球化是一把“双刃剑”。一方面，经济全球化带动经济发展，促进资源优化配置；另一方面，经济全球化也加速了资本流动与泛滥，诱发产业安全风险和危机。比如，Edwards（2008）、Thompson 和 Bromley（2009）、Thompson（2010）、Peterson（2010）就从不同角度论证了全球化和经济发展、全球化与危机的关系。

从总体上看，由于当今全球仍缺乏一个公正的权威的超国家组织，因而全球化中的“世界市场”的外部性将客观存在。而“全球化”的顺利运行却不可避免地需要各国集体行动提供公共物品。但是集体行动所依据的制度安排和规则又是不平等的，这就会导致“集体行动不灵”，即不能客观提供公共物品。这就可能导致“全球化悖论”的产生。正如著名经济学家奥利弗·威廉姆森在《资本主义的经济制度》一书中所说，市场与等级既对立又共存。等级可能使要素扭曲，使市场不能实现帕累托最优，但是，没有权威性的等级机构，则“公共物品”就难以提供和产生。而没有后者，私人物品将无法保障，市场也不可能有效率。换言之，经济全球化一方面要求世界经济自由交易，互惠互利；另一方面，国家往往导致要素扭曲，这成为交易成本的一部分。但是，如果没有国家或国家功能不强，那么全球化所必需的公共物品就无法提供，所以客观上要求各个国家具有足够的采取集体行动的能力。这一悖论表明，国家仍是全球化中不可或缺的因素。在当今世界上，如果没有国家的功能，全球化就根本无从谈起。因此，“全球化”的过程并不是用全球同质的秩序来取代国家的过程，它本身就寓于国家之中（刘靖华，1997）。可见，民族国家的现实存在是一国产业安全问题出现的根本原因。

在经济全球化过程中，西方发达国家为了获取最大限度的全球经济利益，在客观上和主观上都推动了经济全球化的进程，并且，依仗自身经济实力和政治势力已获得了较大的全球经济利益。关于这一世界经济的规则，列宁早已阐明，他指出："他们瓜分世界，是'按资本'、'按实力'来瓜分的，在商品生产和资本主义制度下也不可能有其他的瓜分方法。"西方发达国家在经济全球化中的经济地位和实际利益获得也证实了这一世界经济规则。诸如，发达国家掌握着经济全球化赖以发展的信息技术基础和全球经济网络；世界金融中心、金融网络集中在发达国家；全球经济活动使用的是发达国家的货币；经济全球化的"游戏规则"主要由发达国家来制定等（Sebastian Edwards，2008）。

3.2 经济全球化背景下面临的主要产业安全问题

3.2.1 新贸易保护主义下国际贸易摩擦与产业安全

国际贸易摩擦与争端总是与贸易保护有关，应该说，贸易保护的存在引发了大量贸易摩擦与争端，对产业安全带来比较严重的影响。

李健（2009）认为，新贸易保护主义由传统理论所关注的经济问题扩展到社会问题，由产业发展转向了人类本身，通过补贴、税收优惠以及政府与部门的合作计划促进国内高科技产业发展，创造比较优势，提高高科技产品的国际竞争力，从而维护本国在国际体系中的主导地位和经济利益。在当前金融危机情况下，新贸易保护主义进一步抬头。为了渡过难关，保护本国利益，很多国家内部出现抵制进口、保护国内产业和就业的呼声。世界贸易组织报告显示，自2008年三季度至2009年三季度，已有22个世贸成员采取了提高关税、支持国内产业发展政策等贸易保护措施，有的国家出现了滥用贸易救急措施、抬高市场准入标准的现象，有的开始实行自动许可出口制度，对许多涉嫌低价出口的产品采取严格的审核和审查，还有一些国家打着"两反两保"、知识产权和产品质量等旗号进行变相的贸易保护。在这样的背景下，贸易摩擦成为不可避免的问题。

作为快速发展的大国，而且长期保持贸易顺差，目前中国遭受的贸易救济调查激增。商务部2012年发布的《全球贸易摩擦研究报告》指出，目前我国已经连续17年位居全球贸易调查的首位，技术性贸易壁垒成为中国产品出口面临的最主要障碍。商务部新闻发言人姚坚介绍说，2012年中国遭遇21个国家发起的贸易救济调查77起，涉案金额277亿美元，同比分别增长11.6%和369%，其中，2012年我国有23.9%的出口企业受到国外技术性贸易措施不同程度的影响，导致全年出口贸易直接损失685亿美元，比2011年增加62.4亿美元；直接损失额占同期出口额的3.34%，比2011年上升了0.07个百分点；企业新增成本280.2亿美元，比2011年上升了20.6亿美元。今年一季度我国共遭遇12个国家（地区）发起的贸易救济调查22起，同比增长22.2%。受全球金融危机影响，国际贸易大规模下降，贸易保护主义抬头，出现了形形色色的贸易保护措施。据了解，欧盟目前正在实施的反倾销措施达129项，反补贴措施达7项，其中涉及中国的超过1/3。欧盟委员会于2012年3月23日发布复审公告，对已生效的铝箔、铝制轮毂等52项产品的反倾销措施涉及的中国企业提出申请"单独税率"的复审；2012年9月7日，欧盟对华光伏电池反倾销调查。美国在2009年9月11日决定，对从中国进口的所有小轿车和轻型卡车轮胎实施为期三年的惩罚性关税，这笔涉及年出口金额约22亿美元的贸易保护政策，将导致中国10万工人失业。2012年3月20日，美国商务部作出终裁，认定中国大陆和中国台湾地区输美化学增白剂存在倾销行为，倾销幅度分别为63.98%～109.95%以及6.2%。美商务部还作出终裁，认定中国输美镀锌钢丝存在倾销和补贴行为，倾销幅度为194%～235%，补贴幅度为19.06%～223.27%。同时，美商务部作出初裁，认定中国输美晶体硅光伏电池及组件存在补贴行为，幅度为2.9%～4.73%。美商务部定于5月17日公布对此类产品的反倾销调查初裁结果。另外，美国国际贸易委员会2013年9月16日对20多家中美企业生产的轮胎产品发起"337调查"。种种迹象表明，贸易保护主义抬头，中国正面临更为严重的产业损害和产业安全问题。

2008年以来涉及我国的部分贸易摩擦与争端如表3－1所示：

表3－1　2008—2013年中国代表性贸易摩擦与争端简表

时间	产品	概　要
2013年9月	轮胎	美国国际贸易委员会2013年9月16日对20多家中美企业生产的轮胎产品发起"337调查"
2013年7月	钢板薄片	2013年7月19日，墨西哥经济部国际贸易惯例总局函告我驻墨使馆经商处，称墨方已经接受利益相关方的申请，拟对原产自中国的钢板薄片发起反倾销调查，并将于近期在《官方日报》发布立案公告
2012年3月	铝箔、铝制轮毂	欧盟委员会于2012年3月23日发布复审公告，对已生效的铝箔、铝制轮毂等52项产品的反倾销措施涉及的中国企业提出申请"单独税率"的复审

续表

时间	产品	概　要
2011 年 7 月	纺织品	美国纺织品商会于 7 月 20 日向美国国际贸易委员会申请对来自中国的纺织品装饰面料和家具部件纺织品面料实施贸易调查，涉案产品包括宽幅编织平面装饰布、雪尼尔织物、涂层织物、雪尼尔仿麂皮装饰布和家具装饰织片等五大类，涉案金额高达数十亿美元。根据申请，我国输美雪尼尔织物将被征收 125% 的特别关税，其他织物则被征收 75% 的特别关税
2010 年 1 月	钢丝层板	中国钢丝层板 300% 反倾销税
2009 年 11 月	轮胎	6 月 30 日美国国际贸易委员会（ITC）宣布，对中国轮胎采取特保措施，提出了对乘用车、轻型货车用中国制轮胎征收 3 年特别关税的方案，第 1 年至第 3 年额外征收的关税 分别为 55%、45%、35%
2009 年 6 月	禽肉	6 月 23 日，中国要求 WTO 审查美国禁止中国禽肉进口的问题，7 月 1 日，商务部宣布停止从美国进口肉鸡
2009 年 6 月	原材料	6 月 23 日 美国、欧盟在 WTO 争端解决机制下，向中国提出磋商要求，指责中国针对一系列原材料的出口限制措施，包括关税、配额等扭曲国际贸易秩序、提高国际售价，令欧美下游产业蒙受损失
2008 年	玩具	美国对中国产玩具质量问题发难，中国为此取消数百家企业的出口资格
2008 年	汽车零部件	欧盟与美国针对中国征收汽车零部件进口关税和限制外国金融信息服务机构提出抗议

资料来源：根据商务部《中国产业安全网》整理。

根据商务部统计，我国一直是贸易救济调查的最大目标国。自 1995 年世界贸易组织成立迄今，共有 48 个成员对我国发起各类贸易救济调查案件共 1149 起，占案件总数的 32%。我国已连续 21 年成为全球遭遇反倾销调查最多的国家，连续 10 年成为全球遭遇反补贴调查最多的国家。另外，WTO 最近发布的一份报告和欧委会 6 月 21 日发布的《2016 年贸易与投资壁垒报告》均提到，近一段时期以来，贸易保护主义正在抬头，包括一些 G20 成员在内的发达国家尤为严重，有 1/3 的贸易救济措施直接针对中国。

3.2.2　跨国并购和金融控制等给发展中国家带来产业安全风险

在经济全球化条件下，随着商品和服务贸易的全球化，跨国并购风起云涌，金融动荡加剧，主要体现为以下几个方面。

一是争夺发展中国家的人才。国际劳动力的转移，长期以来是一种从“周边”向“中心”的流动。发展中国家有限的人才更是大量流向美国和西欧等发达国家和地区，支撑了发达国家经济的发展，使发达国家的经济锦上添花，而广大发展中国家却因为人才的大量流失而使经济发展后劲越来越差，从而形成世界经济发展的“马太效应”。目前在美国的外国工程师和博士中，亚洲人已占2/3，其中相当一部分是中国人。

二是控制发展中国家的重要产业。这种控制的重要形式是通过跨国并购进行的，外资进入发展中国家控制其国内企业。其实现形式主要包括：股权控制和技术控制。发展中国家支柱产业被控制的后果是：剩余价值被占有，长远的福利水平降低；本国经济的发展服从于发达国家的要求，使本国在国际分工中陷于不利的地位而不能自拔；政治独立的经济基础被削弱等。大量事实证明，全球化的扩张与发展，也不同程度地影响中国经济发展和经济安全（Wang Zhengyi，2004）。

三是信息化竞争已经白热化。信息是经济发展中至关重要的资源，有效金融信息也就成为金融市场中重要的稀缺资源，它不仅是金融监管当局、金融机构以及投资者努力追求的一般要素资源，更是企业与企业之间、国家与国家之间竞争的战略资源。一个有效的金融信息就可以令金融市场跌宕起伏，并促使大量相关财富在瞬间进行转移和重新分配。因此，在金融自由化机制的作用下，国际金融机构纷纷进入中国，想尽各种办法来获取我国的有效金融信息，造成中国大量金融信息外泄，从而使我国金融信息安全正日益面临严重的威胁，进而影响我国产业和经济安全。这种威胁集中表现为：普华永道、毕马威和德勤等国际会计师事务所已经控制并试图垄断中国的会计审计业；标准普尔、穆迪和惠誉国际等三大评级机构在我国的业务拓展如入无人之境；国际投行对中资企业境外上市的咨询承销已形成垄断，以及国际战略投资者的引进使中资金融机构的投资经营活动近乎无密可保，等等（唐志良，王双英，2008）。

四是采取其他方式对发展中国家施加经济压力。这些方式包括：第一，金融控制，使对方的货币贬值而使自己的货币增值；第二，渗入弱国的经济，最终目的在于对已被渗入的各国政府施加压力；第三，通过定价、倾销、定额、贸易控制等手段保持经济优势地位；第四，抵制或拒购另一国的产品；第五，使用经济补贴；第六，为阻止其他买主购货而把别国产品买下；第七，囤积重要物资。这些方式，在今天均已发生（肖刚，2000）。

3.2.3 后危机时代全球经济调整对我国产业安全形成新的冲击

2009年下半年以来全球经济得到缓慢复苏，全球经济已渡过危机的恐慌而步入后危机时代。在后危机时代，全球经济的发展格局和环境出现了新的变化，全球经济调整将对我国的产业安全形成新的冲击。

1）后危机时代的产业结构调整。我国经济结构调整，包括产业结构、产权结构、企业组织和市场结构等。在调整过程中，不能忽视基础产业，需要政府加大扶持财政支持的力度，就是要逐渐从生产性投资领域退出，逐渐转向通过财政投资支持和引导企业、特别是中小企业的成长上来，为中小企业发展创造更健康的成长环境。

2）后危机时代需要技术支持的产业升级。当前我国产业升级更紧迫的任务是技术升级。产业升级需要增加资金投入，投资也会因此而出现持续增长，资本有机构成也会相应提高。但是，产业升级的成功，关键在于把更多的资本投入技术转型与升级上来。这里的技术，不仅包括直接生产技术，也包括人力资本的投入。如果没有技术强有力的支持，产业升级难免失去方向。增大技术投入，是当前实现产业升级的内在要求和必然趋势。

3）后危机时代的经济发展方式转变。多年来，我国主要采取粗放式经营，依靠数量规模的扩张。2008年全球金融危机暴露了我国传统经济发展模式的弊端，低端产业成本大利润少，受危机影响也大。因此，后危机时代要加快经济发展方式转变，以应对全球经济调整。但是，经济发展方式转变也会给传统产业带来一定的压力，短期内会增加产业风险，必须处理好它们之间的关系。

3.2.4 低碳经济发展使我国产业安全面临新的挑战

1）我国产业多为高投入低附加值。中国目前发展模式仍以粗放经营为主，经济支柱大多是一些高投入低附加值的产业，钢铁、建材和有色金属等资源密集产业仍占很大比重。中国是世界上少数几个以煤为主的国家，2011年，中国煤炭消费34.25亿吨，占一次性能源消费总量的68.8%，而世界煤炭消费占一次性能源消费总量的比重不到30%。中国石油天然气消费比重仅为22%。与石油、天然气等燃料相比，产生单位热量燃煤引起的碳排放比用石油、天然气分别高出约36%和61%。由于调整能源结构在一定程度上受到资源结构的制约，以煤为主的能源供给和消费结构在未来相当长一段时间将不会发生根本性的改变，使得中国在降低单位能源的CO_2排放强度方面比其他国家面临更大的困难。

2）我国产业多为传统产业。目前，我国能源结构不合理、能源技术装备水平低和管理水平相对落后，导致单位GDP能耗和主要耗能产品能耗都高于主要能源消费国家平均水平。我国要达到工业化国家的发展水平意味着人均能源消费和CO_2排放量必然达到较高的水平。未来随着中国经济的发展，能源消费和CO_2排放量必然还要持续增长，中国经济可持续发展面临挑战。

3）“碳商品”的交易机制使我国产业竞争力和产业安全面临新的挑战。目前，“碳交易”的主导权被掌握在欧盟和美国手中，用来规范“碳交易”的欧盟排放交易机制（EUETS）运行了四年之久，欧洲气候交易所、欧洲能源交易所一直从事着“碳排放权”的交易。除了碳交易先行者欧盟和美国外，加拿大、新加坡和日本也先后建立起二氧化碳排放权的交易机制。如果说《京都议定书》的签署等于给二氧化碳标上了价，那么，在不同类型的交易所内挂牌交易，使得二氧化碳排放权迈出了市场化的第一步。

《京都议定书》明确了减排指标，欧盟实行的是“总量管制与交易制度”机制，各成员国每年先根据议定书规范的减排标准，预定允许本国排放二氧化碳的总量。然后根据总量，向各个企业分发被称为“欧盟排碳配额（EUA）”的二氧化碳排放权，每个配额允许企业排放1吨的二氧化碳。这些买卖的配额，能通过电子账户在企业或国家之间自由转移。此外，2005年4月，欧洲气候交易所还推出了与排碳配额挂钩的期货，随之又推出了期权交易，使二氧化碳排放权如同大豆、石油等商品一样可自由流通，丰富了碳交易的金融衍生品种类，客观上增加了碳市场的流动性。2007年9月，与核证减排量挂钩的期货、期权产品也相继面市。至此，欧洲人不但赋予一个虚拟概念商品价值，而且完成了将“碳排放权”由特定需求商品向普通商品的转化。随着越来越多的国家被纳入减排体系中，可以说，谁掌握了“碳商品”的定价权，谁就掌握了未来。据联合国和世界银行预测，全球碳交易在2008—2012年，市场规模每年可达600亿美元，2012年全球碳交易市场容量为1500亿美元，有望超过石油市场成为世界第一大市场。我国碳减排任重道远，据业内人士估计，中国2012年减排二氧化碳8.35亿吨，占全球减排量48%。以我国目前的产业现状和碳排放量来看，我国产业国际竞争力和产业安全面临新的严峻挑战。

3.2.5 人民币升值和国际化给我国产业安全带来影响

随着经济全球化的推进，中国人民币升值和国际化是大势所趋，它对经济发展和产业安全产生重要影响。在开放经济条件下，由于人民币汇率的变动会通过生产成本机制、货币供应机制等传导路径从宏观到微观的各个方面、各个层次对国内经济的运行产生影响，当然会不可避免地触及产业领域，汇率变动导致的成本和收入变化将波及产业的安全状态。

人民币升值会对产业环境产生影响。人民币升值，会致使大量国际热钱涌入，这将冲击我国的金融秩序，影响金融市场的稳定。我国金融体制存在着许多缺陷，在对企业的融资中间接融资占到绝大部分比重，若产生泡沫经济，提供间接融资的银行机构的坏账、不良贷款则更加巨大，这不仅加大了银行业的风险，也危害到产业发展的融资环境，对我国产业结构调整、升级的融资产生不利的影响。同时，人民币升值对我国出口也会带来成本上升和竞争力下降等风险。

因此，经济全球化引起产业安全和经济安全问题是一个不争的事实（Nesadurai（ed.），2005）。面对当前经济全球化带来的错综复杂的挑战，必须要把经济安全和产业安全提上议事日程。

第四章　全球化背景下我国基础产业安全现状分析

基础产业是国民经济的重要基础，对其他产业起着支撑和制约作用，它是民族复兴、大国崛起的物质保障，是"国之根本"。基础产业安全是国家经济安全的重要组成部分，其产业安全水平直接影响到国民经济发展，影响整个国家经济安全。

4.1　基础产业的涵义、特征及基础产业安全的重要性

4.1.1　基础产业的涵义

所谓基础产业，是指在一国的国民经济发展中处于基础地位，对其他产业的发展起着制约和决定作用，为生活资料的生产和生产资料的生产提供基础条件的产业，它是决定其他产业发展水平的产业群，它的产品通常要成为后续产业部门加工、再加工及生产过程中缺一不可的投入品或消耗品。一国的基础产业越发达，其国民经济的发展后劲越足，国民经济的运行就越有效，人民的生活就越便利，生活质量也越高。因此，如果要使国民经济保持长期、快速、协调和有效的发展，就必须十分重视基础产业的发展。

基础产业包括能源和电力、交通运输、农业、资源、水利设施、生态建设和环境保护等领域，在这里，我们特别强调能源、交通运输、农业（主要是粮食）和资源等基础产业安全在国家经济安全的重要性。

4.1.2　基础产业的特征

基础产业一般有如下几个重要特征：

（1）基础性

这是基础产业的重要经济特征。基础产业之所以是"基础"，就在于它在国民经济产业链中居于"上游"环节或基础地位，其中，基础设施是国民经

济和社会生活的“共同条件”，而基础产业的产品是其他生产部门所必需的投入品。

（2）资产专用性

在基础产业中，大多数具有资产专用性特征。比如，能源电力、交通运输和水利设施等产业，一旦资产投入并建成运行，就很难改作他用，因为它们不能移作他用或转移到其他地方去。一旦付出投资，这部分成本就“沉淀”了，难以改作他用。

（3）垄断性和一定程度的可竞争性

一方面，基础产业一次性投入的固定成本非常大，而运营时的变动成本相对较小，在产量达到设计供应能力之前，由于边际成本低于平均成本，其生产的平均成本递减。这种成本结构使得基础产业具有垄断性。大家很难想象，在同一个城市有两条线路完全一样的地铁运营商，或同一个小区有两家供水公司竞争。这种由于成本递减而导致的垄断就是自然垄断。

另一方面，基础产业有具有一定程度的竞争性。基础产业的企业可以很容易地进入或退出沉淀成本较低的经营活动以便与其他潜在的市场力量进行竞争。这种经营活动被称为“可竞争”的活动。

（4）巨额投资性和投资的不可分性

在基础产业中，能源和原材料工业属于资本密集型部门，需要大量投资；而交通（如铁路、公路、机场、港口等）和城市基础设施则必须一次性大规模投资，零星的投资往往无效。所谓投资的“不可分性”是指，由于“社会分摊资本”项目规模巨大，并且相互联系，互为依存条件，缺一不可，必须同时建成才能发挥作用，因而一开始就需要有最低限度的大量投资作为创始资本。

（5）超前效应

基础产业在产业结构系统中承担着为其他产业成长和发展提供中间需求的基础功能，因此，它具有超前性。基础产业只有得到超前的发展，才能在其他产业发展时为其提供所必需的中间需求。反之，基础产业发展滞后，在其他产业需要中间需求时可能出现结构性的短缺，形成产业结构发展过程中的“瓶颈”，比如交通运输就曾经成为我国经济发展的“瓶颈”，农田基础设施现在也成为我国农业生产的“瓶颈”。

4.1.3 基础产业安全在国家经济安全中的重要作用

基础产业安全是国家经济安全的重要基础。只有保证基础产业安全，保证粮食供给充足，人民才能安居乐业，才不会因为饥饿引起社会动荡；如果粮食安全不能保障，不仅引起饥荒，而且粮食危机可能引起战争，给国家安全带来重大影响。

只有保证基础产业安全，保证交通运输畅通，才能保证国民经济有效运行。交通安全被视为交通运输的生命线。目前我国交通事故高发的主要原因有：市场竞争中的交通事故风险被忽视，缺乏综合性的交通事故预防控制法规，交通安全管理体制不完善，执法力度不够，道路参与者交通安全意识薄弱、缺乏处理突发性事故和自我保护的能力，专业事故调查分析机构的力量薄弱，道路通行条件较差，考核与奖惩机制不健全，交通安全管理队伍建设有待加强等。所以，交通运输安全是基础产业安全的组成部分，对国家经济安全有重要影响，如果不能保证交通运输安全，就会使得相同事故往往重复发生，给人民生命财产造成巨大损失；如果不能保证交通运输安全，在紧急状况如战争条件下，就会失去补给线，使战争陷于被动甚至失败。

只有保证基础产业安全，保障对一国经济社会发展和国防至关重要的能源的可靠而合理的供应，才能确保国家经济安全和国家安全。如果能源供应中断、严重不足或价格暴涨，就会对一个国家经济产生严重损害。历史经验证明，战争史在一定意义上是能源资源的争夺史，战争是政治的继续。石油安全是能源安全的重要组成部分，石油安全和国际政治密不可分。石油安全不仅关系到石油，它还包括其他形式的能源，比如电力、天然气、煤炭。因为石油是当今世界交易量最大的商品，石油供应安全对国民经济各行各业有着十分重要的作用。电力供应安全也是非常重要的，因为它同人们的日常生活息息相关，有着最广泛的影响力。天然气供应安全需要我们特别关注，因为它的供应网络有很强的刚性：一旦系统到位，就很难再做改动。

只有保证基础产业安全，保障资源尤其是稀缺资源的安全，才能使自己在市场竞争中争取主动地位而不被别人牵着鼻子。资源安全是一个国家或地区可以持续、稳定、及时、足量和经济地获取所需自然资源的状态。资源安全分为战略性资源安全和非战略性资源安全。资源安全在国家经济安全中占有基础地位。资源就是资财的来源，是人类生存与发展的不可或缺的自然物质。资源安全距离人们日常生活很近，国际稀缺资源价格的动荡变化、耕地面积持续减少和质量不断下降，都可以归结为资源安全方面出现了问题。

4.2 我国粮食安全状态及发展对策[1]

1994年，美国学者布朗提出了“谁来养活中国?”这一命题，曾经引起世界的哗然。的确，粮食安全不仅是一个重要的经济问题，也是一个重要的政治问题。粮食安全这一概念最早是联合国粮农组织FAO为了应对20世纪70年代的世界粮食危机提出来的。当时粮食安全的定义是：保证任何人在任何时候，都能得到为了生存和健康所需要的足够食物。它要求各国政府高度重视世界粮食安全问题，采取相应的国家政策措施，消除粮食危机的隐患，确保国家乃至世界的粮食安全。

4.2.1 粮食安全的主要影响因素

（1）工业化与城镇化的影响

大家都知道，粮食产业是自然再生产与社会再生产相结合的产业，与自然生态环境的关系极为密切，不仅是人的健康之源，更是人与自然和谐相处的重要环节。粮食与国土、生态环境息息相关，具有保护自然、稳定生态、促进人与自然和谐相处的功能。

随着工业化、城镇化的快速推进，影响我国粮食安全的不利因素正在逐渐增加、深层次矛盾日益突出。工业化、城镇化的快速推进导致土地要素流出粮食生产领域，工业化、城镇化与粮食生产相互争地的矛盾日渐突出。耕地约束构成了我国粮食安全的重大挑战，随着工业化和城镇化进程加快，耕地仍将继续减少，而且宜耕后备土地资源日趋匮乏，耕地资源紧张状况将会进一步加剧。工业化、城镇化进程也使城市、工业在与农业和农村的水资源争夺中占据明显的优势地位，粮食生产面临水资源“瓶颈”。

（2）农业资源的刚性约束

农业生产首先是一个自然再生产过程，所以农业的生产离不开自然资源的支持，自然资源环境的好坏对农业生产水平的高低有着重要的影响。粮食生产是农业生产的重要组成部分，粮食作物的生长同样离不开自然资源的支持，其供给水平的变化对粮食产出水平、安全状况影响极大。

耕地的数量及质量是粮食生产能力的核心要素，是粮食产业发展不可替代

[1] 本部分内容主要引自何维达，于一：“An estimation and evaluation of China's grain security：2010—2015”［J］. International Journal of Intercultural Information Management，2014（4）.

的基本生产资料，其丰裕程度决定粮食产业的发展规模、生产方式和组织形式，进而决定粮食生产的成本、效益。而耕地的质量对粮食生产的物资及劳动力投入、对粮食产量水平及质量层次有重要影响，从而决定粮食生产的土地产出率、劳动生产率、生产成本及效益。耕地资源正是通过对粮食产业生产规模、生产成本、产品质量的重要决定作用，对粮食产业的市场适应能力、盈利能力、扩张能力、可持续发展能力及抗风险能力产生全面的影响。

（3）自然灾害影响

粮食生产属于露天作业，是自然再生产与经济再生产过程的统一。因此，粮食生产在受经济因素制约的同时，也受自然灾害因素的影响。我国是一个自然灾害频发的国家，地震、山体滑坡、旱涝灾害几乎每年都不同程度的发生，受灾面积及粮食损失日益扩大。

自然灾害对粮食生产的影响主要表现在两个方面：一是导致粮食生产过程的中断、破坏增大和损失增加，粮食生产及收益缺乏稳定性，直接削弱粮食产业的市场供给能力和盈利能力；二是对农业基础设施造成直接的破坏，直接影响粮食产业的抗风险能力。粮食生产的直接经济损失，以及维修农业基础设施的人力、资金、技术投入的增加，使粮食生产的成本增加，进而导致粮食产业盈利能力的减弱。自然灾害还造成粮食产业发展的剧烈波动，对综合生产能力和市场竞争能力带来极为不利的影响。

（4）人口增长、经济发展造成粮食消费需求的增长

粮食作为人们的生活必需品，其需求弹性较小，人口增加将推动粮食消费量刚性增长。从1978—2012年改革开放34年中人口数量和粮食需求的变化看，我国人口由9.6亿增加到13.5亿，年均增长0.14亿；而我国粮食消费总量在不断增加。国内一般认为，到2030年，我国人口将达到峰值16亿人。这样，我国的人口增长将在3亿人以上，由此带来的粮食消费增长量也是巨大的。若按中等发达国家人均粮食消费600～700公斤的水平测算，届时我国粮食供需缺口无疑是巨大的，总量紧平衡格局会在未来10～15年被打破，进口增加、自给率下降应是大概率事件。

（5）贸易自由化的威胁

粮食贸易自由化使得我们可以通过贸易途径调剂粮食余缺，但随着进口依存度的提高，不安全风险也在增加。这种风险主要来自两个方面。一是国外低价粮的涌入对我国粮食生产和供给能力的冲击。二是国际市场粮食供求形式变化对国内粮食供求的影响。国际粮食市场的变化可能是价格作用的结果，也有可能是少数处于垄断地位的出口大国操作的结果，其极端情形是粮食禁运。

从2005年开始，中国农业加入WTO谈判中争取的过渡期基本结束，进入WTO“后过渡期”，中国成为世界上农产品市场最开放的国家之一。在这种情况下，农产品进口压力日益加大，对国内粮食市场产生了深刻的影响：一是将超出中国1996年提出的95%粮食自给率目标。二是在2004年以来国内粮食供需紧平衡、高价位，对种粮农民有利的形势下，粮食进口将打压国内价格，直接损害种粮农民利益，不利于国内粮食增产。三是影响中央各项支农政策效应的发挥，尤其会抵消现有粮食生产扶持措施的积极作用。

（6）主体免疫力（竞争力）的影响

如果说潜在威胁因素是影响粮食安全的直接原因，那么产业的免疫力或竞争力则是根本原因。经济全球化的结果是竞争无国界，任何产业都要面对国内和国际两个竞争市场以及潜在的市场风险，没有较强的免疫力或竞争力，产业就不可能抵御外来风险，也不可能真正走向国际市场。而对于国内市场，面对国外低价优质粮的冲击，虽然粮食配额管理等是维护粮食产业安全的有效手段，但从长远看，没有竞争力的产业即使受到保护，也不可能长久。所以，从自身免疫力角度考虑粮食安全问题，粮食产业免疫力或国际竞争力是问题的核心，影响产业国际竞争力的因素应该成为衡量粮食安全的重要组成部分。

（7）科技水平的影响

科技水平是影响粮食生产的另一个决定性因素，技术进步和创新是我国粮食生产增长的原动力。粮食产业的科技水平主要包括科技研发能力和粮食产业对科技成果的吸纳能力。科技研发能力对粮食生产的影响主要体现在以下三个方面：一是通过对粮食品种的改良或创新，培育出优质、高产、抗逆的优良品种，提高粮食的产量和质量；二是通过对粮食种植技术的改进和创新，提高粮食的生产效率，大幅度地提高粮食产量和质量，降低生产成本，同时有效地节约农业资源；三是通过对农业机械、设备和劳动工具的发明和创新，可以在很大程度上替代人力劳动，提高劳动生产率，节约劳动成本。

（8）国际粮食价格波动

全球粮价高涨让粮食问题受到热议。2011年刚刚结束的G20财长和央行行长会议将“粮食安全”纳入议题，各国同意就抑制大宗商品价格过度波动问题加强协调，特别是增加对发展中国家的农业投资，切实保证粮食安全。

世界银行日前发布的数据显示，从2010年10月到2012年1月，世界银行粮食价格指数上升了15%，只比2008年的历史高位低3%，其中小麦价格翻了一倍，玉米价格上涨73%。国际粮食价格目前逼近2008年“粮食危机”时的高位，引发全球市场的普遍担忧。由于国内外粮食市场的联系日益紧密，高涨的国际粮价也“拷问”着中国粮食安全。

4.2.2 我国粮食安全的现状与成绩

农业是国民经济的基础，而粮食是基础的基础，也是国民经济增长最重要的源泉，尤其是对我国这样一个人口大国，无农不稳、无粮不安的道理更是为学术界和决策者所普遍关注。应该说，新中国成立以来尤其是改革开放30多年来，我国的粮食安全基本上得到保障，取得了举世闻名的成就。

(1) 国家重视粮食安全，粮食基本自给

党中央、国务院历来高度重视国家粮食安全，坚持立足国内保障粮食基本自给的方针，较好地解决了十几亿人口的吃饭问题，取得了举世公认的成就。2004年以来，我国粮食连续7年增产，2009年粮食总产量达到5308万吨，比2003年增产1001万吨。2012年全国粮食总产量为58957万吨，比上年增产1836万吨，增长3.2%。在大宗农产品中，油料种植面积在连续两年增加的基础上继续稳步增长，总产量与上年基本持平，粮食自给率保持在95%以上。

(2) 粮食应急保障能力增强

经过十多年的建设，我国从中央到地方都建立了粮食储备体系，在应对大的自然灾害方面能够发挥重要作用。比如说2008年汶川地震灾害，涉及五个省市，我国就动用了中央储备粮，保证了灾区人民的口粮供应。2009年南方17个省区市遭受到不同程度的雨雪冰冻灾害天气的影响。这个时候我国没有动用中央储备粮，地方的储备粮也保证了口粮供应，没有出现任何问题。

从国际上来看，2010年上半年到2012年，国际粮价大涨大落，很多国家出现了粮食危机，而我国粮食供应始终稳定，这和建立中央储备粮垂直管理体系、地方储备粮体系和应急预案都是分不开的。

(3) 保证耕地数量和质量，维护粮食供求基本平衡

中国人口众多，人均耕地面积少，所以保证18亿亩红线是保证我国粮食安全的底线。世界人均耕地为0.25公顷，我国人均耕地仅0.093公顷，不足世界平均水平的40%，不足加拿大的1/15、美国的1/6和印度的1/2。而且，未来我国耕地仍面临着工业化和城镇化快速发展、占补双重失衡、后备资源开发有限等多重挑战。

耕地转用具有不可逆性，因此决不能迷信市场力量，让纯粹的市场机制决定耕地转用。粮食贸易无法确保粮食安全，一旦出现粮价大幅上涨或者战争危机等风吹草动，各国粮食贸易之门很轻易就关闭起来，何况美国四大粮商——ADM（Archer Daniels Midland）、邦吉（Bunge）、嘉吉（Cargill）和路易达孚

(Louis Dreyfus)(简称“ABCD”)垄断了世界粮食交易量的80%。

此外，必须强调的是，18亿亩耕地只是关系粮食安全的一个数量指标。粮食生产能力固然与耕地数量有关，但也与耕地质量、农业技术进步等紧密相关。随着工业化和城市化的发展，不仅耕地数量在下降，而且耕地质量也在下降，土地污染，土地肥力下降，是影响粮食生产和粮食安全的重要因素，因此，必须像重视土地数量那样重视土地的质量。

4.2.3 我国粮食安全存在的突出问题

新中国成立以来尤其是改革开放30多年来，我国基本上解决了人民的温饱问题，实现了稳产高产，取得了举世瞩目的成就。但是，我们必须看到，由于中国人口众多，耕地有限，加上其他因素的影响，我国粮食安全一直存在不少隐患，必须时刻引起高度关注。这些问题主要表现为：

1）粮食产业生态环境恶化，危及中国粮食安全。主要表现在两个方面：一是耕地数量持续减少，粮食安全的基础受到威胁。为满足国民经济发展和人的需求的不断增长，在相当长的时期内，耕地的数量和质量都应不断提高，达到耕地的数量上和质量上的动态平衡，这样才不至于动摇粮食安全的基础。但是，从目前情况看情况不容乐观。据全国人大农业与农村委员会透露，2012年中国耕地面积不足18亿亩，比1997年的19.49亿亩减少1.35亿亩，人均耕地面积由10多年前的1.58亩减少到1.28亩，仅为世界平均水平的40%，可见保护耕地的压力不断增大。

二是耕地的质量也在下降，最突出的问题时生态环境恶化和污染，具体表现为农业生态系统恶化、农业化学污染和工业污染物的大量排放。首先，农业生态系统恶化对粮食安全构成威胁。我国由于沉重的人口压力，对自然资源的不合理利用，生态环境整体恶化的趋势没有得到根本的改善。水土流失、土地退化、荒漠化、水体和大气污染、森林和草地生态功能退化等，已经成为制约生态农业发展的主要障碍。据估计，我国遭受水土流失（水蚀和风蚀）的耕地达到4540万公顷，大约占遭受水土流失的土地面积的25%或约占耕地总面积的50%（杨瑞珍，1994）。1/3至一半的耕地缺磷，1/4~1/3的耕地缺钾，缺乏微量营养元素的土壤也正在增加（恭子桐，1999）。水土流失既是土地退化和生态恶化的主要形式，也是土地退化和生态恶化程度的集中反映，对经济社会发展的影响是多方面的、全局性的和深远的，甚至是不可逆的。中科院地理科学与资源研究所研究员孙鸿烈院士（2010）指出，水土流失导致土地退化、耕地毁坏，我国因水土流失而损失的耕地平均每年约100万亩。其次，农业化学污染和重金属污染加剧了粮食安全的担忧。我国农业源污染物排放对水环境的影响较大，其化学需氧量排放量为1324.09万吨，占化学需氧量排放总量的43.7%。农业源也是总氮、总磷排放的主要来源，其排放量分别为270.46万吨和28.47万吨，分别占排放总量的57.2%和67.4%。随着“镉大米”事件的曝光，人们对重金属污染的关注也达到了前所未有的热度。近年来有关重金属污染的事故已经不少，湖南的血铅事故成为社会关注过的焦点，但冲击力都不如此次“镉大米”严重。由于自身的特性决定，水稻对镉的吸收能力比其他农作物要强，因此形成了对大米的污染，从而直接危及人们的健康。正是由于“镉大米”直接危及主粮安全而成为重金属污染的一个缩影。事实上，重金属污染在全国的分布已极为广泛。有报道称，潘根兴教授和他的研究团队在2007年和2008年先后进行了两次调查。前一次在全国6个地区（华东、东北、华中、西南、华南和华北）县级以上市场随机采购大米样品100多个，检测结果表明：抽查样品的10%存在镉超标。后一次，他们从江西、湖南、广东等省农贸市场随机取样63份，实验结果证实样品的60%以上大米镉含量超过国家限值。最后，工业污染物的大量排放也影响粮食安全问题。工业污染主要指废水、废气和固体废物“三废”。“三废”污染是导致农业生态环境恶化的重要原因，也是农业粮食减产的重要原因。根据普查结果，2007年全国排放工业固体废物为4914.87万吨；工业危险废物为3.94万吨。废水中化学需氧量（COD）为3028.96万吨（含农业源1324.09万吨）。根据中国第二次污灌调查结果显示，我国利用污水灌溉的面积为361.84万公顷，占全国总灌溉面积的7.3%。全国COD的普查是3028.96万吨，比2007年的统计数据增加了119%。普查结果显示，淮河、海河、辽河、太湖、滇池、巢湖等水污染防治重点流域接纳主要水污染物数量大，工业污染物排放主要集中在少数行业和局部地区，污染结构性问题突出。

2）粮食进口对外依存度增加，主粮自给率下降。根据海关统计数据，2012年上半年我国进口的粮食中，大豆进口2905万吨，同比增长22.5%；玉米进口240.54万吨，同比增长6535.2%；小麦进口219.35万吨，同比增长294.9%；大麦进口150.94万吨，同比增长62.3%；稻谷和大米118.67万吨，同比增长226.9%。这与粮食丰收形成鲜明的反差，值得高度关注！

3）粮食产业集中度有所下降，外资控制力加强。这主要是外资并购和侵蚀影响到我国粮食安全。我国粮食生产和消费主要是稻米、小麦、玉米和大豆。目前，我国稻米、小麦的自给率达到90%以上，国产集中度较高。但是，玉米和大豆自给率下降，尤其是大豆自给率只有30%，而进口依存度达到

70%。由于外资并购和侵蚀，出现集中度下降的趋势，导致我国对粮食控制力减弱，对外依存度扩大，转基因产品从长远看可能危及人民的健康。

2008 年 11 月，我国海关总署发出预警，指出外资企业在我国粮食领域的控制力正在加强，尤其以丰益国际、嘉吉、邦基、ADM 和路易达孚为代表的跨国企业，利用资金优势，通过资本运作消灭对手，垄断市场，从而实现操控价格，牟取巨额利润的目的。来中国之前，他们已经用这样的办法控制了拉美等地的粮食市场，2004 年，跨国巨头盯上了中国大豆，他们利用期货把大豆价格一路拉到了每吨4300 元的历史高价，诱使国内榨油企业集中采购了约300万吨的美国大豆，随后又一路把价格打压到每吨 3100 元，导致中国油脂企业半数破产，跨国粮商趁机利用并购、参股、合资等形式，控制了近 60% 的国内油脂企业。目前跨国投资企业丰益国际，斥资 30 亿美元进驻东北，企图垄断国内非转基因大豆的市场。2009 年我国大豆总进口量才达到 3800 万吨，而 2010 年该数据到了 5480 万吨。我们的国产大豆也就 1600 万吨，进口量是国产量的 2 倍多，所以，外资企业已经严重地对中国的大豆产业造成损害。

此外，我国玉米进口量也与日俱增。作为一个粮食大国，玉米在我国一直都是自给自足，但最近几年这一状况似乎在悄悄地逆转。中国十年来首次从美国大量进口玉米，从美国采购的玉米数量比过去 15 年还要多。中国海关总署 2010 年公布的进口数据显示，6 月进口玉米 6.45 万吨，5 月进口 4882.31 吨。其中，6 月从美国进口了 6.12 万吨，进口总额为 1480.25 万美元。据统计，2010 年 7 ~ 9 月期间有超过 30 万吨美国玉米陆续从深圳蛇口港入境。

4）国际粮食价格高涨，影响中国粮食安全。2012 年，国际粮食价格逼近 2008 年“粮食危机”时的高位，引发全球市场的普遍担忧。由于国内外粮食市场的联系日益紧密，高涨的国际粮价也“拷问”着中国粮食安全。

根据世界银行发布的数据显示，从 2010 年 10 月到 2011 年 2 月，世界银行粮食价格指数上升了 15%，只比 2008 年的历史高位低 3%，其中小麦价格翻了一倍，玉米价格上涨 73%。全球粮食产量增幅近几年一直低于消费量的增长，目前全球粮食储备仅相当于 2000 年的七成多。尤其是玉米的库存消费比（粮食安全的重要指标）不断下降，到 2010—2011 年度已降至 6.8%，远低于联合国粮农组织提出的 17% ~18% 的安全线。回顾 2008 年的全球粮食危机，生物燃料对粮食的旺盛需求成为推涨粮价的重要因素。据统计，2007—2008 年度，全球用于生产乙醇的小麦和粗粮达到 9500 万吨，2008—2009 年度进一步增加到 1.04 亿吨，占当时世界谷物总利用量的 4.6%。美国农业部 9 日发布的供需报告将玉米库存预估下调了 9%，因为制造乙醇的玉米用量创新高。

海关总署的数据显示，2010 年，中国的小麦、玉米、稻谷进口量均出现较大幅度的上涨。另据美国农业部日前发布的信息，2010 年中国首次成为全球进口美国农产品最多的国家，进口额达到175 亿美元，占美国去年农产品出口总额的15.1% 。随着国内外粮食市场的联系日益紧密，在这一轮国际粮价的上涨过程中，中国粮食安全面临着更大考验。

5）农业自然灾害影响我国粮食安全。近年来，我国极端天气频发，对粮食作物生产构成了重大威胁。农业部有关数据表明，目前我国 54% 的耕地还是缺乏灌溉设施的“望天田”，机电排灌面积不足 30% 。现有的农田水利工程相当一部分已超过了规定使用年限，老化失修严重。

最近几年，旱灾、涝灾等自然灾害严重影响到我国粮食生产，这些年我们在农业基础设施建设上有欠账，我国农田水利失修的现象仍然十分严重，加强农田水利建设，增强农业综合生产能力和抗灾减灾能力，是保障国家粮食安全的一项重要举措。

4.2.4 维护和提升我国粮食安全的措施

第一，切实保护好基本耕地。一是坚决制止城镇化、工业化过程中新的圈地运动。二是改革土地征用办法，区分经营性用地与公益性用地，提高用地补偿标准，防止农民失地失业。三是强化土地专项资金的征收管理，主要用于复垦土地，确保补充耕地数量，建议我国设立《粮食安全法》，通过立法保障基本耕地面积。

第二，依靠科学技术，保障粮食安全。一是不断提高农业生产能力，提高粮食单产。二是要继续增加国家对农业科研和技术推广的投入，稳定农业科技推广队伍，积极推进农业科技体制改革，提高科技进步在粮食增产中的贡献率，主要是应用现代生物技术培育高产优质作物品种，以提高农业生产能力，实现我国未来粮食供求平衡，维护粮食安全。三是要顺应市场经济的发展要求，加快农业技术推广体系改革，在基层站所，把公益性职责与经营性活动分开，国家保住公益性业务，依靠市场搞活经营性业务。

第三，加大农业基础设施投入与建设。由于化肥、农药投入已经比较大，今后主要是提高利用效率，减少浪费和对环境的污染。目前全国农田灌溉面积比例只有 50% ~60% ，还有较大的提高空间。“水利是农业的命脉”，加强水利建设，提高农田灌溉面积比例，是提高我国 21 世纪粮食作物单产的根本所在。

第四，树立食物安全观念，提高食物质量安全。要加强生态环境保护和治理力度，避免工业污染；推进特色农业区域化布局、专业化生产、产业化经营，坚持市场导向、龙头带动和科技支撑，不断提高优质特产农产品的规模和质量；提高农产品市场准入制度，畅通劣质产品退出制度，加强生产安全认证制度、质量安全信息追踪制度和食品卫生保障制度，强化市场监管，加强检测检验，努力构建从农田到餐桌的全过程绿色无公害产业链条。

第五，提高我国主产区粮食自给率。一方面，必须严格保护生产资源，倍增农业投入力度，包括对自主创新能力的支持，对农民种粮的补贴；另一方面，要有效利用《反垄断法》，限制外资对我国主粮区的渗透和控制，提高我国主产区的竞争力水平和粮食自给率。

4.3 我国石油产业安全状态及对策[1]

4.3.1 影响石油安全的主要因素

影响石油安全的因素非常复杂，各种因素对石油安全的影响程度也有所不同，主要可以分为以下几类：政治因素、能源需求因素、能源供给和储备因素、价格因素、科技水平与科技创新能力和其他因素等。

(1) 政治因素

影响石油安全的重要因素还包括国际国内政治因素。国际因素主要是美国的霸权主义，为了争夺能源，美国对中东等产油国家进行渗透和干预，给能源供给带来威胁。此外，中东、南美等产油国家政治动荡，影响石油、天然气产量，推高油价，带来石油安全风险。国内政治因素主要是三股势力的影响，以及周边国家的政治动荡，也对石油安全带来一定的影响。

(2) 能源需求因素

能源需求包括能源消费和进出口，它直接影响到能源产业的发展。

中国经济在快速发展的同时，能源消费也在快速增加，比如石油的消费超过了石油的产量，1993 年开始，我国就成为纯进口国。1993 年我国石油的消费需求量为 305.1 万桶，到 2006 年达到 720 万桶，增加 135.99% 。从 2002 年开始，中国石油消费量就超过日本仅次于美国排在第二位。从 2003 年开始，中国石油产量增速放慢，而原油进口量和消费量则大幅上涨。截至 2003 年年

[1] 本部分内容主要引自何维达："提升我国石油产业竞争力的对策研究"［J］. 国家社会科学规划办《成果要报》，2011（25）：1－8.

底，中国当年共生产原油 170.75 百万吨，同比增长 1.5%。2003 年全年中国共进口原油 9112.63 万吨，同比增长 31.29%，占国内原油消费量的比重达到 36.1%；国内原油消费量为 25231.2 万吨，同比增长 10.15%，石油消费总量为 275.2 百万吨，同比增长 11.52%。2007 年中国石油进口由 2006 年的 3.54 亿吨升至 3.8 亿吨，同比增长 7.3%。

（3）能源供给和储备因素

目前，我国的能源供给主要是石油、煤炭和天然气等传统能源。到 2010 年，中国的石油消费量约为 2.9 亿～3 亿吨；2020 年估计为 3.8 亿～4 亿吨。如今，石油在能源结构中的比例约为 22%，估计未来石油所占的比例将提高到 30% 左右，随着我国工业化进程的加快，对石油能源进口的依赖程度也在增强。然而长期以来，对于石油能源进口价格我国一直处于被动接受状态，在国际能源定价体系中仍处于弱势地位。

从 2003 年起，中国开始筹建石油储备基地。初步规划用 15 年时间分三期完成油库等硬件设施建设。储量大致是：第一期为 1000 万吨至 1200 万吨；第二期和第三期分别为 2800 万吨。以目前一年 3.4 亿吨的用油量来算，全国每天用油 93 万吨，根据国际战略储备 90 天的标准，一共要存 8370 万吨，也就是要有 8000 万吨战略储备量。而我国一期的 1000 多万吨在总储备量里比例很小，现在石油储备远远低于 90 天的国际标准。

2009 年 2 月初，美国石油战略储备超过 7 亿桶，商业原油库存达 3.5 亿桶，可以使用 150 天，创了历史新高。2015 年，美国石油战略储备仍然达到 6.95 亿桶。

（4）价格因素

石油价格的波动直接影响石油产业安全，进而影响到整个国民经济发展。

第二次世界大战以后至本世纪初，世界石油市场经历过 4 次危机 7 次剧烈变动：第一次是 1973 年 10 月至 1974 年 1 月，油价从每桶 3.11 美元涨至 11.65 美元，主要原因是第 4 次中东战争爆发，石油输出国组织大幅度提高油价并削减石油产量；第二次是 1978 年年底到 1980 年年底，油价从每桶 13.34 美元上升到 34 美元，主要原因是中东产油大国伊朗发生政治革命，随后与另一个产油大国伊拉克爆发战争，造成石油减产；第三次是 1985 年年底到 1986 年 10 月，油价由每桶 28 美元降到 6.8 美元，主要原因是前两次石油波动造成需求下降，一些产油国竞相提高产量低价销售石油；第四次是 1996 年 10 月到 1998 年 12 月，油价从每桶 23.5 美元下降到 10.6 美元，主要原因是金融危机造成石油需求下降；第五次是 1998 年 12 月至 1999 年 3 月，油价从每桶 10 多美元上升到35美元左右，又下降至20多美元，这主要与亚洲经济迅速复苏、世界经济快速增长、库存下降、限产等有关；第六次是1999年9月至20世纪末，油价又出现剧烈波动，每桶原油价格从10美元左右涨至38美元（2000年8月），之后下跌（2001年年底又跌至20多美元），主要原因是：以美国为首的西方国家极力抑制石油价格上涨以确保本国经济稳步发展，石油输出国组织（OPEC）的干预，以及巴勒斯坦与以色列的冲突愈演愈烈。第一、二次油价波动给世界经济特别是西方国家造成灾难性后果，被称为“石油危机”。第七次是2008年开始的美国次贷危机引起的全球金融危机，一年内油价出现剧烈波动，每桶原油价格飙升到149美元，到2008年12月则跌破40美元。2011年迄今逐步回升，但是徘徊在45美元至50美元附近，仍然没有达到2008年的最高水平。价格的剧烈波动，直接影响能源的供给安全。

（5）科技水平与科技创新能力

技术创新潜力对石油安全来说是一个有着直接和深刻影响的潜在的竞争力。首先，技术进步和技术创新的重要地位，是能源产业技术密集的特点决定的。以石油为例，随着油藏的不断开发，油气资源的勘探开发难度越来越大，世界油气储量和产量每迈上一个高峰都依赖于新理论、新技术的推动；其次，技术创新和技术进步，大幅度降低了石油企业的油气成本和勘探开发风险，过去十年技术进步使上游勘探开发成本降低60%，探明储量比十年前增长80%以上（世界平均水平）。最后，技术创新能力的发展变化，会引起石油企业其他竞争力要素在总量和结构上的变化，这是未来竞争力发展的主导影响因素。

（6）其他因素

其他因素包括能源企业的生产规模和管理水平等。经营规模是指企业各生产要素（主要包括资金、人力、技术、设备和生产状况等）的集中程度和积累水平，是企业经营状况和经济实力的综合表现，也是企业具备市场竞争能力的基础和依托。对于整个产业内的企业来说，保持一定的规模是增强产业竞争力的保障和支撑。

此外，管理是实现和保障企业生产要素有效运作的最重要手段，它促使企业各生产要素形成最佳组合、集中发挥优势，以谋取企业最大经济效益。以石油产业为例，其国际竞争力是由多种要素或能力构成的综合性能力，要素之间的协调配置、优化组合、监督控制以及上游整体竞争力的形成，都是通过管理手段实现的。也就是说管理具有改变竞争力各要素状况的能力，对石油安全有着直接和深刻的影响。

4.3.2 我国石油安全的成绩与突出问题

4.3.2.1 中国石油安全取得的成绩

（1）石油等能源产量稳定增加，保障能力增强

改革开放以来，我国能源产业取得了一定的成绩，主要表现为：一是原煤产量多年位居世界第一。我国重点建设了13个大型煤炭基地，煤炭生产集中度大大提高。煤炭作为我国的主体能源，为经济社会发展做出了重要贡献。二是电力工业实现跨越式发展。“十二五”期间电力装机新增至少4.95亿千瓦，全国总装机达到10亿千瓦，创造了世界电力建设的新纪录。全国220千伏及以上输电线路长度达到43万公里，变电容量19.6亿千伏安，电网规模跃居世界第一位。三是石油工业实现稳产增储。原油产量稳定在1.9亿吨左右，居世界第五，其中海上原油年产量超过4000万吨，再造了一个海上大庆。原油一次加工能力达到5亿吨/年，千万吨级炼厂达到18座。全国原油和成品油干线管网初步形成，管道总长度达到3.7万公里。新发现南堡、古龙、南泥湾等63个油田。四是天然气产业加快发展。2010年我国天然气产量达到940亿立方米，消费量1200亿立方米，分别是2005年的1.9倍和2.6倍。这五年，先后建成了长庆、普光等大型气田，发现了荔湾等气田。建成西气东输二线西段、川气东送、陕京三线等国内天然气骨干管线，天然气管道总长度达到4万公里。五是国家石油储备从无到有。一期项目4个基地相继建成使用，总规模1640万立方米。二期项目顺利通过规划审批，独山子、兰州、黄岛等项目先后开工建设。

（2）能源结构不断优化升级，清洁能源发展迅速

一是整顿关闭小煤矿，煤炭产业集中度不断提高。山西省率先拉开新一轮煤炭整合大幕；内蒙古和宁夏冲破行政区域界限，联手打造宁东—上海庙国家级能源化工基地；河南、贵州、山东等省推进煤矿企业强强联合等，都极大地推进了煤炭企业兼并重组和资源整合。最近五年，全国累计关闭小煤矿9000处，淘汰落后产能4.5亿吨/年。全国千万吨级以上煤炭企业集团达到50家，产量超过17.3亿吨，占全国的58%以上。二是水电发展跃上新起点。“十一五”至“十二五”期间，龙滩、景洪、构皮滩、拉西瓦、小湾、瀑布沟等大型水电站先后建成，累计投产超过1亿千瓦。三峡左右两岸26台机组、1820万千瓦全部并网发电，累计发电量达到4500亿千瓦时。向家坝、锦屏二级、金安桥、官地、长河坝、沙沱、大岗山等大型、特大型水电站陆续开工。三是新能源建设发展步伐明显加快。主要是核电、太阳能光伏发电、风电等加快发

展。其中，全国核电发展迅速，浙江三门、山东海阳和广东台山正在率先建设世界上首批三代核电机组。岭澳二期1号机组、秦山二期扩建3号机组建成投产，结束了我国三年无核电机组投产徘徊不前的历史。目前，国内光伏发电市场超前发展，2009年敦煌1万千瓦光伏电站项目实施招标，现已建成，全部并网发电。2010年又在西部六省区组织了28万千瓦光伏发电项目招标，带动了一批光伏电站项目建设。太阳能热水器安装使用规模继续扩大，保有量超过1.7亿平方米。此外，全国风电吊装容量累计达到3100万千瓦，连续5年翻番增长。千万千瓦级风电基地建设有序推进，蒙西和甘肃酒泉风电基地装机均超过500万千瓦，河北、吉林等多个地区装机超过250万千瓦。上海东海大桥10万千瓦海上风电场在世博会期间并网投产，成为除欧洲之外世界上第一座海上风电场。总规模100万千瓦的海上风电特许权项目在江苏启动。2010年，风电发电量预计达到450亿千瓦时，比上年增长63%。

此外，我国能源结构优化升级，清洁能源得到快速发展。电力工业“上大压小”，关停煤耗高、污染重的小火电机组，建设超临界、超超临界60万、100万千瓦高效环保机组，火电供电标准煤耗5年下降30克，累计节约原煤超过3亿吨。同时，大力发展非化石能源，水电、核电、风电发电量5年累计超过3万亿千瓦时，替代原煤15亿吨，减少二氧化碳排放近30亿吨。加快天然气开发利用和成品油质量升级，提高煤炭回采率和油田采收率，降低电网线损率，开展节能调度和发电权交易，对节能减排也发挥了积极作用。

(3) 能源科技装备水平大幅提升，自主创新能力不断增强

我国大型能源装备制造具备自主化能力。二代改进型核电关键设备国产化率达到80%以上，核电控制系统、锆管、蒸发器U型管、应急电源、核级阀门等一大批核电关键设备实现了国产化。三代核电超大型锻件、蒸发器、主管道、安全壳等关键设备能够自主制造。百万千瓦超超临界、大型空冷和循环流化床等火电机组达到国际先进水平。3兆瓦风电机组形成批量生产能力，5兆瓦风电机组已经下线。千万吨炼油和百万吨乙烯装置实现自主设计和自主制造。3000米深水钻井平台建造成功，LNG运输船和VLCC超级油轮实现“国轮国造”。国产600万吨成套采煤装备投入使用，1000万吨综采装备开始试用。

4.3.2.2 我国石油产业安全的突出问题

目前和今后一个比较长时期，我国石油产业安全将面临如下突出问题：

(1) 石油产业进口对外依存度问题日益凸显

随着中国工业化、城市化进程的加快，对能源、重要矿产资源等的需求量

大幅度增加。目前，中国已成为钢铁、煤炭、铜和石油等资源能源产品的世界第一大消费国。同时，由于受国内资源储量条件的限制，资源消费的快速增长，导致了中国能源和重要原材料产业对进口资源的依赖也越来越高，如铁矿石、石油资源进口依存度分别从1990年的14.68%和-20.59%上升到2012年的71%和58%，使中国钢铁、石油产业成为典型的进口资源依托型产业（见表4-1）。

表4-1　中国历年铁矿石、石油进口依存度

年份	1990	1995	2000	2005	2006	2007	2008	2011	2012
铁矿石进口依存度（%）	14.68	25.21	34.45	51.51	50.89	51.85	49.5	65.6	71.0
石油进口依存度（%）	-20.59	7.58	33.47	43.87	48.17	50.41	49	56.5	58.0

资料来源：《中国统计年鉴》（2009年）和《中国钢铁统计年鉴》（2009年）。

$$铁矿石进口依存度=\frac{进口铁矿石含铁量}{全国生铁总产量}\times100\%；$$

$$石油进口依存度=\frac{当年石油净进口量}{当年石油可供量}\times100\%。$$

由于石油、钢铁等基础性产业成为进口资源依托型产业，我国必须高度重视该类产业获取资源时的竞争力问题。因为这不仅严重制约着中国该类产业的持续积累与发展能力，而且由于资源产品的成本提高向下游传导，还会大大削减中国制造业的利润，甚至进一步因为大量企业陷入困境而将资源风险向金融领域渗透，形成企业快速扩容后紧随而至的亏损甚至破产导致的不良资产，影响整个国民经济的稳定发展。

（2）中国面临“贸易大国，定价小国”的困境

从当前全球能源消费和贸易量构成来看，中国已成为石油贸易大国和消费大国。中国在1993年首次成为石油净进口国，1996年成为原油净进口国以来，2004年的原油进口更突破亿吨大关。另据海关统计据显示，2012年中国原油进口量约为2.71亿吨，同比增长6.8%。中国能源消费与日俱增，其中石油消费和一次能源消费都迅速增加（见表4-2）。

随着进口市场份额的上升，并未使中国获得贸易强国的地位和相应的议价权力，反而频遭巨额损失，中国面临“贸易大国”和“定价小国”的尴尬与无奈。具体表现为以下几个方面：

一是定价权的缺失，导致“大市场”难有“大作为”。

近年来，虽然中国在全球资源市场的市场份额不断上升，但中国并未因此获得与其进口份额相称的定价能力。中国不但不能利用自身的大市场优势为自己争取最为有利的进口价格，反而由于自身对资源的旺盛需求，往往成为全球

的资源市场。

表 4-2 2014 年世界各国一次能源消费结构 单位：百万吨油当量/Mtoe

	原油	天然气	原煤	核能	水力发电	再生能源	合计
美国	36.4	30.2	19.7	8.3	2.6	2.8	2298.7
加拿大	31.0	28.2	6.4	7.2	25.6	1.5	332.7
墨西哥	44.5	40.3	7.5	1.1	4.5	2.0	191.4
北美洲合计	36.3	30.7	17.3	7.7	5.4	2.6	2822.8
阿根廷	36.0	49.4	1.5	1.5	10.8	0.8	85.8
巴西	48.1	12.1	5.2	1.2	28.2	5.2	296.0
智利	47.7	12.3	19.4	—	15.4	5.3	35.0
哥伦比亚	37.4	25.3	10.8	—	26.0	0.5	38.8
厄瓜多尔	78.5	3.9	—	—	16.9	0.6	15.4
秘鲁	45.2	28.2	4.3	—	21.3	1.2	23.0
特立尼达 & 多巴哥	7.5	92.5	—	—	—	—	21.4
委内瑞拉	45.7	31.8	0.2	—	22.2	—	84.3
其他中南美洲国家	63.7	7.6	3.1	—	22.3	3.2	93.1
中南美洲合计	47.1	22.1	4.6	0.7	22.4	3.1	692.8
奥地利	38.8	21.5	8.3	—	24.9	6.5	32.5
阿塞拜疆	35.1	63.3	—	—	2.2	—	13.1
白俄罗斯	38.5	57.7	3.5	—	—	—	28.6
比利时	52.0	23.1	6.5	13.2	0.2	5.3	57.7
保加利亚	21.2	13.3	36.3	20.1	5.6	3.8	17.9
捷克共和国	22.5	16.6	39.1	16.9	1.0	4.2	40.9
丹麦	44.5	16.3	15.1	—	—	23.8	17.3
芬兰	33.0	8.3	15.6	20.7	11.5	11.1	26.1
法国	32.4	13.6	3.8	41.5	6.0	2.7	237.5
德国	35.9	20.5	24.9	7.1	1.5	10.2	311.0
希腊	54.4	9.5	24.8	—	3.8	7.7	26.1
匈牙利	30.0	37.5	11.0	17.5	0.5	3.0	20.0
爱尔兰共和国	48.1	27.0	14.5	—	1.5	9.4	13.7
意大利	38.0	34.3	9.1	—	8.7	9.9	148.9
哈萨克斯坦	23.9	9.4	63.5	—	3.1	—	54.3
立陶宛	46.3	42.6	3.7	—	1.8	5.6	5.4
荷兰	48.8	35.6	11.1	1.1	—	3.2	81.1

续表

	原油	天然气	原煤	核能	水力发电	再生能源	合计
挪威	22.1	9.0	1.5	—	66.2	1.3	46.7
波兰	24.9	15.4	55.3	—	0.5	4.1	95.7
葡萄牙	46.3	13.8	10.2	—	15.0	14.7	24.6
罗马尼亚	26.7	31.5	17.2	7.7	12.5	4.2	33.7
俄罗斯联邦	21.7	54.0	12.5	6.0	5.8	—	681.9
斯洛伐克	23.3	22.0	22.7	23.3	6.7	2.0	15.0
西班牙	44.7	17.8	9.0	9.8	6.7	12.0	133.0
瑞典	27.9	1.6	3.9	28.7	28.3	9.7	51.6
瑞士	36.8	9.4	0.3	22.0	29.6	2.1	28.7
土耳其	27.0	34.9	28.7	—	7.3	2.2	125.3
土库曼斯坦	20.4	79.6	—	—	—	—	31.3
乌克兰	10.2	34.6	33.0	20.0	1.9	0.4	100.1
英国	36.9	31.9	15.7	7.7	0.7	7.0	187.9
乌兹别克斯坦	6.0	85.6	3.9	—	4.7	—	51.3
其他欧洲和欧亚国家	34.4	14.7	22.4	2.2	23.8	2.3	91.0
欧洲和欧亚合计	30.3	32.1	16.8	9.4	6.9	4.4	2830.3
伊朗	37.0	60.8	0.4	0.4	1.3	—	252.0
以色列	42.1	28.3	28.7	—	—	0.8	24.0
科威特	55.1	44.9	—	—	—	—	40.3
卡塔尔	20.0	79.8	—	—	—	—	50.5
沙特阿拉伯	59.3	40.7	—	—	—	—	239.5
阿联酋	38.1	60.5	1.5	—	—	—	103.2
其他中东国家	64.2	34.2	—	—	1.5	—	118.3
中东合计	47.5	50.6	1.2	0.1	0.6	—	827.9
阿尔及利亚	34.6	64.8	0.4	—	—	—	52.0
埃及	44.9	50.1	0.8	—	3.6	0.5	86.2
南非	23.0	2.9	70.6	2.8	0.2	0.5	126.7
其他非洲国家	60.3	17.6	5.3	—	15.6	1.1	155.3
非洲合计	42.7	25.7	23.5	0.9	6.5	0.7	420.1
澳大利亚	37.0	21.4	35.6	—	2.7	3.3	122.9
孟加拉国	20.2	75.2	3.5	—	0.4	0.4	28.2
中国	17.5	5.6	66.0	1.0	8.1	1.8	2972.1

续表

	原油	天然气	原煤	核能	水力发电	再生能源	合计
中国香港	61.8	8.4	29.6	—	—	—	27.5
印度	28.3	7.1	56.5	1.2	4.6	2.2	637.8
印度尼西亚	42.3	9.7	34.8	—	1.9	1.3	174.8
日本	43.1	22.2	27.7	—	4.3	2.5	456.1
马来西亚	38.7	40.5	17.5	—	3.0	0.3	91.0
新西兰	34.6	20.7	7.2	—	26.4	11.1	20.8
巴基斯坦	30.7	51.4	6.6	1.5	9.8	0.1	73.6
菲律宾	42.6	9.5	34.8	—	6.3	6.8	33.6
新加坡	87.0	12.7	—	—	—	0.3	76.1
韩国	39.5	15.7	31.0	13.0	0.3	0.4	237.2
中国台湾	39.2	13.8	36.5	8.6	0.8	1.2	112.0
泰国	43.6	39.0	15.1	—	1.0	1.2	121.5
越南	31.5	15.5	32.2	—	20.7	0.2	59.3
其他亚太地区国家	36.3	10.3	30.8	—	22.1	0.4	54.2
亚太地区合计	26.8	11.4	52.0	1.5	6.4	1.8	5334.6
世界总计	32.6	23.7	30.0	4.4	6.8	2.5	12928.4
其中：OECD	37.0	26.0	19.1	8.2	5.7	3.9	5498.8
非 OECD	29.3	22.0	38.1	1.7	7.6	1.4	7429.6
欧盟	36.8	21.6	16.7	12.3	5.2	7.4	1611.4
前苏联	20.7	51.2	16.3	6.2	5.5	0.1	999.3

资料来源：BP Statistical Review of World Energy June 2015。

资源市场上寡头厂商的提价理由，或者成为众多基金等国际炒家狙击的对象。定价权缺失导致资源进口价格居高不下和出口价格受到国际机构的联合打压，从而导致中国贸易条件的恶化，这会进一步加深中国经济面临进口资源价格外部冲击时的脆弱性。

当前国际资源性商品价格的形成主要通过两种方式来实现：①对于期货品种成熟和期货市场发达的资源性商品来说，其价格主要由世界几大知名期货交易所的标准期货合同的价格决定，如石油国际贸易定价；②对于尚无受到广泛认可的期货品种和期货市场的资源性商品而言，其价格主要由市场上的主要供应方和主要需求方每年通过谈判达成，如铁矿石国际贸易定价。对于第一种资源性商品而言，这些商品的定价权在很大程度上掌握在这些资源性商品期货市场上的机构投资者手里，因此而凸显了由市场所凝聚的产业资本实力在定价权争夺中的作用。对于第二类资源性商品而言，其定价规则往往是通过主要的供货商和需求方先行谈判，其他小厂商跟随的形式，因而与供方（或需方）的相对势力对商品国际贸易价格形成具有重要作用。

以石油定价机制为例。目前国际石油的定价载体是三大期货市场和五大现货市场。国际市场石油交易大多以各主要地区的基准油为定价参考，以基准油在交货或提单日前后某一段时间内现货市场或期货市场价格加上升贴水作为原油贸易的最终结算价格。其中影响最大的，是纽约商业交易所的西得克萨斯原油价格和伦敦商品交易所的北海布伦特原油价格，两者被视为全球石油市场两个最重要的定价基准。过去，油价走势主要取决于基本供求关系的变化，20 世纪 80 年代以前的石油定价权主要掌握在欧佩克手中，自从纽约、伦敦两大期货交易所成立之后，期货市场价格在国际石油定价中逐渐扮演主要角色，油价定价权渐转移到华尔街和伦敦金融城，一些金融机构和英美石油公司掌控了国际油价的定价权。特别是影响力极大的投资银行，通过期货这一合法但监管漏洞很大的金融工具，利用他们对相关信息的垄断与话语权的操纵，诱使石油价格按照它们预期的目标变动。而在上述定价机制形成过程中，中国企业基本被排除在外，丧失了定价权。

二是国家信息能力不足，形成发达国家和国际投机机构对“中国因素”的炒作。

一方面，一些发达国家和国际投机机构利用自身拥有的实力和对市场的垄断力，制定和强制推行垄断性定价规则，凭借历史上形成的现货及期货市场的运作体系，作为定价中心和商品定价基准，牢牢控制着商品定价权，使中国企业在国际贸易中往往处于不利的境地。

另一方面，与“中国因素”相关的数据牌日渐成为众多炒家眼中的“美餐”。如美国芝加哥商品交易所的大豆价格、纽约商业交易所的石油价格，伦敦金属交易所的铜价，这些全球定价中心的每一种商品价格的未来走势，都将“中国需求”、“中国因素”列为首选因素。中国需求量的每一次细小变动，都会导致国际定价中心价格的震荡。与中国相关的供求数据大多不是由中国自己正式发布的，而通常是由其他国家或机构统计发布的。导致这些数据成了这些投机者对付中国的武器。

定价权之争从市场操作层面，最根本的是信息资源之争。目前，中国大宗商品系统性的需求量、进口量、库存、产量等权威的、全面的基础数据缺乏，而美国的相关机构，比如美国能源署、农业部和大豆协会，每周、每月定期向全球公开发布行业报告，不仅公布美国本国数据，还有全球主要产区和需求地的数据。尤其令人担忧的是，中国自己都没有大宗商品数据，美国的相关机构通常都有，而且通常是免费的。但在中国，国内部门之间、企业之间，为了蝇头小利而互相封锁消息，要获得这些信息通常要向海关购买。而美国则免费向全球提供一切数据，这些信息的炒作也就只能让别人操控，要夺得大宗商品定价权，中国必需建立自己的数据库，并按自身的意愿适时发布，以便于从信息方面掌控定价权。

三是分散化的国际竞争参与主体，导致国家利益主体的缺位。

在中国，“恶性竞争”成为最近一段时期内讨论最热烈的经济名词。无论是在产品出口市场还是在产品进口市场，由于产业集中度较低，中小企业间形成恶性竞争。在大宗商品出口市场，众多中小企业竞相压价。在能源原材料等大宗商品进口市场，一些中小企业为了保证生产的顺利进行，不惜抬高原材料的进口价格。这导致了中国进出口商品都蒙受巨大的损失。这种分散化的国际竞争主体格局，导致在对外价格谈判的时候难以形成合力，以至相互掣肘，处处被动。虽然有诸如焦炭等行业试图通过建立出口联盟来改善自身定价权缺失的不利形势，但由于地方、主管部门以及企业等错综复杂的利益关系，会导致这种尝试屡屡受挫，这有人为的原因，但更多的是制度的原因。

此外，中国政府在资源性商品的生产和需求方面，尚欠缺长期的战略性考量。期货市场在资源性商品世界市场定价中的作用举足轻重，而我国对此缺乏研究，国内决策层对发展中国期货市场并使之发展为定价中心也往往顾虑重重，缺乏高瞻远瞩的战略认识和筹划。发展中国期货市场，使其成为中国甚至世界的定价中心，应该从战略高度进行长期的规划。一些大量生产、大量消费的原材料，其价格决定应该在中国市场完成，要让中国因素合理体现在价格之中，这有利于中国的民族资本的成长，并逐步取得话语权，更有利于中国在世界范围内配置资源。定价权的竞争是涉及长期国家利益和国家安全的战略问题。要解决这些难题，需要解决代理人问题、国家利益主体缺位等问题。

(3) 粗放的增长方式导致石油利用率偏低，产业竞争力下降

粗放式经营方式主要表现在：一是单位产出的能耗较高，我国单位能耗所创造的财富远低于发达国家，我国每创造单位 GDP 是世界平均值的 3 倍至 4 倍，是日本的 11.5 倍和美国的 4.3 倍。其中，我国汽车发动机每百公里耗油设计值比发达国家高出 15%，而单车年油耗为 2.3 亿吨，比美国高 20%，比日本高一倍（单卫国，2008）。另据预测，如果我国汽车燃油效率达到当前国

际先进水平，2020年可少消费8700万吨原油，几乎占那时国内原油产量的一半。

二是能源消耗的技术效率低。由于粗放式经营，多年来我国钢铁、建材、电解铝等一些高能耗产业迅速扩张，技术节能效率较低，由此导致我国能源消费量的急剧增加，甚至超过了经济增长速度（见表4-3）。另据《商业周刊》报道，据估计，中国的能效低下每年导致1200亿美元的工业产出损失和与污染相关的健康费用。

表4-3 2000—2011年我国经济增长与能源消耗状况

年份	国内生产总值（亿元）	国内生产总值增长率（%）	人均国内生产总值（元、人）	能源消耗总量（万吨标准煤）	能源消耗总量增长率（%）	能源消耗强度（吨标准煤、万）	人均能耗消耗量（千克标准）
2000	99214.6	8.0	7858	138553	3.53	1.396	1021
2001	109655.2	7.3	8622	143199	3.35	1.396	1081
2002	120332.7	8.0	9388	151797	6.0	1.261	1123
2003	135823.8	9.1	10542	174990	15.28	1.288	1272
2004	159878.3	9.5	12336	203227	16.14	1.271	1445
2005	183217.8	9.9	14053	224682	10.56	1.227	1579
2006	211923.0	10.7	16165	246270	9.61	1.168	1733
2007	265810.3	11.9	20169	265480	7.8	—	—
2008	314045.4	9.0	23708	285000	7.4	—	—
2009	340506.6	9.1	24536	306600	5.2	—	—
2010	401202.0	10.3	29524	325000	5.9	—	—
2011	471564.0	9.2	35083	348000	7.0	—	—

资料来源：根据《中国统计年鉴》（2001—2012年）和《中国能源统计年鉴》（2012年）计算。

三是资源综合利用率和再生资源回收利用率较低，污染排放强度高。由于粗放式经营，我国的GDP石油消耗比美国高约30%，是日本的2倍多。可见，粗放式经营导致的石油利用低效率也是威胁我国石油产业安全的一个重要问题。

（4）石油产业外部环境不佳，进口油源风险增加

目前全世界年产原油38亿吨，除了本国使用外，真正进入国际石油贸易的只有22亿多吨，其中美国年进口石油7亿多吨，占世界石油贸易总量的1/3。日本年进口石油2.6亿吨，韩国、德国、法国等年进口石油都在1亿吨以上。在这种情况下，各石油消费国围绕石油资源的争夺将愈演愈烈，我们有

钱能不能买到这么多的石油，油源风险也是一个大问题。而目前我国石油进口来源主要集中在中东和非洲，占我国石油进口的60%以上，而中东和非洲正是目前国际政治经济局势动荡的主要地区，一旦发生局部冲突，就可能威胁中国的石油安全。

与此相关的是油源进口通道风险。我国石油进口主要采用海上集中运输，且走霍尔木斯海峡和马六甲海峡。据统计，中国、日本、韩国等国家和中国台湾地区所进口的原油有90%需要经过马六甲海峡。当前，袭击石油生产和运输设施已成为恐怖分子的新方式，再加上美国在这一地区的军事布控，石油运输通道极有可能由于战争、恐怖袭击和政治因素等被切断，从而威胁着中国的石油安全。

4.3.3 提升中国石油产业安全的对策建议

第一，建立多元化的石油国际贸易体系，分散石油进口风险。一是进口来源多元化。目前，我国以中东为主要油源，为了保证石油安全，需要分散进口石油、天然气的来源地，避免过分依赖中东地区石油资源的风险。我国对石油进口的来源要有明确的战略安排和及时的部署，近期我国的石油进口可能仍将主要依靠中东地区，但同时要尽量扩大非洲、俄罗斯和哈萨克斯坦的石油来源，使其成为与中东石油互为补充的稳定的石油供应来源。远期应增加委内瑞拉重油和加拿大油砂的供给。委内瑞拉计划修建从其国内至太平洋的输油管道，我国应抓住机遇，尽力促成输油管道的建设，从委内瑞拉购买更多的石油。二是进口品种多样化。在石油品种上，按照经济合理性，除了进口轻质、中质低硫原油外，也要进口适用生产沥青与燃料油的重质原油，还要进口价格合适的石脑油、成品油、燃料油、液化天然气、化石油气等产品。三是贸易方式和渠道多元化。通过石油贸易，从国外直接购买石油及石油产品，即贸易油，这是我国进口的主渠道，其中签订长期合同建立贸易伙伴关系是贸易油交易的主要方式。为了保证中国对石油资源获得的稳定性，进口原油的贸易方式应以长期合同为主。要参与国外石油资源开发，建立海外长期的石油生产基地，稳定获取份额油。尽管贸易油是主渠道，份额油只能是利用国外石油资源的辅渠道，但是海外份额油掌握得越多，利用国外石油资源的主动权就越大。应积极向外投资，采取的主要投资方式有直接参与产油国勘探开发项目的国际招标、与国际石油垄断资本建立战略联盟和投资海外资源产地等。此外，通过征收燃油税积累资金，支持建立中国的石油投资基金，增强中国石油公司海外寻油的资本能力。四是运输渠道多样化。针对目前我国进口原油运输方式以海运为主，海运中约有 70% 以上都要经过马六甲海峡，以及我国现有远洋油轮船队规模较小，大部分原油进口海运任务仍由国外运输商承担的现实，我国必须高度重视原油进口运输方式多元化问题，并要规划、组建大型油轮船队，增强对进口原油远洋运输的掌控能力，确保原油进口运输的安全。另外，必须加快在沿海地区建设一批 25 万 ~30 万吨级深水原油码头和大型原油储罐，进一步提高我国进口原油的一次接卸能力，满足未来海运进口原油的需要。

第二，充分发挥国家的国际竞争策略力量，开展广泛的国际石油合作，提高石油产业的国际竞争力。一是加强与 IEA 等国际组织以及东北亚石油进口国的合作。IEA 是世界主要石油进口国政府间的经济联合组织，它建立了紧急石油共享机制，为应对石油危机发挥了重要的作用。中国要维护本国的石油安全，与石油进口国开展国际能源合作，就无法绕开 IEA。同样，IEA 也需要中国的合作。由于 IEA 的现有规则规定，要成为 IEA 成员国的条件之一就是，成员国必须具备 90 天纯进口量的战略石油储备，而目前中国只有 30 天的储备能力。因此，中国加强与 IEA 的合作可以加强石油储备建设。二是大力发展与产油国的长期合作关系，加强与产油国在石油产业链的融合。如，吸引中东资本及石化企业来华投资建厂，造成双赢局面，减少产业损害风险；积极参与中东石化的发展，输出资本、技术、设备、劳动力等，积极开拓中东石化下游产品的生产和市场，谋求共同发展。三是加强与其他各方广泛的石油合作，通过合作战略提高中国石油产业的国际竞争能力。包括与东北亚日本和韩国的合作，与美国进行能源合作等，以消除分歧，化解石油矛盾与冲突，组建价格联盟以应对国际石油价格风险。

第三，构建面向国际化的资源定价机制。对我国能源资源（包括石油）价格的改革不能简单“一刀切”，要深刻反思传统能源资源的政府定价方式与市场定价方式的缺陷，从中找到改革的突破口。对成品油销售网络均衡布局可通过加油站特许网点的均衡分配来实现，如在一定范围内保持多家石油公司网点建设特许权的合理比例，并在具体加油站地点设置上实行两家公司以上加油站的建设的并行安排，形成直接面对面的市场竞争格局，避免加油站网点设置由一家公司在一定区域内的占位垄断。另外，通过进一步开放成品油销售市场，引入民营企业和外资企业的竞争。

第四，充实国家石油储备，鼓励民间石油储备发展。加大石油战略储备，既可防范特定利益集团利用石油武器达到制约中国的目的，还可抵御国际石油市场价格波动的风险。目前，中国石油储备体系建设刚刚起步，根据中国正在启动的战略石油储备计划，一期工程设计储备 30 天的进口量，相当于 1000 万吨。要达到国际能源信息署（IEA）规定的90天石油净进口量的最低标准，还有很长的路要走。要加快建立国家石油储备，还必须鼓励民间石油储备发展。除了鼓励石油化工企业增加生产储备以外，可以考虑设立石油储蓄银行等募集资金，建立民间的石油储备投资系统。

第五，建立中国石油产业信息预警和危机应对机制。为了增强中国石油产业对国际石油竞争环境变化的应对能力，需要建立从政府到以各行业协会为依托的民间层面的集信息采购、处理和披露为一体的信息发布体系。未雨绸缪，及时准确地预测并把握可能危及中国石油产业安全的非常事态发生的时机、方式、区域、规模及影响，积极采取有效措施，控制或削弱其可能对中国经济构成的潜在风险。在面对紧急情况时采取一致的措施应对，包括：准确及时的收集和发布相关信息；释放政府的石油库存；确保石油供给，让石油生产商增加生产；对一些可使用替代品的部门实施燃料替换；实行需求限制等。预警机制和危机应对机制需要通过建立相关的法律法规来实现，如制定石油储备法、石油供给和需求最优化法、稳定国民生活的突发事件法等。

4.4 我国铁路债务安全状态及对策[1]

4.4.1 问题的提出

根据2013年3月10日披露的国务院机构改革方案，我国实行铁路政企分开。一方面，撤销铁道部，组建国家铁路局，由新成立的交通运输部管理；另一方面，组建中国铁路总公司，承担原铁道部的企业职责。依据《国务院关于组建中国铁路总公司有关问题的批复》，中国铁路总公司是由中央管理的国有独资企业，由财政部代表国务院履行出资人职责，交通运输部、国家铁路局依法对其实行监管。批复同意将原铁道部相关资产、负债和人员划入中国铁路总公司，将原铁道部对所属18个铁路局（含广州铁路集团公司、青藏铁路公司）、3个专业运输公司及其他企业的权益作为中国铁路总公司的国有资本。但是，作为我国金融市场最大的债务人之一，铁道部留下的2.66万亿元债务将如何化解？这是一个非常重要和紧迫的课题。如果这个问题处理不好，将直接影响我国的交通安全和国家经济建设。

---

[1] 本部分内容主要引自何维达，刘亚宁，陆平. 铁路债务风险及化解对策［J］. 宏观经济管理，2013（7）：74－76.

国内最早提出铁路重组的学者是荣朝和（1997）以及许晓峰、林晓言（1998），他们分别对铁路债务重组的经验、负债原因进行了分析，并且提出了解决铁路债务的重组方案。刘世锦（2003）认为合理的运营模式必须因地适宜，不存在适合全国的统一模式，提出了中国铁路改革与重组的“网运分离”加“区域公司”的第三种模式。张文敏（2003）研究了铁路运输企业应收账款管理，陶然（2006）研究了新建铁路的公益性及其度量问题。刘莎日娜（2010）通过研究得出中国铁路重组应重点考虑满足关键利益相关者关于调度指挥集中统一、安全及公益性运输等利益需求的观点。

也有些学者从借鉴国外经验，分析铁路改革后的经营模式和债务重组经验，例如姚记铭（1995）研究了一些国家铁路改革后的经营模式，冯耕中和曹胜利（1999）研究了瑞典、英国、日本、北美铁路系统重组的经验启示，张红中（2011）对比了中国和俄罗斯铁路业规制改革模式和绩效。吴玉督等（2010）研究了美国铁路改革模式，强调改革重点在于构建有效竞争市场，改革的顺利推行需要立法先行。

至于本次暴露的原铁道部巨额债务问题和解决方法，也有一些学者进行了探讨，例如赵坚（2011）对高铁债务危机的制度根源进行了研究，他认为违背科学发展观的铁路发展方式是高铁债务危机的直接原因。荣朝和等（2012）认为高铁建设违背了经济发展的基本规律，需要尽快通过改革制止铁路债务大幅增加，如果处理不当将拖累金融系统，危及国家财政安全。沈志群等（2012）认为铁路巨额债务的主要原因是国家投资比重过低和严格的运价管制，解决债务问题需要增加政府对铁路的资本金投入，实施铁路投资补助、转贷和贷款贴息等公共政策。

4.4.2 我国铁路债务安全的现状——构成、性质及其风险

（1）我国铁路债务的构成

为了有效化解铁路建设的巨额债务，必须首先搞清楚两个问题：一是债务的构成，二是债务的性质，如此才能有效破解铁路建设出现的巨额债务。最新数据显示，截至 2012 年 9 月 30 日，铁道部总资产 4.30 万亿元，总负债 2.66 万亿元，资产负债率 61.81%。在 2.66 万亿元的债务当中，其中 2.12 万亿元为长期借款；另外有 4837.92 亿元的应付款，345.93 亿元国外长期借款以及 756.33 亿元其他长期负债。在期限上，大部分债务都是 2008 年以来高速扩张的产物。铁道建设的债务主要由债券融资和银行贷款构成，其中债券主要是铁道部发行的铁路债券、中期票据等，债权银行则涉及国有及地方多家银行。在

各种融资方式中，银行贷款和债券融资所占的比例最大，其中银行贷款占比达53.29%，债券融资达28.53%。目前已发行尚未到期的债券总计为7591亿元，包括铁路建设债券6220亿元、公司债90亿元、中期票据1060亿元、短期融资债券221亿元。具体如表4－4所示。

表4－4　我国铁路债务构成　　单位：亿元

债务结构	债务金额	占比（%）
银行贷款	14178.66	53.29
债务融资工具	7591	28.53
其中：中国铁路建设债券	6220	23.38
公司债	90	0.34
中期票据	1060	3.98
短期融资债券	221	0.83
应付款	4837.92	18.18
总计	26606.60	100.00

资料来源：中华人民共和国铁道部2013年度第一期短期融资券募集说明书，上海清算所。

此外，铁路有息债务还可以分为长期借款和短期债务，具体如表4－5所示。由此可见，债务风险之所以未在原铁道部暴露，主要是债务中的长期借款占比较高，占有息债务的97.18%，达2.12万亿元，从而延缓了债务风险的集中暴发。

表4－5　铁路有息债务构成　　单位：亿元

项目	金额	占比（%）
短期负债	614	2.82
长期借款	21154	97.18
有息负债合计	21768	100.00

资料来源：中华人民共和国铁道部2012年3季度汇总财务报表审计报告。

除了商业贷款和所发行债券，铁道部2.66万亿元债务明细中，还标注有4837.92亿元应付款、合计345.93亿元国外长期借款，以及550.76亿元其他长期负债。其中，国外长期借款的构成为：全球两大开发性金融组织——世界银行和亚行分别借款52.81亿元和107.27亿元，日元借款87.55亿元，德国政府借款52.79亿元，西班牙政府借款10.12亿元，美国借款13.3亿元，法国借款17.2亿元，奥地利借款4.9亿元。

（2）我国铁路债务的性质

在铁路建设的债务中，如果按照性质划分，可以分为公益性和经营性两类，即这些债务一部分为公益性建设项目，另一部分为经营性建设项目。按照国家规定，公益性的债券可以通过国家财政及其他手段来处理，经营性债务可以通过多个方式处理，比如财政方面的贴息、既有资产变现还贷，股市融资等。目前这两部分债务比例还未仔细划分，如果能够合理界定这两部分债务的权限和比例，那么铁路建设债务的化解就能够有的放矢，并且能够在预期时间内得到解决。

（3）我国铁路债务安全存在的突出问题

一是偿债风险。尽管从表面来看原铁道部负债中79.51%是长期借款，但由于高铁以及客运的亏损，事实上对于铁路系统而言，短期的负债和每年还本付息压力特别大，铁路运营的本身收入根本无法支撑债务本息的按时偿还。如果按照今年的铁路投资规模5000亿元维持到“十二五”期末，铁路总公司的债务总额将会超过4.2万亿元，每年支付的利息会超过3000亿元，如果不妥善解决的话，未来铁路总公司无法正常运转。

二是产业发展环境或融资环境更加困难。铁路要继续融资也会非常困难。原铁道部债务风险向市场转化后，铁路债务融资将面临更多的外部约束，主要包括：第一，信用级别势必调整。原铁道部从商业银行、债券市场举债，主要依赖其政府信用背景，而改制后的中国铁路总公司信用等级将会发生变化并要接受市场的重新选择，其业务经营管理能力和盈利水平需要市场检验。第二，融资规模审查将趋向严格。金融机构和投资人将遵照市场经济准则，加强对中国铁路总公司融资项目的审查，严格核算项目未来的现金流，不会盲目支持铁路建设的扩张与融资。第三，融资成本或将有所提升。因为中国铁路总公司的信用等级发生变化，债务风险上升，需要借助提高融资成本来弥补投资者的风险顾虑。未来中国铁路总公司能否顺利实现市场化运营，关键就在于如何处理这不断增长的巨额债务。

三是过度垄断使竞争力降低。目前铁路总公司是国家完全控股，必然产生过度垄断。由于缺乏竞争对手，企业经营必然缺乏竞争压力，没有创新驱动，致使竞争力下降，还会带来严重的无效率或者低效率现象。

4.4.3 化解铁路建设巨额债务的思路与措施

4.4.3.1 国外铁路重组的经验及启示

（1）美国铁路重组模式

20世纪30年代开始，美国各铁路公司的客运业务开始全面亏损，主要原因包括：铁路行业遭受来自汽车、管道、水运和空运等其他运输业的竞争；联邦政府实施严格的管制政策，如规定统一的收费标准、不准许公司放弃经营亏损线路等；铁路运输业内部竞争过度，铁路公司之间经常开展恶性价格战；铁路公司的价格歧视行为引发民众的不满。1970 年，美国国会颁布《铁路乘客服务条例》，将客运业务与货运业务分离，并组建新公司承担客运义务。1973 年推出《区域铁路重组法》，组建铁路委员会用于重组东北部濒临破产的国有铁路企业。1976 年颁布《铁路振兴和规制改革法》，向濒临破产的铁路公司提供贷款和补贴，并赋予剥离亏损线路的权利，允许铁路公司在合理区间内调整回报率。1980 年《斯塔克斯法》的实施，标志着联邦政府对铁路运输业的经济管制全面放松。1996 年成立地面运输委员会（STB），该委员会主要负责审批铁路公司重组事宜；核定铁路公司的运价合理性，受理有关运价问题的投诉等；监督各铁路公司枢纽、线路及相关设施的运营状况，监管公司间的不正当竞争行为；审批铁路公司的线路新建和废弃申请。

铁路改革重组后，美国铁路呈现多线路竞争和线路内竞争格局。重要城市和地区之间有多条线路开展竞争，线路内部也存在多家公司竞争。行业内有效竞争程度增加，导致铁路公司的运输价格下降，从而降低了客户的货运成本，相对于其他可替代运输业，美国铁路产业的竞争力得到了提升。

（2）日本铁路重组模式

1906 年日本明治政府成立日本国有铁道公司，并将 17 家大型私营铁路公司收归国有。1949 年《日本国有铁路法》颁布，日本国有铁道公司由国营变为公共企业体。1964 年后国铁公司运营持续性亏损，进入 20 世纪 80 年代后，每年亏损超过 1 兆日元。为了弥补赤字，日本国有铁路公司多次提高运价，1986 年运价相比 1980 年上涨 38%。1987 年，国铁公司长期债务达 37.1 兆日元，日本国铁实际上已处于破产状况。该年，日本政府开始对国铁公司进行改革重组，重组目标主要包括：使铁路运营从亏损转为盈利；处理国铁公司的长期债务问题；增加国铁公司的竞争力，满足客户的需求；保持国铁的资产价值。

改革方案将国铁及其资产分为 6 个区域性的独立的客运公司，即东日本客运公司、中日本客运公司和西日本客运公司以及北海道客运公司、四国客运公司和九州客运公司。新设一个货运公司来承担全国的货运业务，货运公司不拥有线路，使用线路时需要向客运公司支付线路使用费。各种新干线的运营利润大不一样，为此建立新干线控股公司作为财政中介，新干线控股公司拥有新干线资产，它独立于各客运公司。各客运公司需要从新干线控股公司租用新干线资产，并根据双方达成的合约支付租金。

运营所需的资产与相关的长期负债转移给东、中、西客运公司以及货运公司。对这3个岛屿公司只转让日本国铁的业务资产而不转让相关的长期负债。此外，国铁清算公司用赢利担保资助稳定基金，用于弥补这三个岛屿公司的亏损，该举措主要是为了保障铁路重组改革取得成功。6家客运公司和一家货运公司的股份全部由日本国铁清算公司所有，该公司向社会出售所持有的铁路公司股份，融资所得用于偿还巨额债务，超过偿还能力的剩余债务转为政府债务。

（3）英国铁路重组模式

1994年，英国开始推行以网运分离和私有化为重点的铁路改革，将原英国国家铁路公司分解重组为100多家企业，包括1个全国性线路公司（Rail Track），25个有特许经营权的客运公司，5个货运公司，3个机车车辆租赁公司以及一些维修公司，这些公司全部实施私有化改革。同时，英国政府还成立了铁路协调办公室和客运特许经营办公室进行宏观管理，主要具有市场准入批准、监督等职能。然而，改组成立的全国性线路公司（Rail Track）由于经营不善，并且频发事故，严重影响了民众对铁路运输安全的信心，加上负债高起，2001年英国政府对Rail Track公司强制破产，2003年由具有国资背景的Network Rail公司正式收购并接管了Rail Track公司。Rail Track公司破产并重归国营表明英国铁路改革并不顺利，这提示我们铁路改革需要以运输安全为前提，以牺牲运输安全为代价降低运营成本的做法并不可取。

英国铁路改革是先立法后改革，使改革有了法律保障，任何部门不能随意地更改改革方案，这使得改革具有稳定性和延续性。改革将铁路基础设施与客货运输分离，开放通路权和特许经营权招标，实施机车租赁制，降低了私有资本进入铁路产业的门槛，增加了铁路运输业的自由竞争程度。

（4）瑞典铁路重组模式

1988年瑞典颁布《运输政策法》，将由政府管控的铁路资产分为瑞典国家铁路公司和瑞典国家铁路管理局。瑞典国家铁路公司资产主要包括：机车车辆及维修设备、车站及车站房地产、线路两侧的土地，瑞典国家铁路公司主要负责经营铁路客货运输服务。瑞典国家铁路管理局的资产包括：铁路线路、通信设施、电力接触网、线路下面的土地、车站外的土地，国家管理局主要负责铁路的基础设施投资计划，提供线路维护、通信、供电等服务。瑞典国家铁路公司需要向瑞典国家铁路管理局支付线路使用费用。政府管控下的瑞典国家铁路公司不能随意关闭亏损线路，也不能按市场原则调整运价，为维持运营需要大量的政府财政补贴。从公司角度看，公司社会效益目标和经济效益目标不一致，导致运营效率低下。从政府角度看，政府其实只有必要对具有社会价值的非盈利线路补贴，对盈利线路没有必要补贴，瑞典铁路网被分为商业线路和补贴线路。政府直接对总公司进行补贴，实际上用于弥补公司的总亏损，将商业线路和补贴线路分由不同的实体运营，政府仅针对非盈利线路进行补贴，提高了政府对铁路运输的补贴效率。2001 年，为了提高服务质量和增加市场自由度，瑞典国家铁路公司重组为 6 家独立的公司。

（5）俄罗斯铁路重组模式

俄罗斯转型后，铁路管理体制沿袭前苏联的交通部、铁路局、分局、站段四级管理模式。随着市场经济体制改革的不断推进，铁路的四级管理模式与市场经济的矛盾日益突出。2001 年俄罗斯政府批准实施《俄罗斯铁路改革纲要》，改革大体分为三个阶段。2001 年至 2002 年是第一阶段，该阶段主要任务是制定相关的运输法规，成立俄罗斯铁路总公司，全国铁路分局都成为其下属机构，暂时不实行股份改革。俄罗斯铁路总公司主要负责宏观管理，各下属分局拥有足够的自主权。2003 年至 2006 年是改革的第二阶段，在铁路总公司内部组建基于业务的股份制子公司，例如，客运公司、制冷和货运公司、修理公司、零备件生产商以及辅助类公司等。以政策为指导加大各地方政府的投资力度，改革运价监管制度，逐步引入市场竞争机制。2006 年至今为改革的第三阶段，主要任务是出售分公司的部分股权，鼓励私人投资者进入运输业务，但不出售铁路、车站以及通信系统等基础设施。按业务不同性质特点组建一系列子公司，待子公司财务状况良好后再进行上市融资。

俄罗斯铁路业改革实现了铁路系统的政企分离，但是政策、机构和铁路业运营发展协调缓慢，改革方案在执行阶段遇到许多利益集团的阻碍，有限的融资渠道也约束了俄罗斯铁路改革步伐。

（6）各国铁路重组模式的启示

为解决 20 世纪出现的铁路发展困境，从 20 世纪末至 21 世纪，世界各国家纷纷掀起了铁路改革浪潮。各国的改革政策是都强调引入市场竞争机制，但也强调对具有公益性质部门的国家管理与财政支持。瑞典国家铁路公司需要向国家铁路管理局支付线路使用费，日本各客货运公司需要向新干线控股公司租用新干线线路，英国具有特许经营权的客运公司与 Network Rail 公司的关系，这说明各国改革实践的一个普遍做法是将运输服务业交给市场，政府仅对具有公益性质的业务进行管理和补贴。从另一个角度看，英国 Rail Track 公司重新国有化，说明政府把公益性质的业务交给私人部门接管，可能会造成具有公益性质的产品提供不足，私人部门也有可能会为降低成本而削减在运输安全上开支。因此，各国的改革经验说明，改革成功与否关键在于能否正确区分公益性业务部门和经营性业务部门，这对化解我国铁路建设巨额债务具有重要的借鉴意义。

4.4.3.2　我国铁路建设巨额债务化解的思路及措施

在明确铁路建设债务的构成和性质的基础上，我们提出化解巨额债务的思路和措施如下：

首先，应该合理划分公益性债务和经营性债务的权限和比例。根据我国传统铁路的计划经济特色以及大部分铁路建设的政治性和公益性的特点（例如青藏铁路、南疆铁路和宝中铁路等主要出于政治和公益性考虑），那么在铁路建设债务中公益性债务应该多占一点比例，而经营性债务占比应该相对少一些。如果把铁路建设的2.66万亿元债务全部推给国家或者推给企业去负担都不合理，谁也担当不起。我们认为，按照“四六开”原则比较合适，即公益性债务比例占60%，经营性债务比例占40%。只有合理界定两者的债务权限和比例，才能更好地妥善解决铁路建设债务的分担及其化解。

其次，公益性债务由财政部和交通运输部分别承担。公益性债务主要是政府提供基础性、公益性服务出现的债务，具有政治性和公益性等特征。原铁道部的2.66万亿元债务划转到中国铁路总公司之后，不可能让企业独自负担，那样不仅不合理，也容易导致公司持续性亏损甚至破产，因此我们可以按照前面提到的“四六开”原则将这部分公益性债务“一分为三”，采取如下措施：一部分债务由中央财政兜底，通过国务院发文实施行政剥离，最终由国家财政分担，例如发行特别国债予以置换；同时建立铁路公益性运输补贴机制，对铁路公益性运输亏损部分给予适当补偿。一部分将铁路公益性建设向银行借债的不良债务划转到四大国有资产管理公司，并由四大国有资产管理公司妥善解决；其余部分则由新组建的交通运输部承担，具体可以通过今后组建资产管理公司来解决，这部分债务关系中的抵押资产或股权也一并划入到资产管理公司。至于原铁道部地方分局的公益性债务可以参照中央的做法，由地方铁路分局相机解决。关于铁路的公益性债务具体分摊比例由国务院组织相关部门、地方政府和相关公司协商解决。

最后，经营性债务由铁路总公司通过自营和债务重组来承担。具体采取如下四项措施：①铁路总公司建立有效的治理结构和激励机制，提高经营效益。必须改变传统的管理体制和经营模式，真正按照市场经济要求运作，可以首先采取降低管理成本和适当提高票价的办法化解部分债务，逐步实现赢利。②评估经营性债务的资产总值，通过资产证券化将一部分资产打包出售给民营资本，对愿意进场的民营资本做适当地让渡，否则社会资金仍将持观望态度。资产证券化增加了铁路总公司的资产流动性，在不增加负债的情况下，公司能够获得一些资金。③铁路总公司实行铁路投融资改革，吸引国内外战略投资者进入铁路系统，通过资产重组化解债务危机。④铁路总公司将优质资产打包上市，也可解决部分债务。但是我们反对通过上市融资来解决债务问题，更反对将不良资产打包上市，这种行为不仅解决不了问题，还会败坏党和国家的形象，破坏市场经济规律，严重打击股票市场。

第五章 全球化背景下国际贸易摩擦与我国产业安全

国际贸易摩擦主要包括“两反一保”、技术贸易壁垒等措施。所谓“两反一保”是指WTO成员国在国际贸易中维护本国利益不受威胁与损害的几种常用的贸易保护措施，包括反倾销、反补贴以及特殊保障措施。自从GATT东京回合、乌拉圭回合分别达成《反倾销守则》和《反倾销协议》之后，使反倾销的约束机制更趋完善，并按一揽子形式签约而获得了广泛的约束力。《反倾销协议》在较大程度上具有国际法的性质，已成为WTO框架下允许保护国内产业免受不公平竞争的贸易救济措施之一。除此之外，还有技术贸易壁垒，它是根据世贸组织《技术性贸易壁垒协定》，即国际标准化组织/国际电工委员会（ISO/IEC）指南2第6版：1991年《关于标准化及相关活动的一般术语及其定义》中列出的术语的界定，以及《实施卫生与植物卫生措施协定》附件A中的相关说明来确定“技术性贸易措施”的基本含义，即为实现合法目标而采取的技术法规、标准、合格评定程序等。其中的合法目标主要包括国家安全要求，防止欺诈行为，保护人类健康或安全、保护动植物生命或健康及保护环境。但随着各国之间经济发展水平的差异，及当前复杂的国际政治经济形势的发展，技术性贸易措施也被越来越多地用做贸易保护的手段，并且与技术性贸易壁垒、技术措施、技术壁垒、绿色壁垒、蓝色壁垒等概念成为近年来频频出现的词汇。

我国是受国家贸易摩擦最多的国家，其中主要是“两反一保”和技术贸易壁垒，所以这里重点研究“两反一保”对高新技术产业安全的影响和技术贸易壁垒对电子信息产业安全的影响。

5.1 “两反一保”对高新技术产业安全的影响及对策

5.1.1 “两反一保”对高新技术产业安全的影响

改革开放以来，中国经济迅速发展，随着出口规模的不断扩大，一些进口国为了保护本国相关产业，对中国出口产品频频实施反倾销措施，使得中国一直是全球最大的反倾销指控对象国。据世界贸易组织统计，反倾销案件中作为出口大国的中国为指控对象国的案件最多，位居各成员之首。其中，美国是对中国发起反倾销诉讼最多、力度最大的国家之一。反倾销、反补贴一直是国际贸易保护中常用的手段，中国与其他国家的贸易争端多集中在劳动密集型的产品领域，这些产品附加值低、成本低，销往他国存在倾销的可能，因而被提起倾销调查。但从近年来看，这种反倾销的贸易保护在高新技术产品领域也逐渐显现。本课题总结2008年至2013年6月的中国出口产品遭遇反倾销调查的案例，其中涉及高新技术产品的一部分案例统计如下。从这些案件中我们也可以看出近年来高新技术产品遭遇反倾销的一些特点。

近10年来，我国高新技术产业取得了较大成绩，主要体现在：第一，我国高新技术产业的工业总产值逐年增加，2003年为28128.5亿元，2004年为27768.6亿元，2005年为34367亿元，2006年产值为41996亿元。自1997年到2006年，十年间我国高新技术产业产值增长5.85倍。第二，从全员劳动生产率上看，我国整体上是稳步上升的，我国高新技术产业与制造业的其他领域相比较具有相对较高的劳动生产率。第三，高新技术产业的创新能力得到了初步提升。最近10年来，国家对高新技术产业的科技投入较大，其绩效也得到相应提高。学者陈鸿宇、王青云（2011）的研究表明，在我国大部分高新技术产业中大中型工业企业的科技创新能力为DEA有效，占总数的71.4%。

但是，“两反一保”对高新技术产业安全也带来较大的负面影响，主要体现在如下几个方面：

（1）反倾销调查发起的国家集中且示范效应明显

反倾销贸易保护政策具有被其他国家效仿的效应，通常一个国家发起反倾销调查，并且最终成功的赢得了满意的裁决结果，往往会招致其他国家的学习，对相同或者类似的产品采取反倾销调查，限制该类产品的进口。美国和欧盟作为发达国家实施反倾销贸易壁垒的代表，在涉及高新技术产品的案件也不例外。基本上大部分的反倾销调查发起国均是欧盟与美国，随后的几个月或者几年，看到利益好处的发展中国家频频效仿，针对同种或相似产品也开展反倾销调查。巴西、阿根廷、印度是中国产品出口的主要发展中国家，也是主要针对中国产品调查的国家。并且近几年东亚部分国家和地区出于对本国产品的市场保护，泰国、韩国、马来西亚等小国的调查案例也偶有出现。

（2）涉及高新技术产品的反倾销较为集中，带来产业损害

反倾销主要是不锈钢板冷轧板、镀锌金属板、钢绞线、玻璃纤维制品等金

属材料以及数据卡、太阳能电池组等，也有少量机电电子类的产品。这些产品长期以来都遭遇到反倾销的贸易摩擦困扰，虽然其中某些技术有所提高，但也频频遭遇到反倾销调查。比较明显的三个例子：一是2010年欧盟对涉案41亿美元的中国输欧无线上网卡进行反倾销与保障措施双案调查，使中国高新技术产业认识到产品出口面临新的考验。二是2011年10月美国7家太阳能电池板生产商要求美国政府对中国出口到美国的太阳能板施加限制。最终美国商务部裁定，中国晶体硅光伏电池及组件的生产商或出口商在美国销售此类产品时存在倾销行为，倾销幅度为18.32% ~249.96%。同时，还裁定中国输美的此类产品接受了14.78% ~15.97%不等的补贴，让本处于寒冬中的中国光伏产业受到很大影响。三是2012年9月6日，欧盟委员会发布公告称，对从中国进口的光伏板、光伏电池以及其他光伏组件发起反倾销调查。这是中欧双方迄今为止最大的一桩贸易纠纷，也是全球涉案金额最大的贸易争端，涉案金额近1300亿元，全球能源界为此一片哗然。

据不完全统计，近5年来，涉及高新技术产品的金属材料类的案例最为集中，涉案国通常包括中国在内的多个国家（见表5-1~表5-4）。

表5-1　不锈钢板反倾销案例统计

时间	发起国	涉案国	产品
2008年02月01日	欧盟	中国、韩国和中国台湾	冷轧不锈钢平板
2008年11月25日	印度	中国、日本、韩国、欧盟、南非、中国台湾、泰国和美国	不锈钢冷轧平板
2009年03月27日	俄罗斯	中国（包括台湾地区）、巴西、韩国和南非	含镍不锈钢板
2010年06月22日	俄罗斯	中国、韩国、巴西和南非	含镍不锈钢板
2012年03月26日	中国台湾	中国大陆和韩国	不锈钢冷轧板材
2012年04月13日	巴西	南非、德国、中国、韩国、美国、芬兰、中国台北和越南	平扎奥氏体304不锈钢和冷轧铁素体430不锈钢
2012年08月17日	泰国	中国	冷轧不锈钢
2013年02月20日	中国台湾	中国大陆和韩国	不锈钢冷轧板材

表5-2　钢绞线反倾销案例统计

时间	发起国	涉案国	产品
2008年02月16日	欧盟	中国	预应力非合金钢丝和钢绞线
2009年06月17日	美国	中国	预应力混凝土结构用钢绞线
2013年04月10日	马来西亚	中国	钢绞线

表 5 -3　无缝钢管反倾销案例统计

时间	发起国	涉案国	产品
2009 年 10 月 21 日	美国	中国和墨西哥	无缝精炼铜管材
2011 年 11 月 10 日	巴西	中国	外径在 108 毫米以下的圆形精炼铜管

表 5 -4　金属钢板反倾销案例统计

时间	发起国	涉案国	产品
2008 年 03 月 18 日	俄罗斯	中国、韩国、比利时、芬兰和哈萨克斯坦	镀膜金属板
2011 年 01 月 07 日	巴西	中国	涂镀平轧钢
2011 年 02 月 12 日	俄罗斯、哈萨克斯坦和白俄罗斯	中国	彩钢
2011 年 04 月 18 日	巴西	中国、澳大利亚、墨西哥、韩国和印度	涂镀板
2011 年 12 月 21 日	欧盟	中国	有机涂层钢板
2012 年 09 月 05 日	澳大利亚	中国、韩国和中国台湾	镀锌板和镀铝锌板
2013 年 02 月 20 日	马来西亚	中国和韩国	电镀锡板

化学材料领域也是高新技术产品遭受到反倾销调查相对比较集中的领域，主要包括玻璃纤维，少部分涉及其他新型的化学材料，如青霉素盐、光电材料等（见表 5 -5、表 5 -6）。

表 5 -5　碱性材料反倾销案例统计

时间	发起国	涉案国	产品
2009 年 08 月 19 日	美国	中国	镁碳砖
2012 年 07 月 02 日	巴西	中国、美国和墨西哥	碱性耐火材料

表 5 -6　玻璃纤维反倾销案例统计

时间	发起国	涉案国	产品
2009 年 12 月 17 日	欧盟	中国	短切玻璃纤维
2010 年 01 月 08 日	印度	中国	玻璃纤维
2010 年 01 月 22 日	土耳其	中国	玻璃纤维及其制品
2010 年 05 月 20 日	欧盟	中国	玻璃纤维网格织物
2011 年 07 月 28 日	欧盟	中国	编制和/或缝合玻璃纤维织物
2010 年 12 月 20 日	印度	中国	由聚酯或玻璃纤维制成的土木栅格
2013 年 01 月 07 日	韩国	中国、印度尼西亚和泰国	取向聚丙烯薄膜

光伏太阳能电池板的反倾销是近年来最受外界关注且影响力最大的，是我国高新技术产品在国外遭遇贸易壁垒的典型（见表5－7）。

表5－7　光伏太阳能电池反倾销案例统计

时间	发起国	涉案国	产品
2011年11月8日	美国	中国	晶体硅光伏电池（无论是否组装入模块）
2012年09月06日	欧盟	中国	晶体硅光伏组件及关键零部件
2012年11月23日	印度	中国、马来西亚、美国、中国台湾	太阳能电池（无论是否部分或全部组装，无论是模块、板，无论是在玻璃或其他物质的基片上）

（3）对外依存度较高危及高新技术产业安全和经济安全

我国高新技术产业的核心技术主要依靠国外，包括新能源、新材料和电子信息等，其核心技术和关键零部件基本上依靠国外进口，较高的对外依存度不断升高意味着我国的国家利益在更大程度上与国际市场捆绑在一起，外部动荡对我国经济安全的影响也会越来越大。特别是我国部分原材料和战略物资进口依存度过高，增加了我国经济的脆弱性。

（4）研发投入强度不足，无法获得核心竞争力和产业主导权

与发达国家相比，我国的高新技术企业研究与开发（简称R&D）经费占工业总产值中的比重远低于主要发达国家及新兴工业化国家的水平。

根据我们统计，日本（2003）高新技术产业的R&D强度达到9.96%，德国（2005）和法国（2002）也在8%左右，而韩国（2005）和意大利（2005）高新技术产业的R&D强度也4.0%以上。2008年，我国高新技术产业的研发投入强度仅为2.56%，再引进消化研发投入也只有1∶0.15，与发达国家相距甚远。在这种情况下，高新技术产业领域的核心技术和关键环节基本上都不具有技术优势，无法获得核心竞争力，在国际分工中也没有主导权，如太阳能的硅晶片技术、风能的电存储技术、锂电池的活性炭技术等。

5.1.2　应对政策

企业和政府应该积极解决出口中存在的问题，并采取应对贸易摩擦的措施。

（1）着力推进高新技术产品进出口贸易均衡发展

我国的高新技术产品出口多集中在某几个领域和国家，也在这些国家和地区遭遇更多的贸易摩擦。对部分其他地区的高新技术产品出口目前来看呈现出

增长的势头，因此考虑生产多样化的产品，丰富出口的国家和地区是回避贸易摩擦热点地区、热点产品的手段之一。我国要继续优化高新技术产品贸易的产品结构、方式结构、主体结构、地区结构和国别结构；充分发挥我国巨大市场规模优势，重视进口对外贸协调发展的平衡作用；推进战略性新兴产业国际化发展，提升新兴领域在高新技术产品出口贸易中的比重。

（2）搭建各类高新技术产品出口企业的公共服务平台

政府应该培养企业的法律意识，积极建立相关的贸易摩擦预警机制，并设有相关部门或具有专业人员，积极采取法律措施保护高新技术产品出口企业。同时，引导企业要联合同产业的其他企业，发挥行业协会的作用，面对国外产品倾销我国，或者国外企业对我国提出贸易制裁措施时，采用联合的力量保护自己的利益不受侵害。政府作为企业出口高新技术产品的监督指导机构，应该为出口企业提高更多的便利，促进出口企业的发展，促进经济建设。搭建进出口通关和仓储服务的外贸物流平台，推动海关特殊监管区建设；搭建外贸公共展示平台，提高大型国际展会展位，推动国内企业联合参展；搭建外贸企业投融资平台，加快外贸企业与国内外资本市场对接；搭建自主创新平台，建立高水平技术孵化园区；搭建知识产权与商标注册信息平台，完成知识产权的国外申请工作。

（3）警惕贸易摩擦的连带效应，防止威胁的进一步扩散

在贸易争端过程中，无论是参与方还是非参与方都会从中吸取有价值的信息，从而为以后自身参与贸易保护解决积累经验，这就是贸易保护引发的示范效应，同时运用在之后涉及自身的贸易方式中，这就是贸易保护引起的扩散效应。现阶段非常普遍的是当一国高新技术产品遭受进口国提出反补贴调查后，补贴成立，向各国贸易委员会或者 WTO 争端解决机制提出申诉并获得胜诉，将会扩散到其他国家对出口国的高新技术产品进行反补贴调查，进而提出申诉。例如美国对我国的光伏太阳能产品进行反倾销和反补贴的双反立案，最后成功申诉，对我国的产品征收了巨额的税率，欧盟等国在这一案件中学习到了成功的经验，纷纷对我国的同类产品发起反倾销申诉调查。因此，我国企业应该充分重视每一个贸易摩擦事件，全面分析涉案商品在其他地区和国家出口的形势，提前做好预防和应对措施。

（4）加快形成以高新技术企业为主体的创新体系

中国对发达国家技术的模仿，加大了触及他国知识产权条款的概率，同时模仿具有一定的滞后性，中国产品再进入发达国家时可能已经跟不上其苛刻的技术条款，竞争性减弱。如果中国能够在技术模仿的基础上，加大技术创新的

能力，生产出有差异的模仿产品，进而生产出有本国核心技术的产品，那么当产品销至发达国家时，再对同类产品设置贸易壁垒就不会那么轻而易举，而具有差异性的产品能够满足特定的消费群体，贸易组织势必要考虑这一群体的需要，这时不采取贸易保护政策，有助于双方各得其所，出口贸易摩擦减少。因此要不断完善有利于创新的政策环境，加快制定并出台支持创新的配套政策；推动创新型企业建设，鼓励企业聚集高层次创新人才，与科研院所实现创新资源优化重组，建立产业技术创新战略联盟；着力提升科技兴贸创新基地的集聚辐射带动作用的同时，培育一批战略性新兴产业骨干企业。加快高新技术改造传统产业，应用新技术、新材料提升传统产业，加快出口产品升级换代；加快培育出口竞争新优势，促进加工贸易从组装加工向研发设计、销售物流等环节拓展；鼓励高新技术产业在境外开展技术研发合作，以技术、服务带动产品，应用新技术、新材料提升传统产业，加快出口产品升级换代。

（5）注重知识产权的国外申请与保护

中国的高新技术产品出口产品在国外知识产权方面屡屡碰壁的原因包括不注重知识产权的保护。发达国家利用抢注的方式，一方面逼迫中国等发展中国家支付高昂的使用费用，另一方面其根本目的是将中国产品驱逐出该国市场。传统出口产品的知识产权遭遇给出口带来的警醒已经足够深刻，特别是高新技术产业这种集专业性、知识性与技术性于一体的产业，如果还不能引起国家及出口企业的特别重视，会更容易被他国钻贸易之空，设置出对我国不利的出口贸易壁垒。因此，高新技术企业要有前瞻性，在产品形成规模出口之前做好知识产权信息的收集，及时完成相关产品知识产权的国外申请工作。政府作为宏观调控部门，也应该提早了解此方面的动态，为企业顺利开展出口业务提供便利。

（6）建立具有实施力度的高新技术产品贸易多边规则

贸易规则如不能保证实施，对贸易国都会缺乏约束力。我国作为一个新兴的经济贸易大国，应尽可能地推动各国共同制定具有保障实施力度的高新技术产品贸易的多边规则，加强关税联盟和贸易组织等的职能作用，建立更为严格的实施手段，以此形成各国利益驱动与制度约束相平衡的新型合作和竞争关系，杜绝违反贸易规则的事件发生，保证各国高新技术产品贸易尽可能的朝共赢方向发展。

5.2 技术贸易壁垒对我国电子信息产业安全的影响及对策

5.2.1 主要贸易伙伴对我国电子信息产品影响较大的技术标准和技术法规分析

近年来，由于我国电子信息产品出口地位的不断攀升，欧美等发达国家利用环保、节能型、兼容性、安全性等方面的技术性贸易壁垒，限制我国相关产品和服务进入他们的市场，对我国电子信息企业对外贸易的发展造成了严重的影响。

5.2.1.1 *电子信息产品技术性贸易壁垒的主要类型*

目前，发达国家制定的法令、技术标准越来越多，而且要求越来越高，使我国电子信息产品出口面临新的困难。此类产品出口遭受的技术性贸易壁垒的影响主要集中在信息技术性贸易壁垒、绿色技术性贸易壁垒、技术标准和技术法规、质量认证、商品包装、标签环境和生态要求、出口认证及包装和标签等方面。其中，计算机类产品、家电及消费类电子、通信及电子元器件是电子信息产品中出口最多的产品，在出口贸易中遭遇技术性贸易壁垒的情况尤为突出。主要的技术性贸易壁垒有如下类型：

1. 信息技术性贸易壁垒

信息技术性贸易壁垒是欧美国家电子信息产品技术性贸易壁垒的一种重要表现形式。信息技术性贸易壁垒主要包括：电子数据交换（Electric Data Interchange，EDI）、物品标码系统、信息传递标准、电子商务计量单位制式等类型。

2. 绿色技术性贸易壁垒

绿色技术性贸易壁垒是影响我国电子信息产品出口最大的一类技术性贸易壁垒。1995 年 4 月，由发达国家控制的国际标准化组织开始实施《国际环境监查标准制度》，要求产品达到 ISO9000 系列质量标准体系。后来欧盟也启动一项名为 ISO14000 的环境管理系统，要求进入欧盟国家的产品从生产前到制造、销售、使用以及最后和处理阶段都要达到规定的技术标准。

其中，影响我国电子信息产品出口最大是欧盟的绿色壁垒，如《关于报废电子电气设备指令》（WEEE）、《关于在电气电子设备中禁止使用某些有害物质指令》（Rolls）及《用能产品生态设计框架指令》（EuP）。2005 年 8 月

13日以后，欧盟市场上流通的电气电子设备的生产商（包括进口商和经销商）必须在法律意义上承担支付自己报废产品回收费用的责任；Rolls要求，2006年7月1日以后投放欧盟市场的电气和电子产品不得含有铅、汞、镉、六价铬、多溴联苯和多溴联苯醚六种有害物质。据我国商务部统计，Rolls涉及我国出口欧盟机电产品总值的71%。家电产品是我国出口欧盟的拳头产品，受此影响出口量将降低30%～50%。EuP指令要求各成员国2007年8月11日之前细化为本国法规。这一指令首次将生命周期理念引入产品设计环节中，对用能产品的整个生命周期，提出节能、环境友好的要求。这一指令的实施将全面覆盖我国用能产品对欧盟的出口。

目前，美国、德国、日本、加拿大、挪威、瑞典、瑞士、法国、澳大利亚等西方发达国家纷纷制定环保技术标准，并趋向协调一致，相互承认。

3. 技术标准和技术法规

美国有名目繁多的技术标准与技术法规，除了要求进口商品满足ISO9000系列标准之外，还附加了许多进口商品制定的条例，对电子产品的进口限制规定主要有《控制放射性的健康与安全法》。欧盟不仅有统一的技术标准、法规，而且各成员国也有各自的严格标准。目前，欧盟拥有的技术标准有84万个，仅德国的工业标准就约有8万个。欧盟及其成员国已建立起系统而完善的电子信息产品的标准体系。LVD指令和EMC指令是影响我国电子信息产品出口较大的两个指令。前者是为了确保低电压设备的安全性；后者是为了防止电子产品产生对其他设备的电磁干扰，以确保电子设备运行的安全及稳定，同时也规定设备必须具备一定的抗干扰能力。这两个指令基本上覆盖了我国对欧盟出口的全部电子信息产品。日本有名目繁多的技术法规和标准，其中，只有极少数是与国际标准一致的，对电子产品的进口限制规定主要有《电器使用与材料控制法》等以及检验与检疫要求、自动标准等对进口商品进行严格管制。

4. 质量认证

欧美国家的质量认证种类繁多，如UL/CSA美国产品认证，PSE日本产品认证，而欧盟合格评定程序有八种模式：内部生产控制、EC型式试验、符合型式要求、生产质量保证、产品质量保证、产品验证、EC单元证明和安全质量保证。以下三个认证是进入欧盟各成员国市场必不可少的：符合欧洲标准（EN），取得欧洲标准化委员会（CEN）认证标志；经过ISO9001认证注册；取得欧盟安全认证标志CE等。

5.2.1.2　技术性贸易措施对我国电子信息产品影响的类型和特点

1. 计算机类产品

经过近几年的快速增长，我国计算机和软件业出口开始遭遇技术贸易壁垒的情况日益频繁发生。目前，技术标准和技术法规以及基于核心专利的贸易壁垒已成为我国计算机和软件业出口的主要障碍。

（1）利用技术标准，抬高进口门槛

电子信息与软件产业已成为当今工业发达国家众多产业中最活跃、最有生命力的先导性高技术产业，它的发展水平已经成为衡量一个国家经济发展水平的重要标志，世界各国纷纷把电子信息与软件产品视为对外贸易的重点和关键。近几年来，发达国家经常以安全标准、专利技术为由，借助复杂的技术性贸易壁垒削弱发展中国家的成本优势。

（2）利用核心专利权，掌控产品出口权

据有关调查显示，2008 年有 36% 的专利侵权案涉及中国公司。随着经济全球化的深入，越来越多的外商投资企业倾向于独资经营，如：将新技术及增值业务转向独资企业，以提供新技术为条件换取对合资企业绝对控股；对投资回报丰厚的合资企业实施收购中方股权，对公司实行独资经营；将制造装置及核心部件内制化转向海外生产等。我国出口软件业产品质量档次低且结构不合理，往往依靠“价廉物美”策略占领低端产品市场，因而产生许多出口产品的质量问题，这使得一些国家取消了对我国产品进口的免检优惠，或者展开“低价倾销”的调查，以此为借口限制进口我国软件产品数量。

2. 家用消费类电子产品

我国家电类产品每年受技术性贸易壁垒影响的出口额已经超过 5%，约为 400 亿~500 亿美元。这些技术性贸易壁垒突出表现为节能和环保要求、强制的安全认证、国际标准要求、知识产权和核心专利的控制、产品质量及其管理体系的认证要求，特别是电磁波污染和废旧家电的回收等要求正在对家电产品出口产生越来越大的影响。

（1）强制的国际标准、认证制度不断增多

发达国家利用技术能力上的落差，制定一些市场技术准入规定，抬高技术标准，来限制我国家电产品进入国际市场。中国家电厂商遭受到的技术性贸易壁垒具体规则有：制冷器具的 CFC 替代规则（1987 年的《蒙特利尔协议》（MP）），家用电器能效标签（包括根据 1997 年《京都议定书》确定的美国能源标签、美国能源之星标签、欧洲能源标签、加拿大标志等），以及美国电工安全标准等，此外，视频产品进入美国市场需进行 FDA 登记注册、FCC 电磁兼容认证和UL产品安全认证（UL6500《家用、商用和类似一般用途的音频/视频设备及音乐设备的安全》即美国的音视频产品通用安全要求标准）。这三项合格评定工作，首先要做的是FCC电磁兼容认证和UL产品安全认证。产品认证通过了，才有可能通过登记注册。

（2）知识产权、专利权的制约越来越明显

家电产品出口贸易遭遇的技术性贸易壁垒中，许多以知识产权为支撑，或直接以知识产权构筑技术性贸易壁垒。由于中国的家电技术是以仿制国外同类产品和组装加工为主起步的，稍有不慎就会发生侵权行为，这对家电产品出口形成了巨大的限制。如加拿大TRY－VISION电子公司要求中国出口到美国、加拿大的彩电企业支付彩电V－CHIP（童锁）功能技术的专利费，每台大约征收1.25美元或总售价0.9%的专利费，否则不允许这些彩电进入。另外，空调压缩机、彩管和影碟解码器等家电核心零部件的核心技术被国外企业所占据，国外家电制造商凭借技术专利和商标使用权上的优势来制约中国企业。我国DVD、数码相机产品也面临着知识产权使用费交纳问题。

（3）环保措施日趋严格，出口厂商成本剧增

家电类产品涉及生活的许多方面，保护人类生存环境的环保法规，也必然会成为对相关产品提出各种要求和限制的理由，同时也成为发达资本主义国家利用非关税壁垒手段，遏制发展中国家经济发展的最好借口。如废旧电器回收和利用规则（如2001年4月日本生效的《家用电器回收法》、欧盟的《废电器电子产品（WEEE）法案》），后来欧盟又发布了《耗能产品环保设计指令》（以下简称EUP指令），EUP指令涵盖了所有用电的产品，且涉及从设计、制造到使用、维护、回收和后期处理一整条产业链。EUP指令的实施必然将大幅增加家电业制造厂家的生产成本，除了会增加原材料成本外，还将提高设计和制造成本，更关键的是，还将带来巨大的供应链管理成本。

3. 电子元器件产品

（1）安全标准、指令不断增多

欧盟以指令的形式对家用电器、电动工具、灯具、低压电器等产品实行强制CE认证，未贴CE标志的产品严禁入境。新颁布的EUP指令规定，符合EUP指令要求的产品还必须附上CE标志，才能取得产品投放欧洲市场的通行证。随着欧盟CE标志的实施，澳大利亚也已开始实行类似做法。电子元器件类产品的技术性贸易壁垒主要还有美国UL认证、日本强制性的JIS认证。此外，美国对电子元器件产品进口还设置了《控制放射性的健康与安全法》，不

达标产品将被拒之门外。

（2）对欧盟出口面临更严格的环保壁垒

欧盟的环保指令对电子元器件类产品出口的消极影响尤为突出。2001 年欧盟对电子产品的生产者提出要求，生产者必须回收利用电子废弃物。按照标准，对于使用中的电子产品，制造商将按产品的市场份额分摊回收处理费，使我国相关电子产品出口成本增加；此外，欧盟于 2005 年 8 月实施了《关于废弃电子电气设备的指令》即 WEEE 指令、2006 年 7 月实施《关于限制在电气、电子设备中使用某些有害物质的指令》即 ROHS 指令。两指令涉及的产品包括十大类近 20 万种，几乎涵盖所有大中小型电子电气设备。这两项指令的实施，将使我国出口欧盟电子产品总值的 71% 受到影响。

2009 年 9 月，欧盟对 WEEE/RoHS 指令进行第二次修订。WEEE 指令修订进一步提高了各类电子电气产品的循环利用和再利用综合指标要求，这意味着企业在提高零部件回收利用比率和产品可回收设计等方面将增加更多的成本。RoHS 指令修订对我国出口影响最大的方面在于要求产品符合指令要求并加贴 CE 标志方能投放市场，制造商需进行严格的内部过程控制，并出具自我符合性声明。此外，本次修订还引入了 REACH 法规的评估流程。欧盟 WEEE/RoHS 指令涉及我国电子信息产业的绝大部分产品。2008 年，我国对欧盟出口额约 1/3 来自电子电气类产品，其中广东省又占全国机电类对欧出口贸易量的 1/3。然而与产业规模形成极大反差的是我国的电子信息产业的企业利润率普遍较低。本次 WEEE/RoHS 指令修订通过后，对我国电子信息企业出口造成重大影响。

4. 集成电路及通信设备类产品

（1）知识产权的纠纷和竞争不断加剧

集成电路知识产权保护正成为各国发展集成电路产业的基础和重点。各国集成电路企业间的知识产权纠纷日益增加。2005 年发生的主要集成电路知识产权诉讼案件近 20 起，知识产权纠纷的赔偿金额也有明显上升的趋势。我国集成电路和高端核心芯片 99% 依靠进口，国内制造的半导体产品 80% 以上出口，而出口的芯片中有相当一部分被再次加工后重新进口。这样，高端产品的利润都留在了国外，而国内的集成电路企业只能挣得低廉的低端产品加工费，由此可见，自主知识产权是集成电路产业竞争力的核心。由于国内大规模集成电路大量设计方面的工作需要依赖国外公司提供的外包，受到外方基础专利的制约较大，知识产权价值相对较低，由此引发的知识产权争议对于企业发展产生的干扰甚多。

通信设备类产品遭遇的技术性贸易壁垒和知识产权等方面的纠纷也不断增加，知识产权纠纷往往具有反技术模仿、反技术扩散的技术垄断特征，如“思科诉华为”案，被称为中国入世以后中国电子企业在国外遭遇的最大一桩知识产权侵权案件。欧盟除环境保护限制以外，还不惜一切代价推进欧盟标准和国际标准的一体化，如 GSM、WCDMA 等，日本在通信领域也部署了相关的技术贸易壁垒，如 3G 中的 WCDMA 标准。而且国外各大公司在提出专利申请时往往将权利要求限定的范围做到最大，且围绕一项技术往往提出多件专利申请，专利权范围广且覆盖面大，这就构成了对我国通信设备企业技术开发和应用的潜在限制。由于尚未掌握全部核心技术，产品自主知识产权比例还相当低，自主研发能力还较差，导致移动通信设备的核心芯片（包括基带芯片与射频芯片）、液晶显示屏、射频器件等主要依赖从国外进口。

(2) 包装和标签要求对出口构成较大障碍

发达国家对包装材料的要求向节能降耗、防污染、防病虫害、高功能方向发展，可回收利用的生态包装材料是各国研发的重点。如德国政府禁止使用聚氯乙烯，只准使用聚乙烯 PE 或聚酯类可回收使用的包装材料，美国、欧盟、澳大利亚、加拿大等国家和地区要求木制包装必须经过熏蒸、防腐处理才能入境，否则按要求进行销毁处理。欧盟一直通过产品包装、标签的立法对我国产品的进口设置障碍。有些国家要求标签必须注明产品主、辅料成分比例及含有害物质限量，同时要求标签必须贴在醒目的位置上，类似规定对我国出口的电子产品包装也提出了新的要求。

5.2.2 技术性贸易措施对我国电子信息产业安全影响的原因及状况分析

5.2.2.1 我国电子信息产业受技术性贸易措施影响的原因分析

我国电子信息产业主要受技术贸易壁垒措施影响的主要原因如下：

1）关税和配额、许可证等非关税壁垒的弱化为技术贸易提供了发展空间，国际贸易中技术密集型产品比率的提高，使技术性贸易壁垒有更大的生存空间。

乌拉圭回合谈判结束后，世界工业品关税由 1947 年的 40% 降低到发达国家的 3.7% 和发展中国家的 11%。同时，传统的非关税壁垒（如进口配额）也逐步弱化。因而，用关税和传统的非关税贸易壁垒来限制进口的余地已经很小。而技术法规、技术标准、合格评定等虽然内核往往是新贸易保护主义，但从表面看起来却客观、中性。在此情况下，就为技术性措施提供了合法的依据，此种方式自然大受欢迎。同时，随着经济的发展和技术进步，技术密集型产品在国际贸易中的比率迅速上升，贸易中所涉及的技术问题相当复杂，其中相当一部分构成贸易的壁垒。目前，技术性贸易措施已经从商品流通领域扩大到生产加工领域。但工业制成品，特别是高科技产品所受到壁垒制约程度超过了初级产品。因为初级产品的竞争主要依赖自然资源、劳动力及成本优势，而工业制成品、高科技产品的竞争更依赖科技优势，制定先进的技术法规、技术标准限制制成品进口的趋势正在加强。各国采用的技术性贸易措施不断升级，这在发达国家制定的技术性贸易措施中尤其明显。

此外，发达国家人们环保、安全和保健意识的空前提高是技术性贸易壁垒发展的重要推动因素。

2）先进的检测技术与检测手段为技术性贸易壁垒实施提供了可能，跨国公司主导国际电子信息产业分工体系，控制产业价值链和供应链的价值实现。

高灵敏度检验、检测技术的发展，给发达国家限制进口、设置技术性贸易壁垒提供了快速准确的检测数据。目前许多发达国家对进口商品检验标准普遍提高，检验指标范围扩大。除了卫生要求外，对包装材料及相关标识等也作了明确的规定，而欧盟的要求则更加严格。

我国电子信息产业核心技术依赖引进，是因为处于国际电子信息生产体系价值链低端的加工制造环节（见图5－1），产业发展多数依靠整机厂商，而上游研发设计和核心元器件，下游品牌、销售渠道和服务贸易，主要控制在发达国家跨国公司手里，导致我国电子信息产业发展受制于人。

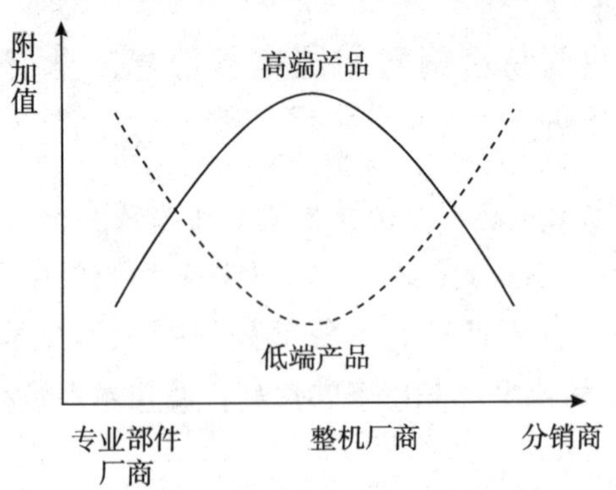

图5－1　不同附加值在电子信息产业链的分布

跨国公司企业掌握核心技术、市场标准和销售渠道，只需要用最必要的小额资本便可以控制整个供应链，从而也牢牢控制了产品的价值实现。目前，跨国公司在我国IT产业发展中居于主导地位，许多跨国公司是上下游一体化，对产业链条实行控制，从而产生利润外溢。

3）我国出口市场过于集中，且以中低端产品为主。

我国电子信息产品出口市场主要集中在美国、欧盟和日本。由于对这三个市场的过分依赖和出口产品激增对其市场的巨大冲击，使得中国与其贸易摩擦频发，遭到这些国家以TBT和各种形式进行的回击与限制。我国能生产的整机，如彩电、程控交换机、微机、手机、激光视盘机等几乎全部过剩，主要依靠降价销售参与市场竞争；而高端服务器、路由器、关键元器件、系统软件基本依赖进口。根据海关的统计数据，2010年，中国集成电路进口额达1569.9亿美元，同比增速31.0%，出口方面，中国集成电路2010年出口额为292.5亿美元，同比增速25.5%。平板电视的液晶屏和等离子屏90%以上依赖进口。

4）企业环保意识和安全意识薄弱，质量体系认证步伐缓慢，技术与检测设备落后，标准总体水平偏低，出口企业缺乏认证意识。

我国企业长期停留在国际产业链条末端、环保意识不强、核心技术标准缺失。同时，我国电子信息产品的检验检测设备与欧美国家相比有不少差距，精度要求不高，缺乏与国外同行的技术交流与合作，检验技术滞后于发达国家。许多检测数据在国内是根本无法测出的。由于与国外标准相比也有较大的差距，导致同一产品检验结果存在巨大差距，形成技术性贸易壁垒。我国许多出口企业在这方面的法规意识、标准意识和认证意识还比较淡薄，更缺乏国外有关技术性贸易壁垒方面的信息，致使许多出口产品包括其生产条件、工艺和方法达不到国际或国外的技术标准。由于缺乏认证，仍然不能进入一些国家同类产品的主流市场。

5）我国在技术性贸易壁垒宏观管理方面存在不少问题，缺乏快速反应机制和预警机制。

我国的技术法规、标准和认证体系还不够健全。对国外技术性贸易壁垒的情况还缺乏研究，缺乏权威性的技术贸易壁垒信息与咨询机构，缺乏对国外技术性贸易壁垒的预警、争端处理的有效机制与手段。此外，由于信息沟通不畅，反应滞后，使得我国电子信息企业在面临国外TBT时往往非常被动，由此也增加了企业的损失。

5.2.2.2 我国电子信息产业安全受影响的状况分析

1. 负面影响

（1）技术贸易壁垒影响我国电子信息产品出口，造成产业损害

欧盟指令制定的技术标准越来越复杂，对我国电子信息产品的出口贸易影

响也越来越大。从欧盟的 WEEE 指令、ROHS 指令到 EUP 指令，中国电子信息产品出口企业频频遭遇欧盟的“技术性贸易壁垒之痛”。这三波“绿色指令”暴露出我国企业长期停留在国际产业链条末端、环保意识不强、核心技术标准缺失的重大缺陷。中国作为世界最主要的电子信息产品生产国之一，ROHS 指令的实施使每年约 600 亿美元以上产品受到影响。

(2) 关键核心技术受制于人，电子信息产业国际竞争力不强

我国电子信息产业多数是从加工贸易发展起来的，从收音机、彩电、程控交换机、PC 机到移动通信手机，走的都是技术引进、消化吸收的道路，通过承接发达国家产业转移实现产业壮大。多年来，产业自主创新进展缓慢，基础元器件、软件、3G 等核心技术 90% 以上掌握在跨国公司手中，目前我国申请集成电路专利 27252 件，仅占世界集成电路专利总数的 2. 6% ，其中本土企业申请的仅为 4791 件。跨国公司还通过小范围的产业联盟开发等方式控制着关键产业的下一代技术，关键核心技术受制于人始终是威胁我国电子信息产业安全的最不稳定因素。

由于我国大部分电子产品关键核心技术受制于人，企业综合能力不强，制造产业结构雷同，与发达国家电子信息企业在经营管理和服务水平等方面存在巨大差距。欧盟的“双指令”实施，我国企业在出口时要额外交纳高额的电子垃圾回收费用，大型家电每台将多达几十欧元，成本加大，电子电气回收成本将转嫁到制造商身上，由于欧洲劳动力成本高，可能使回收成本接近甚至高于制造成本，相比而言，国内家电制造业会失去成本优势，从而降低我国电子信息产品出口的竞争力，势必影响市场销售和竞争。

(3) 加剧了我国与发达国家的贸易摩擦

长期以来，我国电子信息产品出口企业沿袭整体水平及企业规模效益“两低”的粗放型增长模式，对美国出口的机电产品主要集中在光盘驱动器等技术含量较低的产品，我国正在兴起的高新技术产品几乎不具备与国外同类先进产品相抗衡的能力。而中国的出口竞争力主要集中在劳动密集型产品上。电子信息产品的国际贸易摩擦主要集中在两个方面：一是我国具有比较优势的出口方面；二是我国没有比较优势的进口，即技术以及知识产权方面。

(4) 削弱了规模经济，近乎完全竞争的市场结构缺少价格谈判能力和反控制力

我国电子信息产业是一个开放型循环经济，上游原材料、元器件净进口，而整机制造品净出口，在上游产品价格不断上涨的情况下，如果制造环节不能

进行价格传导，那么必然侵蚀下游“中国制造”企业的利润，使得电子信息企业投资收益率急剧下降。IT 产业落在中国的土地上，利润流向外国人的口袋里，中国得到了数字，而外国企业赚取了财富。

（5）部分电子产品对外依存度较高，产业控制力仍然受制于人

近年来，外资更多地从合资合作转向独资，通过参与公司上市改制、股权结构调整等方式，并购现有成熟产业的案件增多。2006 年，随着我国电子信息产业国际化程度的日益提高，三资企业仍是产业发展的重要力量，全年三资企业在规模以上制造业销售收入、工业增加值、利润中的比重分别为 80%、79%、80%。2008 年金融危机后外商规模增速有所降低。2010 年，外商投资企业销售产值、出口交货值、投资分别增长 22.7%、24.5%、11.3%，低于全行业平均水平 2.8 个、1.7 个、33.2 个百分点，占全行业比重（50.3%、63.5%、17.9%），比上年下降 1.1 个、0.9 个、5.4 个百分点。

下面根据专家意见，结合数量模型和定性分析，初步判断当前我国电子信息产业各子产业所受危害或威胁的状态（见表 5－8）。

表 5－8　电子信息行业各领域当前安全状态

行业名称	安全综合指数	显示符号	安全状态
1. 通信设备及终端制造业		★★★	基本安全
2. 计算机及外部设备制造业		★★★	基本安全
3. 消费类家电产品制造业		★★	安全
4. 电子元器件产业（幼稚产业）		★★★★	不安全
5. 基础设备及材料（幼稚产业）		★★★★★	很不安全
6. 软件产业（幼稚产业）		★★★★	不安全
7. 平板显示产业（幼稚产业）		★★★★	不安全

注：用“★”个数多少表示安全遭受危害或威胁程度高低。

2. 正面影响

（1）进一步推动了出口产品技术升级

技术性贸易壁垒措施的实施使得我国传统出口产品易遭遇技术性贸易壁垒，相关出口企业及行业根据进口国的新标准，积极进行技术创新，通过开发、引进适应国外的新标准和新技术，加快产品的更新换代，不断调整出口产品结构，并逐步带动产业结构的升级，从而提高其在国际市场上的竞争力。

（2）进一步促进企业加快国际标准化认证

我国电子信息出口产品易遭遇国外的技术性贸易壁垒，其中一个主要原因是出口产品在安全和质量方面的确存在某些问题，无法达到贸易伙伴国的相关新标准和新技术的要求，被摒弃于国际市场之外。为此很多出口企业在蒙受损失后，变被动为主动，竭力按照国际标准来生产经营，进一步加快了IS09000、IS014000和SA8000等国际标准化的认证。

（3）进一步促进企业强化质量管理

我国许多出口企业已充分意识到国外新技术标准的严格性。因此，在出口产品相关项目上实施动态管理，持续跟踪和研究国外有关技术标准的变化情况，及时在风险评估的基础上调整重点检测项目和重点监控项目。作为质量主体，技术性贸易壁垒措施进一步促进很多出口企业强化源头管理，努力增强自律意识，不断提高自检自控能力，借此提高产品质量安全。

（4）进一步促进企业产能大幅度提升，重点产品全球份额扩大

我国主要电子信息产品生产能力大幅度提高。我国境内生产的显示器、手机、彩电、激光视盘机、笔记本电脑分别占全球总产量的50%、31%、43%、80%和40%，程控交换机、电话机、手机、光盘驱动器、打印机等产品也名列世界前茅（见表5-9）。

表5-9　2002—2012年我国主要电子信息产品产量

产品名称	单位	2002年	2003年	2004年	2005年	2006年	2007年	2008年	2009年	2012年
微机	万台	1463	3216.0	4512	8084	9336	12073	13667	18215	35419
显示器	万台	4927	7326.0	10149	16058	9341	14438	13365	13022	25290
彩色电视机	万台	5200	6521.0	7329	8283	8375	8478	9033	9899	13971
集成电路	亿块	96.3	134.0	211.5	266	336	411	417	414	899

资料来源：根据《中国统计年鉴》（2002—2013年）整理。

（5）电子信息产业贸易竞争力指数得到提高，进出口依存度略有下降

2002年以来，我国电子信息产品国际竞争力不断提高，贸易竞争力指数总体上得到提高，其中，净出口显示性比较优势指数（NRCA）从2002年的负数提高到2008年的0.044，竞争优势指数或者贸易专业化系数（TSC）从2002年的1.70提高到2008年的3.9（见表5-10）。

表 5－10　2002—2008 年中国外贸竞争优势指标

年份	电子信息行业依存度	出口依存度	进口依存度	NRCA	TSC	RCA
2008	97.70%	57.50%	40.10%	0.044	0.179	3.9
2007	109.27%	62.39%	46.87%	0.016	0.142	3.7
2006	109.35%	61.09%	48.26%	0.013	0.117	3.44
2005	105.22%	57.74%	47.48%	0.018	0.097	2.98
2004	131.21%	64.69%	66.52%	0.0276	0.068	2.77
2003	120.75%	62.56%	58.19%	0.004	0.036	2.19
2002	104.75%	54.42%	50.33%	－0.0057	0.039	1.7

资料来源：根据中国电子信息产业统计年鉴 1999—2008 年进行的测算。

注：NRCA 是指净出口显示性比较优势指数；TSC 是指竞争优势指数或者贸易专业化系数；RCA 是指显示性比较优势指数。

（6）企业技术创新能力逐步增强

2000 年以来，电子信息产业技术创新迈上新台阶。“中国芯工程”取得了显著成效，集成电路设计水平达到 0.13 微米。CPU、中文 Linux、第三代移动通信、集群通信、数字电视等研发和产业化成效明显，涌现出一批具有自主知识产权的技术和产品，与国际先进水平的差距逐步缩小；TD－SCDMA 技术的研发和产业化取得重要进展；技术标准工作取得新成果。在国家支持和企业不断加大研发投入的推动下，企业技术创新和新产品开发取得显著成效。2009 年，全球的 PCT 申请量排名榜上，中国华为技术有限公司以 1847 件位居第二。

总之，外资控制一个国家的产业即形成了对本国产业安全的威胁，尤其是控制和支配我国具有基础性、先导性、战略性的电子信息产业，更会削弱我国本土产业发展的自主性、防卫力和竞争力。长此以往，将导致我国市场被别人占有，资源被人利用，命运和前途被人控制。

5.2.3　应对政策

维护我国电子信息产业安全，应以全球化视角，从现阶段国情出发，在国家经济安全大框架下，坚持在开放发展中维护产业安全。一方面，应增强自主创新能力，采取提升我国产业核心竞争力的支持政策；另一方面，不断健全和完善我国产业损害预警体系和机制，灵活运用 WTO 规则，增强贸易争端的能力。具体措施如下：

（1）集中国家力量大力支持核心技术突破

这是维护产业安全、规避风险的根本举措。落实国家关于鼓励自主创新的各项政策措施，加大技术研发的公共投入，集中资源突破能源、先进制造等领域的共性核心技术和关键技术，引导企业增加技术开发的投入，开发推广适用技术。形成自主创新的技术基础。从机制、产权结构、治理结构等方面深化改革，形成自主创新制度保障。使我国产业整体上从技术引进向消化吸收和自主创新阶段转变，促进产业升级，夯实产业安全的根基。

（2）支持优势企业并购重组，大力培育具有国际竞争力的跨国集团

在集成电路、软件、通信、新型显示器件等重点领域，鼓励优势企业整合国内资源，支持企业“走出去”兼并或参股信息技术企业，提高管理水平，增强国际竞争力。鼓励金融机构对电子信息企业重组给予支持。

在各产业中，重点支持一批能代表我国参与国际竞争的龙头企业，在技术创新、走出去等方面开展试点，通过承担重大工程、设置重大工程实验室等形式，在研发、对外投资保险方面给予各种税收优惠，通过这些大企业抵御外国跨国公司对我国产业的垄断，并积极参与全球竞争，提升我国产业国际竞争力。

（3）政府主管部门要维护进口正常秩序，进一步完善重点产品进口预警和应对体系，改善有效应急机制和进口保护机制

建立开放条件下我国电子信息产品的进口保护机制，主要包括：①进一步健全进口预警及相关应对措施的法律法规。加入 WTO 以来，我国已经修订了大量不符合国际规则的控制进口的法律法规和政策，但尚未健全符合国际规则的新时期进口监管的法律体系，尤其是技术性贸易措施方面的立法和规定还不够，在执行能力上距离产业发展要求还有一定差距。②继续完善危机应对和紧急救助机制。针对进口特别是关系到我国电子信息产业核心技术相关的重要商品进口建立一系列跟踪监测指标，及时发现损害或威胁，防患于未然；③根据进口危机发生的各种可能性，借鉴国内外经验，继续设计和完善涵盖不同层次应对措施的危机处理办法，形成有机的迅速有效的应对方案。

（4）加快建立行业与企业的产业损害预警机制

行业协会在商务部的指导下，组织建立本行业的产业损害预警机制。设立或指定相应的机构及人员编制本行业的产业损害预警机制建设方案并组织实施。要开展部分重点敏感商品的区域或国别分析研究，或者对某一产业的竞争力状况进行分阶段的跟踪研究。也可根据需要自行委托中介机构对特定产品、特定国别的有关情况进行分析。同时，及时向商务部反映本地区、本行业最新的产业、贸易、市场监测信息，有效地发挥产业损害预警机制在发展和保护国内产业方面的作用。条件成熟时，可针对涉及多省市的同类敏感产品开展跨省

市的区域性产业损害预警机制建设试点工作。

此外，应加快建立企业级的产业损害预警机制。要加强对进出口异常、国内外竞争环境变化等对我电子信息产业发展的影响及其程度进行评估，及时向产业、企业发布相关预警信息，避免贸易摩擦，为国内产业发展创造良好的外部环境。加强与产业的联系，通过装备制造业产业损害预警信息通气会等方式，定期组织大企业交流研讨产业发展中的热点难点问题，建立企业级预警机制。企业应该高度重视自身的产业损害预警及其应急机制建设，增强危机意识，按时向有关部门和协会报送信息，形成政府、协会、商会和企业联动的产业损害预警机制和应对体系。

（5）进一步开拓国际市场

继续保持并适当加大部分电子信息产品出口退税力度，发挥出口信用保险支持电子信息产品出口的积极作用，强化出口信贷对中小电子信息企业的支持。落实科技兴贸规划。采取综合措施为企业拓展新兴市场创造条件，支持企业“走出去”设立研发、生产基地，建立境外营销网络。拓展与国外政府、企业间的合作，大力推动 TD - SCDMA 等标准技术在海外市场的拓展和商用。落实促进离岸服务外包产业发展的扶持政策，推动软件外包企业加快发展。

（6）进一步增强企业自主创新能力建设

加快实施国家科技重大专项，推动产业创新发展。加强移动通信、笔记本电脑、软件、新型显示器件等领域创新能力建设，完善公共技术服务平台。支持电子元器件、系统整机、软件和信息服务企业组成各种形式的产业联盟，促进联合协同创新。大力推进 TD - SCDMA、地面数字电视、手机电视、数字音视频编解码、中文办公文档格式、WAPI（无线局域网安全标准）、数字设备信息资源共享等标准产业化进程，加强 RFID、数字版权管理、数字家庭产品等关键标准的制定和推广工作，加快制定工业软件、信息安全、信息技术服务标准和规范。加强对电子信息产品和服务的知识产权保护。将集成电路升级等六项重大工程所需高端人才引进列入国家引进高层次海外人才的相关计划，提高国内研发水平。

第六章 全球化背景下信贷质量与金融安全分析

改革开放以来，我国的金融安全总体状况较好。面对1997年东南亚金融危机以及2008年的全球金融危机，我国政府运用宏观经济调控，维护国家金融安全，确保经济平稳。本章主要围绕我国货币政策、信贷质量和银行业安全问题进行分析，以便找出其趋势和规律。❶

6.1 问题的提出

Bernanke（1983）在对1929年经济下滑的研究中注意到，是信贷因素将经济进一步带入危机。随后Bernanke和Blinder（1988）指出“货币渠道”的金融资产完全替代假设存在偏误，通过开创性的CC－LM模型提出了货币政策传导的“信贷渠道”。2007年的次贷危机暴露出“信贷渠道”忽视了货币政策与银行风险的关系。有评论就尖锐地指出：次贷危机的形成需要积极的放贷者，是2001—2004年的低利率使许多投资者充当了这一角色。经典的“信贷渠道”对风险效应的遗漏根源于Bernanke等在研究中假设各种投资项目之间不存在差异，银行始终保持风险中性。事实上，低利率等扩张性的货币政策降低了存款人的取款概率（Diamond和Rajan，2006）、削弱了大银行的客户信息优势（Dell' Ariccia和Marquez，2006），并增加了银行自身的资本净值（Stiglitz和Greenwald，2003），从而导致银行放松信贷标准并采取更为冒险的投资行为。除此之外，低利率往往伴随着银行信贷利差的缩小，这使得低风险项目变得毫无吸引力，刺激了银行的投机行为（Rajan，2006）。Matsuyama（2007）注意到上述问题，在投资项目异质性的前提下证明了扩张性货币政策引导信贷流向高风险项目。Borio和Zhu（2008）进一

❶ 本章主要引自：于一，何维达．货币政策、信贷质量与银行风险偏好的实证检验［J］．国际金融研究，2011（11）：59－68．这里略作了修改。

步提出了货币政策传导中的“风险效应”用来描述扩张性的货币政策与银行风险之间的潜在关系。

长期以来，金融理论的核心阵地一直被新古典学派占据（张杰，2011），通过企业的同质性假设，新古典经济学把企业看作完全同质的最优生产者来证明价格在资源配置中的有效性（刘刚，2002）。在这一基本假设下，无论在传统的“信贷渠道”理论还是新近的“风险效应”模型中，面对货币政策的调整，银行只会被动做出同质反应。然而，Diamond 和 Rajan（2006）的理论模型显示，银行的个体资本结构、流动性与规模会改变银行的信贷策略，从而造成不同银行面临货币政策冲击时的反应差异。Kashyap 和 Stein（2000）、Gambacorta（2005）分别使用美国与意大利银行业数据对上述理论进行了实证检验，发现资本充足率高、流动性充足的银行信贷规模更少受到货币政策冲击，验证了异质性问题的存在。而我国各商业银行的资产规模、行政隶属和历史渊源各异，风险效应中各银行的异质反应不容忽视。

Jimenez（2008）和 Ioannidou（2009）等通过对每笔贷款风险数据的动态分析分别研究了西班牙与玻利维亚银行业的“风险效应”，研究结果证实了扩张性的货币政策确实带来了更高的信贷风险，Ioannidou 等进一步发现同样在低利率冲击下，流动性充裕、外资股权低的银行具有更高的风险倾向。对于异质性，Brissimis 和 Delis（2009）首先验证了“信贷渠道”中不同资本结构银行的异质反应，随后 Delis 和 Kouretas（2010）在考虑货币政策内生性与银行风险动态性的情况下进一步证实了异质性在“风险效应”中的存在，发现资本充足率约束有效降低了银行的风险倾向，但依赖创新业务的银行表现出更大的风险偏好。目前国内研究大多停留在对传统“信贷渠道”作用的验证（周英章和蒋振声，2002），并从企业融资能力差异角度间接验证了异质性的存在（叶蓁等，2010），尚缺少对“风险效应”及异质性的直接检验。

在中国改革开放以来的经济增长过程中，银行业在经济社会中发挥着重要作用。如果上述风险效应存在，扩张性的货币政策会放大银行安全的风险，在刺激经济的同时埋下泡沫的伏笔，而风险累积延续到货币政策的紧缩阶段，削弱其治理通胀的效力。本章采用 1999—2009 年中国 50 家银行数据，对货币政策传导中的银行业“风险效应”、风险的动态性及异质性问题进行了检验。

6.2 研究设计

6.2.1 数据和样本

1998 年央行改革货币调控机制，取消了对商业银行的信贷规模控制，实行资产负债比例管理，标志着我国货币政策调控由直接调控机制转向以间接调控机制为主。因此，本章的样本时间为改革后的 1999—2009 年。研究样本为 50 家商业银行，包括 4 大国有银行，11 家全国性上市银行和光大银行、渤海银行、广东发展银行 3 家（样本期内）全国性股份制商业银行，并选择了 32 家规模较大、公司治理较完善、数据披露相对全面的城市商业银行，样本涵盖 20 个省市自治区（具体包括：京、津、冀、晋、蒙、辽、吉、黑、沪、苏、浙、皖、闽、赣、鲁、豫、鄂、粤、桂、滇）。其中上市银行数据来自 CSMAR 数据库以及 Bankscope 数据库，非上市银行数据来自各银行年报手工收集整理，货币政策数据来源于《中国金融年鉴（2000—2010）》和 CCER 中国经济金融数据库。由于部分银行个别年份数据缺失，样本为非平衡面板数据。

6.2.2 变量定义与测度

（1）风险衡量

根据前文的分析，货币政策对银行风险的影响主要是银行改变风险偏好以确保利润和放松信贷标准导致信贷质量恶化，因此本章分别使用风险资产比例（*RiskT*）和不良贷款率（*NPL*）考察这两种影响。参考 Delis 和 Kouretas（2010）的计算方法，RiskT 为银行风险资产占总资产比率，其中风险资产指的是所有价值会跟随货币市场或信贷市场波动的资产，包括银行总资产中除去现金、存放中央银行款项以及拆放同业的部分。显然，RiskT 越大说明银行安全的风险偏好越大。

出于金融稳定的目的，信贷质量受到严格的监管，银行往往通过各种手段（如扩大贷款总量稀释不良贷款率等）控制这一指标。此外，政府在银行上市前对不良贷款的剥离等处理也造成了这一指标的异常波动。在这些方面，风险偏好（*RiskT*）受到的影响更小。更为重要的，风险偏好体现了银行主动的风险选择，而信贷质量至少在一定程度上取决于贷款项目的成败，主要从客观上反映银行风险。

（2）货币政策

1998 年后，人民银行宣布以货币供应量作为唯一的货币政策中介目标，因此本章参考蒋瑛琨等（2005）的研究，使用消除季节影响的货币供应量 *M*2 的增长率（*M2G*）作为货币政策的代理变量。但货币政策传导理论认为，无论中介变量如何设定，货币政策要对实体经济发生影响都要通过利率这一环，我国的货币政策调控也始终将信贷规模作为实际目标之一，在实际操作中需要结合利率政策控制资金价格，因此本章参考姜再勇、钟正声（2010）同时使用 1 年期存款基准利率的年度均值（*IR* - 1*Y*）作为度量货币政策状态的另一指标。此外，尽管标准的经济学理论认为存款准备金率工具效果过于猛烈，不宜常用，但在近年来我国国际收支持续顺差与基础货币供应过剩的特殊背景下，人民银行把存款准备金率发展成为常规的流动性管理工具，因此本章的货币政策变量还包括作为数量调控工具的存款准备金率年度加权均值（*RR*）。

（3）控制变量

本章控制了一系列可能影响风险的其他因素。首先，使用银行一级资本除以总资产计算银行杠杆率（*Capital*）。其次，随着中国金融市场快速发展与金融管制逐步放松，越来越多的银行开展了传统利差业务之外的创新业务。参考 Stiroh 和 Rumble（2006），本章使用收入多元化变量（*DIVER*）衡量银行创新业务的开展情况，计算方法为：1 减去净利息收入比例的平方再减去非利息收入比例平方。第三，使用银行总资产的自然对数（Ln*TA*）衡量银行的规模。宏观层面控制变量包括：实际人均 *GDP* 增速（*GDPGpc*），经济虚拟化程度（*StoGDP*，年度证券市场总市值与 *GDP* 的比值），通货膨胀程度（以 *CPI* 衡量）以及银行业市场集中度（*CR*4，银行存款市场 *CR*4）。

6.2.3 数据描述性统计与相关分析

我国银行风险偏好变量 RiskT 均值为 0.775，与 Delis 和 Kouretas 文中欧盟区银行的 0.776 接近，但不良贷款率 NPL 均值为 4.83%，明显高于欧盟区的 3.1%。表 6 - 1 的变量相关系数矩阵中，除货币政策的衡量变量之间呈现出较高的相关性之外，部分宏观控制变量与货币政策变量的相关性也较高，这会引致模型中的内生性问题，下面对该问题进行了讨论。

表 6－1　变量相关系数矩阵

	Capital	*DIVER*	Ln*TA*	*IR*－1*Y*	*RR*	*M2G*	*GDPGpc*	*StoGDP*	*CR*4	*CPI*
Capital	1									
DIVER	－0.002	1								
Ln*TA*	－0.136	－0.004	1							
IR－1*Y*	0.202	－0.005	－0.029	1						
RR	0.253	0.052	－0.070	0.749	1					
M2G	0.129	0.067	－0.079	－0.101	－0.503	1				
GDPGpc	0.063	－0.077	－0.048	0.192	0.086	－0.078	1			
StoGDP	0.162	－0.062	－0.043	0.447	0.418	0.214	0.638	1		
*CR*4	－0.167	－0.059	0.084	－0.441	－0.704	－0.360	－0.211	0.013	1	
CPI	0.066	－0.012	－0.011	0.744	0.473	0.473	0.422	0.275	－0.5391	

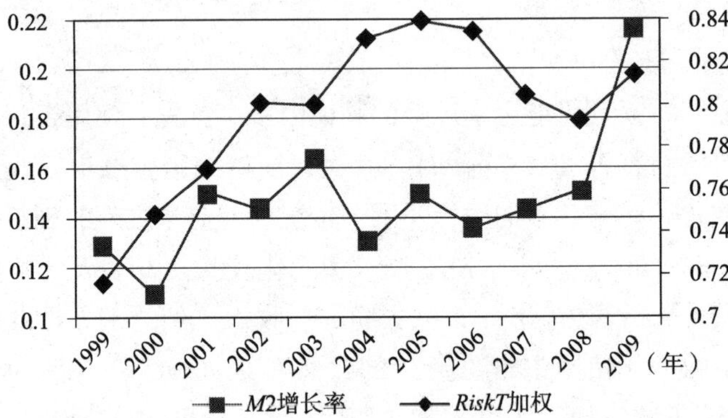

图 6－1　风险偏好与 M2 增长率波动轨迹

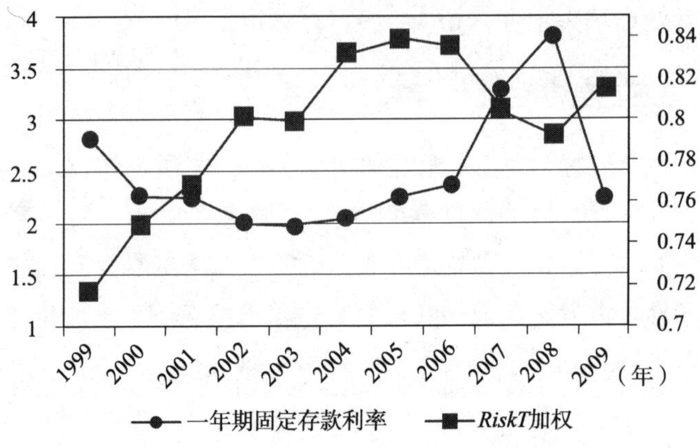

图 6－2　风险偏好与一年期固定存款利率波动轨迹

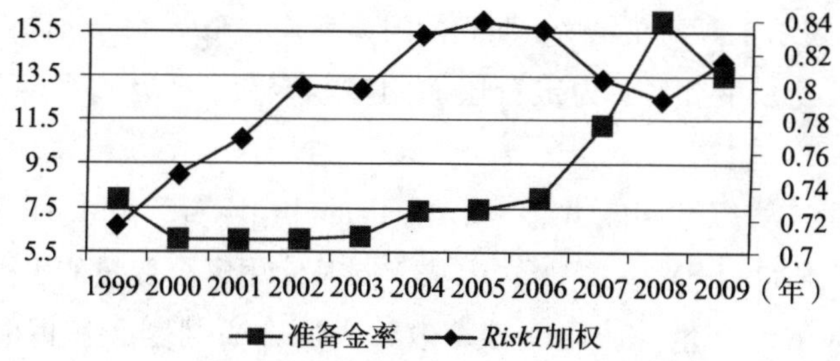

图 6-3　风险偏好与准备金率波动轨迹

图 6-1～图 6-3 资料来源：各年份《中国统计年鉴》《中国金融年鉴》以及作者计算数据。

以上图 6-1～6-3 给出了银行风险偏好 *RiskT*（经年度资产加权调整）与货币供应量 *M*2 增长率、一年期存款利率 *IR*－1*Y*、准备金率 *RR* 之间的波动关系图。货币政策变量轨迹反映了样本期内我国货币的调整过程：1997 年亚洲金融危机后，为应对长达 7 年的通货紧缩，央行在 2004 年之前一直实施相对宽松的货币政策；2004—2007 年，投资增长过快势头显现，货币政策经由平稳逐步过渡到从紧；2008 年下半年，面临国际金融危机的冲击，货币政策果断转向宽松。样本期内三种货币政策变量的变化趋势较为一致，银行风险倾向与货币政策变量之间呈现出明显的反向关系，货币政策的"宽松—紧缩—宽松"与银行风险的"高—低—高"阶段相互对应。

6.3　银行"风险效应"的实证检验

表 6-1 显示了回归变量之间可能的内生性问题，内生性会导致解释变量之间、解释变量与残差项之间存在相关性，传统的普通最小二乘回归不再适用。此外，我国银行业的特殊性可能造成风险的动态延续。首先，样本期内我国银行业改革开放带来了市场竞争性的持续增强，Keeley 认为市场竞争显著影响银行风险（1990）；其次，我国银行中普遍存在关系型借贷，Delis 和 Kouretas 指出关系型借贷网络往往具有延续性（2010）；第三，如张杰所言，我国银行部分承担了国家财政职能并具有宏观调控工具属性，而调控政策具有持续性；最后，Borio 和 Zhu 提出银行业的监管本质（如：资本充足率要求等）限制了银行策略调整的灵活性（2008），导致了风险的延续性。因此本章必须考虑银行风险的动态性。当本期风险受到上期的影响时，静态模型的估计结果是有偏的，需要建立动态模型如下：

$$Rit = \alpha + \sigma\ (Rit-1)\ + \beta 1MPit + \beta 2bit + \beta 3ct + uit \qquad (6-1)$$

其中 Rit 表示银行 i 在年份 t 期间的风险反应，Rit－1 为风险滞后项。MPit 代表货币政策衡量变量，b 为银行层面的控制变量，c 为宏观层面控制变量，uit 为残差项。

当内生性与动态性问题共存时，Arellano 和 Bover、Blundell 和 Bond 提出的动态广义距估计（SYS－GMM）方法，同时使用解释变量的水平滞后项与差分滞后项作为工具变量，从而能够有效解决两方面问题。除货币政策变量之外，本章进一步考虑了控制变量可能的内生性：资产杠杆率（*Capital*）是监管部门关注的重点指标之一，因此设为外生变量；多元化变量（*DIVER*）可能受到来自前期与当期因素的冲击而非严格外生，本章将其设定为前定变量（predetermined）；银行在进行任何风险决策时必然考虑自身规模（*LnTA*），因此本文没有将此变量设为外生变量，而设为前定变量。回归结果如表 6－2 所示。

考虑信贷质量（*NPL*）的客观风险结果特性，在模型Ⅳ—Ⅵ中本章参照 Giovanni 等使用货币政策变量的滞后项进行回归，并进一步加入了年度虚拟变量控制信贷质量（*NPL*）可能受到的其他干预。经上述处理后，表 6－2 中各模型均能够较好地通过自相关检验（AR test）与过度识别检验（Sargan test），显示 SYS－GMM 方法是合理的。各种货币政策变量均与风险效应变量显著相关，验证了货币政策风险效应在我国的存在，即扩张性货币政策会降低贷款质量，放大银行风险偏好。回归结果中因变量滞后项系数均在 1% 的水平上显著，且符号为正，显示了银行风险受历史趋势的影响。回归系数的大小进一步说明，受贷款周期影响，信贷质量变化的动态特征更显著。

表 6－2　货币政策银行风险效应检验结果

模型	Ⅰ	Ⅱ	Ⅲ	Ⅳ	Ⅴ	Ⅵ
因变量	*RiskT*	*RiskT*	*RiskT*	*NPL*	*NPL*	*NPL*
MP 变量	*IR－1Y*	*RR*	*M2G*	*IR－1Y*	*RR*	*M2G*
滞后项	0.4089*** (26.16)	0.4610*** (16.34)	0.3781*** (19.86)	0.5773*** (74.77)	0.5709*** (110.73)	0.5567*** (75.65)
MP	－0.0144*** (－4.14)	－0.0023*** (－3.03)	0.2061*** (15.10)	－0.2398*** (－6.67)	－0.1941*** (－6.19)	0.4896*** (6.09)
Capital	0.0021*** (11.53)	0.0008* (1.83)	0.0021*** (10.80)	－0.4712*** (－20.98)	－0.3628*** (－35.38)	－0.5089*** (－28.82)
DIVER	－0.01301 (－0.63)	－0.0104 (－0.72)	－0.0306*** (－3.98)	3.0305*** (5.01)	2.7985*** (5.40)	3.3338*** (5.22)

续表

模型	Ⅰ	Ⅱ	Ⅲ	Ⅳ	Ⅴ	Ⅵ
LnTA	0.0025 *** (2.62)	0.0028 *** (2.63)	0.0043 *** (5.63)	0.1108 *** (5.02)	0.0213 (0.86)	0.1648 *** (9.10)
GDPGpc	0.0038 *** (4.56)	0.0022 ** (2.08)	0.0073 *** (8.20)	−0.1754 (−1.53)	−0.5707 *** (−8.56)	−0.2017 * (−1.87)
StoGDP	0.0167 *** (5.69)	−0.0097 (−1.63)	0.0545 *** (13.61)		1.4045 *** (5.80)	
CR4	−0.0581 *** (−8.22)	−0.0963 *** (−6.87)	0.0049 (0.41)		0.3356 (0.62)	
CPI	−0.0006 (−0.78)	0.0028 *** (7.94)		−0.2635 *** (−8.96)	0.1064 *** (7.12)	−0.1333 (−1.57)
常数项	0.4359 *** (29.30)	0.4215 *** (17.75)	0.3022 *** (11.47)	2.9752 *** (4.63)	8.4022 *** (6.28)	0.6073 (1.33)
AR（1）	0.0002	0.0002	0.0004	0.0274	0.0412	0.0075
AR（2）	0.5683	0.4983	0.7300	0.4061	0.4693	0.3047
Sargan	0.9999	0.9995	0.9994	0.9997	0.9999	0.9989

“风险效应”的存在为我国货币政策的理论效力难以实现提供了一个新的解释。当宏观经济处于衰退阶段时，政府会采取扩张性货币政策促进经济复苏，这导致信贷市场上资金充裕，需求方话语权增加，此时银行或放松信贷标准提高未知客户信用评级，或对传统优质客户展开竞争。放松信贷标准使原本不符合条件的客户（包括“融资平台”类政策性贷款）获得贷款，直接影响贷款质量。客户竞争导致新增信贷资源大量流向传统的“优质客户”，这类企业本身处于关系型信贷网内，面对充裕的流动性，极易发生道德风险行为，导致大量信贷资金游离于实体经济之外（如 2009 年年初扩张性货币政策下 *M2* 激增与 *M0*、*M1* 的深度背离）。动态性进一步导致这种风险效应持续数期，并在乘数效应和加速原理的作用下不断放大，增大了经济复苏的不确定性，削弱了货币政策的理论效力。

宏观控制变量中，经济增长（GDPGpc）与 RiskT 正相关，与 NPL 负相关，说明经济增长较快时银行的风险偏好较强，体现了银行业风险的顺周期性，但较快的经济增长降低了贷款市场上项目失败的概率，客观上提高了信贷质量。经济虚拟化（StoGDP）变量的回归系数反映了证券市场的发展加速了金融脱媒，增强了银行对信贷客户竞争从而提高了银行风险。与 Giovanni 等的结论一致，这种竞争——风险的关系在市场集中度变量（CR4）的回归结果上也得到印证。

6.4 银行“风险效应”的经营特征异质性

在对货币政策信贷渠道的深入考察中，部分学者如 Kashyap 和 Stein、Gambacorta、Diamond 和 Rajan 注意到个体特征特别是资本结构、规模等因素会影响到银行对货币政策的反应，而 Delis 和 Kouretas 指出这种影响在欧盟区货币政策的风险效应中同样存在。因此，本文参考 Gambacorta、Delis 和 Kouretas 的方法 ，通过在 6 - 1 式中加入货币政策变量与银行异质性变量的交叉项 MPit * HEi 考察不同银行在风险效应中的差异反应，建立模型如下：

$$Rit = \alpha + \sigma\ (Rit - 1) + \beta 1MPit + \beta 2bit + \beta 3ct + \beta 4MPit * HEit + uit \qquad (6-2)$$

本书首先考察银行特征，将资本充足率（*Capital*）、规模（*LnTA*）和多元化（*DIVER*）三个变量加入模型（6 - 2）的交叉项的 HEit 中，但这样做可能会导致交叉项与货币政策项、银行控制变量之间的多重共线性。为解决这一问题，本文对银行特征变量先取个体期望值后进入交叉项，从而避免可能的共线性问题。产权属性也可能造成银行的差异反应，本书使用三个虚拟变量国有（代表国有大型商业银行）、股份（全国性股份制商业银行）和城商（城市商业银行）考察银行产权属性，加入模型交叉项。回归结果如表 6 - 3 所示。

表 6 - 3　货币政策银行风险效应中的异质效应

模型	Ⅰ	Ⅱ	Ⅲ	Ⅳ	Ⅴ	Ⅵ
因变量	*RiskT*	*RiskT*	*RiskT*	*RiskT*	*NPL*	*NPL*
MP 变量	*IR* - 1*Y*	*IR* - 1*Y*	*RR*	*M*1	*IR* - 1*Y*	*IR* - 1*Y*
滞后项	0.4054 *** (17.71)	0.4002 *** (16.98)	0.4086 *** (24.79)	0.7086 *** (17.25)	0.4869 *** (47.76)	0.5125 *** (58.22)
MP		-0.0144 *** (-3.91)	-0.0053 ** (-2.13)	0.0046 ** (2.38)		-1.2551 *** (-6.08)
MP * 城商	-0.0171 *** (-3.25)				-0.0385 *** (-2.55)	
MP * 股份	-0.0096 *** (-2.87)				-0.8030 *** (-15.26)	
MP * 国有	-0.0141 *** (-3.25)				-0.9164 *** (-4.47)	
Capital	0.0023 *** (8.92)	-0.0013 (-1.28)	-0.0013 (-0.73)	-0.0007 (-0.67)	-0.4542 *** (-30.40)	-0.9861 *** (-13.18)

续表

模型	Ⅰ	Ⅱ	Ⅲ	Ⅳ	Ⅴ	Ⅵ
DIVER	-0.1897 (-0.91)	-0.0232 (-0.85)	-0.1312 ** (-2.27)	-0.0437 *** (-3.79)	2.3698 *** (3.44)	6.8294 *** (5.01)
LnTA	0.0024 ** (1.99)	0.0032 * (1.89)	0.0032 *** (3.15)	0.0065 *** (4.59)	0.1838 *** (6.70)	0.1803 *** (4.36)
GDPGpc	0.0040 *** (4.47)	0.0043 *** (5.08)	0.0029 * (1.71)	0.0058 *** (7.90)	-0.2205 *** (-17.13)	-0.8509 *** (-12.10)
StoGDP	0.0165 *** (7.69)	0.0115 *** (2.55)	0.0118 (1.07)	0.0314 *** (3.65)	3.4879 *** (6.67)	3.9989 *** (12.60)
CR4	-0.0663 *** (-7.69)	-0.0808 *** (-10.61)	-0.1080 *** (-2.89)	-0.2362 (-0.54)		-8.1070 *** (-5.40)
CPI	0.0007 (0.95)	0.01431 *** (2.78)	0.0061 *** (6.69)	0.0029 *** (7.38)		-0.7887 *** (-5.50)
*MP * Cap*		-0.0007 *** (-3.76)	-0.0003 ** (-2.01)	-0.0016 *** (-2.76)		0.1283 *** (8.79)
*MP * DIV*		-0.0048 (-0.256)	-0.1312 *** (-3.27)	0.0032 * (1.66)		0.7723 *** (4.36)
*MP * LNT*		-0.0003 (-1.53)	-0.0032 *** (-3.15)	0.0026 *** (2.76)		-0.0546 *** (-9.76)
常数项	0.4426 *** (23.74)	0.4508 *** (11.64)	0.4785 *** (9.08)	0.2502 (1.67)	1.8189 ** (2.42)	14.4562 *** (8.15)
AR（1）	0.0002	0.0003	0.0002	0.0001	0.0705	0.0383
AR（2）	0.5766	0.6897	0.5038	0.4376	0.2403	0.3401
Sargan	0.9979	0.9963	0.9999	0.9997	0.9987	0.9478

加入交叉项后，货币政策的“风险效应”仍然显著存在，进一步验证了结论的稳健性。规模（Ln*TA*）交叉项与风险效应变量的回归结果说明由于“大而不能倒”和国家信誉担保，大银行在风险效应中更为激进。但有趣的是，对于资本充足率和业务多元化的交叉项变量，当本文分别使用风险偏好变量（*RiskT*）和信贷质量（*NPL*）作为回归模型的因变量时，回归系数的方向相反，即在风险效应中，资本充足率高和收入更加多元化的银行更重视贷款质量，但表现出更高的风险冲动。

资本充足率可能对银行风险造成两种影响：一般认为，高资本充足率降低了银行的道德风险，能够提高银行对信贷资金监督的积极性，也增强了银行以自有资本应对信贷损失的能力，有助于提高信贷质量，这是资本充足率作为重点监管指标的原因；但从相反的角度，在现行监管体制下，自有资本成为银行信贷等风险资产规模的重要决定因素。预料到货币政策即将从紧，部分银行会预先补充资本金来保障高风险策略不被约束，以在紧缩阶段能够更加从容。表6-3中资本充足率变量交叉项（*MP* ∗ *Cap*）的回归结果证实了上述两种影响的存在。模型Ⅴ和Ⅵ使用信贷质量（*NPL*）作为因变量时，资本约束客观上提升了银行信贷质量，验证了高资本充足率降低银行道德风险的作用。而模型Ⅰ—Ⅳ使用风险偏好（*RiskT*）衡量银行风险时，回归结果证明了第二种影响的存在，即：自有资本充足又能化解紧缩政策的压力，银行的风险冲动难以得到抑制。在货币政策紧缩节点的2004年和2010年，商业银行都曾出现过的吸储、再融资与信贷超发也印证了这种影响。

收入多元化（*DIVER*）同样对信贷质量和风险偏好造成相反影响。NPL变量的回归结果说明，以服务费用与创新业务为基础的非利息收入有助于增加银行利润，扩大银行的收入来源，降低了银行对传统信贷利差业务盈利的依赖，从而有效减少银行放松信贷标准参与“以量补价”式的竞争，提高信贷质量。但RiskT变量的回归结果说明业务多元化支撑了银行的风险偏好。

与Delis and Kouretas的发现类似，银行的非利息收入又被投入到风险资产中去，开展非利息收入业务成为银行对冲紧缩政策的有效工具。例如，2011年信贷紧缩以来，银行理财产品的数量、发行规模和收益率都出现了跳跃式增长：据中国社科院金融产品中心统计，2011年上半年，商业银行共发行8902款理财产品，超过2010年全年发行量的80%，累计募集资金8.5万亿元，远高于同期商业银行约4.2万亿元的累计新增贷款。这带来了两方面影响：一是银行凭借连续发行和到期续发理财产品形成资金沉淀，变相揽储削弱准备金率等工具的效力；二是在目前信息披露有限的背景下，部分信贷披上了理财产品的外衣，影响货币政策回收流动性的作用。银行属性交叉项的回归结果显示，货币政策带来的信贷质量恶化在国有银行中最为严重，其次是股份制银行，城商行最低，这与国有银行长期以来被广为诟病的贷款质量问题是一致的。但对于货币政策放大银行风险偏好的效应，城商行却最为敏感。一种可能的解释是城商行的超常规发展导致了高风险。近年来城商行发展呈现“唯规模论”的单一增长模式，以齐鲁银行为例：2009年年末，齐鲁银行总资产617.35亿元，较上年增长28.06%。在信贷激增的大环境下，到2010年年末，该行资产总额达到821.25亿元，较2009年年末增长33.03%，相当于三年翻了一倍。

这种快速发展是推高风险的重要原因。

异质性进一步阻碍了货币政策效果实现。扩张性政策有助于宏观经济企稳回升，但这一过程中通过银行“风险效应”积聚的泡沫和风险越来越大，迫使政府运用紧缩性货币政策治理通货膨胀等问题。而紧缩性货币政策的有效性又受到个体银行的反应差异影响，如：受限于资本充足率约束，中小银行更易受到资本压力影响而转向稳健经营，如：根据各银行2010年年报数据显示，8家股份制上市银行的存贷比平均达到71.47%，其中招商银行贷存比为74.59%。而大型商业银行存贷比均在70%以下，农行只有55.77%。但部分银行或通过再融资、吸储等方式预先补充资本金，或开展创新业务充实资本，都削弱了稳健货币政策治理通胀的效力。例如：2011年4月份商业银行新增贷款规模为7396亿元，2010年同期商业银行新增贷款规模为7740亿元。在货币政策由适度宽松转入稳健后，月度新增贷款的规模却差不多。可见，个体银行在“风险效应”中的异质反应是导致调控政策始终在矫枉过正中循环的重要原因之一。

6.5 银行“风险效应”的董事会异质性

上一部分证明了具有不同资产规模、杠杆率和多元化经营程度的银行面临货币政策冲击时会做出异质性表现，但这可能只是表象而非异质性的成因。根据前面的分析我们知道，尽管存在着一些削弱董事会功效发挥的被动合规因素（在我国特别表现为国有股带来的政府干预和过度监管对董事会职能的替代），但我国商业银行的董事会结构仍能够依据其自身的信息不对称程度和委托代理矛盾选择适合的董事会结构，表现出较强的主动创新属性。作为现代企业的决策核心，银行在经营表现上的选择大多由董事会做出，因此董事会因素可能是造成银行“风险效应”异质性表现的根本原因。

为检验这种影响是否存在，下面将使用董事会变量替代银行特征变量重新进行回归分析，其中，银行风险变量、货币政策变量及控制变量保持不变，用到的董事会结构变量主要有：董事会规模（BS，以董事会人数的自然对数衡量），董事会独立性（IDP，以董事会中独立董事占比衡量）。回归结果如表6－4所示。从回归结果中可以发现，货币政策的银行“风险效应”依然显著，验证了该结论的稳健性。无论是否控制银行经营特征（限于篇幅未报告），董事会规模与独立性变量的回归系数显著为正，表明拥有大董事会和更多独立董事的银行具有高风险行为，只为这种行为提供服务和建议。

表6-4 货币政策银行风险效应检验结果

模型	Ⅰ	Ⅱ	Ⅲ	Ⅳ	Ⅴ	Ⅵ
因变量	*RiskT*	*RiskT*	*RiskT*	*NPL*	*NPL*	*NPL*
MP 变量	*IR*-1*Y*	*RR*	*M*2*G*	*IR*-1*Y*	*RR*	*M*2*G*
滞后项	0.1199*** (2.65)	0.1239*** (2.90)	0.1708*** (3.47)	0.2911*** (6.46)	0.3639*** (4.23)	0.2352*** (7.29)
MP	-0.0023*** (-3.03)	-0.0037*** (-7.74)	0.5323*** (5.43)	-0.0530*** (-3.84)	-0.0087*** (-5.20)	0.6125*** (9.76)
BS	0.0797** (2.15)	0.0667* (1.90)	0.0784*** (2.4)			
IDP				0.0009*** (3.73)	0.0063** (2.33)	0.0006*** (3.52)
Capital	-0.0034*** (-3.13)	-0.0031*** (-3.19)	-0.0025*** (-2.59)	-0.0030*** (-9.03)	-0.0031*** (-4.347)	-0.0031*** (-8.59)
DIVER	0.0266 (0.97)	0.0304 (1.16)	0.0110*** (0.64)	0.0328*** (3.17)	0.0794*** (2.73)	0.0141 (1.45)
LnTA	0.0081*** (8.03)	0.0087*** (9.28)	0.0092*** (9.54)	0.0039*** (8.59)	0.0033*** (7.92)	0.0039*** (8.78)
GDPGpc	0.0104*** (3.51)	0.0059* (1.88)	0.0006*** (0.14)	0.1174 (6.43)	0.0055*** (2.85)	0.0222 (7.44)
StoGDP	-0.0137 (-1.21)	-0.0098 (-1.03)		-0.0039 (-0.51)	0.0336** (2.15)	
*CR*4	-0.2803*** (-4.22)	-0.1850** (-2.52)	0.0295 (0.27)	-0.3263 (-3.37)	0.237*** (-2.66)	-0.0175 (-0.30)
CPI	0.0066*** (2.80)	0.0024*** (3.20)	0.0066*** (12.29)	0.0056** (2.10)		
常数项	0.3732*** (3.58)	0.3164*** (3.94)	0.3336*** (3.57)	0.6446*** (12.44)	0.6603*** (10.60)	0.2489*** (6.68)
AR（1）	0.0442	0.0475	0.0465	0.0073	0.0164	0.0190
AR（2）	0.4225	0.4562	0.5623	0.1400	0.1198	0.3033
Sargan	1.0000	1.0000	1.0000	1.0000	1.0000	1.0000

注：表示方法与前表相同。

董事会规模越大的银行具有更高的风险倾向，这似乎与经典的公司治理理论并不一致，即更强的董事会并未实现有力的风险监督。对此，本文给出几个可能的解释：一是在我国，董事会规模大、独立性强的银行大多是国有大行（前文的分析指出部分国有银行董事会规模较大的原因即是充斥了大量的国有股权董事），国有大行一方面承担了大量政策性、政治性贷款任务，增大了我们的风险倾向 RiskT 变量，另一方面由于拥有国家信誉担保，国有大行一贯具有更大的风险冲动。二是长期以来，我国企业董事会中独立董事作用难以真正发挥的弊病饱受指责，我们的另一项针对非金融企业的研究证明尽管独立董事肩负监督与建议两大职责，我国上市公司的独立董事更多实现着建议职能。

下面的表 6 –5 报告了加入货币政策变量与董事会变量交叉项后的回归结果，用于检验董事会在货币政策银行“风险效应”中的作用。结果显示，规模大、独立性强的董事会放大了货币政策的风险效应。与表 6 –4 表明的结论略有不同，此处的结果说明面临货币政策的外部冲击，规模大、独立性强的董事会选择了更为激进的风险决策，可能的解释是：近年来，我国银行业一直处于快速扩张的发展阶段，依靠高资本消耗业务重复着“面多了加水，水多了加面”的发展模式，由于存在隐性的国家信誉担保，面临货币政策的放松，银行倾向于通过高风险行为进行同质化竞争。

表 6 –5　对“风险效应”董事会异质性的考察

模型	Ⅰ	Ⅱ	Ⅲ	Ⅳ	Ⅴ	Ⅵ
因变量	*RiskT*	*RiskT*	*RiskT*	*RiskT*	*NPL*	*NPL*
MP 变量	*Inter –7D*	*LR*	*LR*	*Inter –7D*	*LR*	*Inter –7D*
滞后项	0. 4356 *** (20. 72)	0. 4089 *** (26. 16)	0. 3444 *** (11. 95)	0. 5029 *** (13. 39)	0. 4944 *** (41. 96)	0. 4595 *** (26. 57)
MP	–0. 06328 *** (–9. 52)		–1. 3042 *** (–6. 09)			–0. 6480 *** (–5. 74)
MP * 城商		–1. 3259 *** (–7. 76)			–22. 9337 *** (–2. 55)	
MP * 股份		–0. 9288 *** (–3. 07)			–51. 4397 *** (–2. 55)	
MP * 国有		–1. 0457 *** (–5. 17)			–75. 1026 *** (–6. 08)	
Capital	0. 0027 *** (12. 95)	0. 0021 *** (9. 42)	0. 0008 * (1. 63)	0. 0046 *** (3. 43)	–0. 5055 *** (–25. 32)	–0. 8618 *** (–7. 09)
DIVER	–0. 0222 * (–1. 84)	–0. 0514 ** (–2. 46)	–0. 0450 ** (–2. 04)	–0. 0148 (–0. 61)	3. 1250 *** (3. 10)	8. 5129 *** (5. 41)

续表

模型	Ⅰ	Ⅱ	Ⅲ	Ⅳ	Ⅴ	Ⅵ
Ln*TA*	0.0031*** (3.14)	0.0028** (2.15)	0.0057*** (3.72)	0.0016 (0.63)	0.1788*** (4.59)	0.5969*** (12.85)
GDPGpc	0.0122*** (5.77)	0.0053*** (3.77)	0.0057*** (4.70)	0.0149*** (4.48)	-0.5620*** (-14.57)	-0.4953*** (-6.07)
StoGDP	0.0035 (0.89)	-0.0189*** (-6.38)	-0.0177*** (-5.45)	-0.0116* (-1.79)	2.0894*** (7.91)	2.6089*** (5.58)
*CR*4	-0.0316** (-2.00)	-0.0933*** (-7.58)	-0.09419*** (-5.55)	-0.0549* (-1.77)	1.503412 (1.37)	-0.6111 (-0.32)
CPI	0.0111*** (6.83)	0.0016*** (4.20)	0.0014*** (3.89)	0.0129*** (4.81)	-0.0744*** (-2.92)	-0.1813*** (-3.52)
MP * *Cap*			-0.0085* (1.91)			
MP * *DIV*			-0.2736** (-2.38)			0.3951*** (3.53)
MP * *LNT*			-0.2106*** (-3.28)			-0.0338*** (-11.90)
常数项	0.5864*** (23.15)	0.4719*** (16.10)	0.4416*** (11.44)	0.7183*** (11.75)	4.2776*** (4.89)	-6.0397*** (-2.37)
AR（1）	0.0002	0.0001	0.0007	0.0001	0.0620	0.0421
AR（2）	0.4884	0.7017	0.7174	0.3605	0.2909	0.3066
Sargan	0.9999	0.9987	0.9997	0.9999	0.9984	0.9987

注：表示方法与前表同。

为检验回归结果的稳健性，本章进行了以下处理：（1）使用多种利率变量重新进行表6-2和表6-3的回归分析。目前我国的利率政策既包含管制利率（如本书在基准回归中使用的1年期固定存款基准利率），也包括市场化利率（主要是开放较早，市场化也较完全的银行间同业拆借率），还包括由于监管部门给予商业银行一定利率浮动空间而形成的银行自主利率。万晓莉（2011）等研究指出管制利率对市场化利率的引导并不完全有效，市场化利率和银行自主利率实际上更能够反映市场上资金需求强度。因此本章用银行间7天拆借利率的年度均值表示市场利率（记为 *Inter*-7*D*），并参考 Delis 和 Kouretas 等使用银行利息收益与贷款总额之比近似衡量银行自主利率（记为

LR）重新回归。如表6－6所示，更换利率变量后的回归结果与基准回归不存在显著差异。（2）使用样本分组方法检验异质性。本章依据资本充足率（*Capital*）、规模（Ln*TA*）和多元化（*DIVER*）均值将样本分为高、低两组，分别进行表6－2的回归，结果不改变表6－3中交叉项回归的结论。

表6－6　稳健性检验结果（1）

模型	Ⅰ	Ⅱ	Ⅲ	Ⅳ	Ⅴ	Ⅵ
因变量	*RiskT*	*RiskT*	*RiskT*	*NPL*	*NPL*	*NPL*
*MP*变量	*IR－1Y*	*RR*	*M2G*	*IR－1Y*	*RR*	*M2G*
滞后项	0. 1013*** （2. 69）	0. 1575*** （2. 58）	0. 0835* （1. 75）	0. 2989*** （8. 16）	0. 2002*** （6. 92）	0. 3192*** （9. 86）
MP	－0. 0531*** （－3. 50）	－0. 0181*** （－5. 12）	0. 2352*** （4. 96）	－0. 0113*** （－3. 67）	－0. 0062*** （－4. 10）	0. 5072*** （12. 53）
BS	0. 1360** （3. 87）	0. 0439** （2. 18）	0. 0668* （1. 84）			
IDP				0. 0016*** （5. 20）	0. 0099** （2. 62）	0. 0010*** （3. 66）
MP＊*BS*	－0. 0241*** （－4. 30）	－0. 0035*** （－2. 75）	0. 7262*** （6. 21）			
MP＊*IDP*				－0. 0003*** （－3. 34）	－0. 0001* （－1. 81）	0. 0041*** （2. 93）
Capital	－0. 0021** （－2. 05）	－0. 0025*** （－2. 61）	－0. 0007*** （－0. 70）	－0. 0031*** （－5. 24）	－0. 0022*** （－2. 77）	－0. 0023** （－2. 55）
DIVER	0. 0310 （1. 07）	0. 0179 （0. 80）	0. 0051 （0. 17）	0. 0528*** （2. 63）	0. 0639*** （3. 26）	0. 0037 （0. 26）
Ln*TA*	0. 0076** （2. 55）	0. 0064** （2. 30）	0. 0093*** （4. 59）	0. 0042*** （7. 75）	0. 0032*** （8. 16）	0. 0037*** （6. 74）
GDPGpc	0. 0092*** （3. 16）	0. 0134* （1. 95）	0. 0396*** （7. 76）	－0. 0015 （－4. 68）	－0. 0028* （－1. 69）	0. 0140 （13. 66）
StoGDP	－0. 2959*** （－4. 90）	－0. 0792** （－2. 15）	0. 0111 （0. 69）		0. 0329* （1. 89）	－0. 0722*** （－43. 52）
CR4	0. 0109*** （0. 10）	－0. 2481 （－1. 60）	1. 0207*** （5. 53）		0. 1982*** （2. 89）	0. 0819*** （2. 19）
常数项	0. 1054 （1. 32）	0. 1027 （0. 58）	3. 2778*** （5. 31）	0. 4886*** （13. 67）	0. 7219*** （13. 42）	0. 2307*** （7. 11）

续表

模型	Ⅰ	Ⅱ	Ⅲ	Ⅳ	Ⅴ	Ⅵ
AR（1）	0. 0420	0. 0082	0. 0422	0. 0398	0. 0273	0. 0030
AR（2）	0. 3505	0. 7486	0. 4153	0. 1154	0. 1877	0. 6385
Sargan	1. 0000	1. 0000	1. 0000	1. 0000	1. 0000	1. 0000

注：表示方法与前表同。

表 6－7　稳健性检验结果（2）

模型	Ⅰ	Ⅱ	Ⅲ	Ⅳ	Ⅴ
因变量	*RiskT*	*RiskT*	*RiskT*	*RiskT*	*RiskT*
MP 变量	*Inter－7D*	*LR*	*LR*	*Inter－7D*	*LR*
滞后项	0. 1113 *** （2. 82）	0. 1878 *** （3. 75）	0. 2468 *** （3. 43）	0. 2498 *** （4. 34）	0. 2610 *** （6. 83）
MP	－0. 0637 *** （－7. 69）	－4. 0717 ** （－2. 36）	－0. 0278 （－0. 05）	－0. 0186 *** （－4. 77）	－0. 5404 * （－1. 85）
BS	0. 1841 *** （4. 85）	0. 1286 *** （3. 46）			
IDP			0. 0018 （2. 77）	0. 0002 * （1. 74）	
BSM					0. 0003 *** （4. 23）
Capital	－0. 0009 （－0. 79）	－0. 0006 （－0. 55）	－0. 0010 ** （－1. 99）	0. 0037 *** （5. 03）	－0. 0038 *** （－6. 37）
DIVER	－0. 0189 （－0. 70）	－0. 0065 ** （－0. 68）	0. 0079 （0. 22）	0. 0408 （1. 35）	－0. 0051 （－0. 38）
LnTA	0. 0097 *** （9. 46）	0. 0034 （1. 19）	0. 0011 * （1. 86）	0. 0077 *** （3. 05）	0. 0038 *** （6. 15）
GDPGpc	0. 0582 *** （9. 10）	0. 0064 *** （3. 58）	0. 0093 *** （8. 70）	0. 0001 （0. 04）	0. 0132 *** （15. 16）
StoGDP	－0. 0572 *** （－9. 59）	－0. 0408 *** （－11. 20）	－0. 0409 *** （－12. 91）		－0. 0515 *** （－36. 33）
CR4	－0. 7133 ** （－5. 69）	－0. 0871 * （－1. 67）	－0. 0068 （－0. 17）	－0. 0198 （－0. 32）	－0. 0959 *** （－4. 38）
CPI		0. 0027 *** （5. 15）			－0. 0040 *** （－15. 90）

续表

模型	I	II	III	IV	V
*MP * BS*	-0.0324 *** (-8.31)	-1.5224 ** (-2.21)			
*MP * IDP*			-0.0315 ** (-2.08)	-0.0002 * (-1.74)	
*MP * BSM*					-0.0052 (-3.58)
常数项	0.0898 (-0.91)	0.2903 *** (2.61)	0.4901 *** (7.65)	0.3379 *** (3.34)	0.4376 *** (12.12)
AR (1)	0.0371	0.0175	0.0220	0.0311	0.0027
AR (2)	0.3782	0.3146	0.1832	0.2507	0.4983
Sargan	1.0000	1.0000	1.0000	1.0000	1.0000

注：表示方法与前表同。

对于董事会异质性回归结果的稳健性检验，研究者主要进行了如下处理：(1) 变换其他货币政策变量重新进行回归。与前表6-6的稳健性检验思路类似，我们使用市场化的银行间7天拆借利率（年度均值）和银行自主利率的估计值替换原有货币政策变量，重新进行回归，结果如表6-7所示的前四列，并不改变前面的主要结论。(2) 董事会的规模、独立性仅是一种静态表现，而会议频次则能够反映董事会的动态勤勉程度，因此考虑改用董事会会议频次与董事会规模的乘积（BSM）替代董事会变量重新进行回归，如表6-7的模型V所示，结果并不改变本章的结论。

6.6 本章基本结论

本章首先利用1999—2009年中国50家商业银行数据，考察货币政策、信贷质量与银行风险的关系。研究发现，扩张性的货币政策、信贷质量不高会刺激银行风险，风险的动态性将延续到紧缩阶段，削弱货币政策的效力。进一步，本章对异质性问题进行了综合验证，发现面对货币政策冲击，资本充足率高、收入多元化的银行更重视信贷质量，但却表现出更高的风险偏好。从银行属性来看，相对于大中型商业银行，尽管城商行信贷质量较高，却在风险效应中表现得更为激进。从董事会特征来看，规模大、独立性强的董事会更偏好于风险行为，在“风险效应”中表现得更为激进。因此，对于金融安全风险（包括银行风险）应该实施差别化监管。

第七章 基于低碳视角的我国钢铁产业安全评估分析

钢铁产业作为我国国民经济发展的基础产业，在为我国国民经济和社会发展提供重要基础原材料的同时，也是自然资源消耗、能源消耗和温室气体排放的主要行业，用碳还原氧化铁，运用碳饱和的铁水制造不同碳含量的钢材是现有钢铁产业的技术基础。因此，在高炉和铁前工序中会排出大量的二氧化碳。据统计，全球钢铁工业排放的二氧化碳约占人类活动总排放的5% ~6%，而我国钢铁产业排放的二氧化碳占我国二氧化碳排放总量的15%左右。另外，我国公布了到2020年单位国内生产总值二氧化碳排放比2005年下降40% ~45%的减排目标，这一目标对钢铁企业乃至整个钢铁产业安全将产生巨大且深远的影响。

因此，面对经济全球化和低碳减排的压力，如果不对我国钢铁产业的资源消耗、生态环境污染和碳排放进行有效约束，那么将大大加重我国钢铁产业对外资源的依赖和生态环境的进一步的破坏，并进一步使我国钢铁产业处于不安全状态。本章将运用前面介绍的新的产业安全评价指标体系，并结合低碳减排视角定量评估我国钢铁产业安全的状况和未来趋势。

7.1 全球化背景下我国钢铁产业低碳发展的现状及存在的问题

7.1.1 我国钢铁产业碳排放现状分析

目前在中国，二氧化碳的排放大约有50%来自工业生产，而钢铁工业也是仅次于化工业和建筑业的第三大二氧化碳排放源。我国的钢铁产业多是资源密集型，随着钢铁产量的增加，能源消耗总量及温室气体排放总量也有所增加，而且我国钢铁产业生产过程中的能源效率仅为30%左右；全行业固体废弃物回收利用率在53%，这些都在一定程度上使得钢铁工业被看做是我国二氧化碳排放大户。从总体上讲，我国重点钢铁产业吨钢可比能耗与国际先进水平的差距在15%左右。只有宝钢等少数钢铁产业吨钢可比能耗与国际先进水平相当。

20多年来，我国政府比较重视钢铁产业的节能工作，二氧化碳减排也取得了一定的进步。我国主要以钢铁生产单位产品的吨钢综合能耗来衡量其能耗情况（见表7－1）。从表7－1中数据可以看出，我国钢铁产业能耗情况近十年取得了一定的进步，吨钢综合能耗逐年降低，跟发达国家的钢铁产业的差距也正在逐步缩小，甚至已经处于同一水平线上。

表7－1　我国钢铁重点企业吨钢能耗

年份	吨钢综合能耗（千克标煤/吨钢）	宝钢吨钢综合能耗	国外部分企业吨钢综合能耗
2000	920	747	
2002	815		
2003	778	694	蒂森克虏伯603.6
2004	761		
2005	741.05	650	浦项743；新日铁651.3；光阳711.3
2006	645.12		
2007	632.12		
2008	629.93	619.63	
2009	619.54		
2010	615.28		

然而，众所周知钢铁生产过程产生的二氧化碳有接近95%以上来自含碳能源的消耗（见图7－1）。从我国一次能源历年消费结构中可以看出，我国能源消费煤炭所占的比例大约为70%，而这一比例在部分发达国家仅有50%左右。但是结合能源消费结构考虑，我国以煤炭为主的能源消耗现实还是不可避

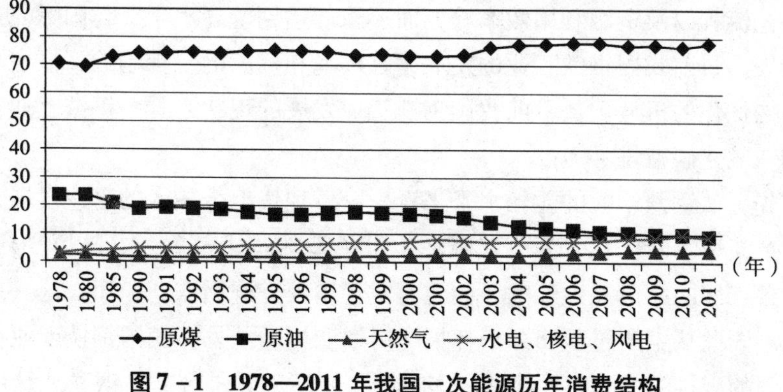

图7－1　1978—2011年我国一次能源历年消费结构

免地造成我国钢铁行业二氧化碳排放强度高居不下。以2008年为例，我国钢铁工业的二氧化碳排放占全球总排放量的51%，而这一比例在日本为8%，在俄罗斯为7%，在美国仅仅只有5%。

此外，当今世界钢铁生产主要存在两种流程模式，一种是以消耗煤和铁矿石的长流程，另一种则是以消耗电能和废钢为主的短流程。据世界钢铁组织统计，长流程的吨钢碳排放量在1.7吨左右，而短流程只有0.1吨左右。基于我国的现状，我国大多数钢铁产业由于在制钢流程中资源循环利用环节较少，整个行业长流程的吨钢碳排放量平均将在2.2吨左右，短流程在0.8吨左右。相比美国等发达国家，我国社会废钢储存量少，而且电价成本比发达国家要高，因而在未来5~10年间，我国以长流程为主的钢铁生产流程难以做到根本改变，只能从工艺流程上针对二氧化碳减排对其予以优化。近年间，我国在这方面也取得了一定的进步，引进了一些先进的节能工艺装备技术，如中国焦炉干法熄焦装置（CDQ）已经建设投产将近120套，数量上已然是世界最多，但由于中国钢铁市场需求大，钢铁产业众多，先进技术的普及率与发达国家仍然存在一定的差距。

2010年7月12日，工业和信息化部为了进一步加强钢铁行业管理，规范现有钢铁产业生产经营秩序，根据国务院《关于进一步加大节能减排力度加快钢铁工业结构调整的若干意见》（国办发〔2010〕34号）及相关法律法规制定并发布了《钢铁行业生产经营规范条件》。该文件要求钢铁产业在实现污染物总量控制的前提下，要发挥技术创新在节能减排中的重要作用，大力推广TRT、干焦熄灯陷阱节能减排技术，提高二次能源利用率，大力发展钢铁行业低碳经济。

7.1.2 我国钢铁产业低碳转型中碳减排潜力分析

从以上的论述可以看出，相对国际钢铁工业而言，我国钢铁工业在燃料组成，工艺流程以及资源利用效率等方面还未能达到较高水平，与国际先进企业差距较大。目前我国钢铁工业的发展面临环境和资源的双重制约，但也孕育着产业结构优化的机遇。从目前我国钢铁工业发展的现状来看，钢铁工业存在着一定的二氧化碳减排潜力。

首先，从钢铁产业的能耗水平来看，随着现代冶金技术的迅速发展，使得钢铁生产流程不断优化，为节能降耗奠定了基础。从表7-2可以看出我国钢铁产业各工序能耗值差别较大，而且相对于国外先进钢铁产业而言这一差距更加明显。因此从生产过程能源消耗情况可以明显的预见，我国钢铁产业存在相当大区间的减排潜力。参照世界平均水平，表7-3列出了奥钢联总结的钢铁工业近期和未来的二氧化碳减排潜力。

表 7－2 2011 年我国重点钢铁产业能耗情况

	吨钢综合能耗	烧结工序能耗	焦化工序能耗	高炉工序能耗	电炉工序能耗	转炉工序能耗	轧钢工序能耗
2011 年	604.6	52.65	105.89	407.76	73.98	-0.16	61.69
2010 年	628.26	54.52	113.97	410.55	73.44	2.78	61.9
增减值	-13.66	-1.87	-8.08	-2.79	0.54	-2.94	-0.21
最低值		39.45	63.6	343.16	27.53	-13.31	27.03
最高值		66.81	188.25	502.8	221.33	29.13	466.8

表 7－3 二氧化碳排放及减排潜力 单位：kg/t

时段	支撑技术	主要活动	长流程	短流程
过去		高炉—转炉/电炉	2300	600
现在及短期内	联合循环发电	高炉—转炉/电炉	2100	460
中期	COREX 熔融还原炼铁技术 FINMT 基于煤气的粉矿还原技术 EURO－STRIP 带钢连铸技术	精炼/冶炼排放 高炉—转炉/电炉 喷吹煤粉 喷吹天然气 喷吹塑料 直接还原铁—天然气	2050 1800 1600 1500 850	275
长期	无碳基发电 奥联钢开发的 HYDROMET	高炉 + H_2 H_2—还原矿石电解	850 ≤0 ≤0	≤0 ≤0

资料来源：ETC2001 Environmental Technology Conference. VATECH.

通过以上分析，对于我国钢铁产业而言，减少二氧化碳排放，建设环境友好型钢铁产业已然是大势所趋。对于整个行业而言，减排潜力无疑是巨大的。同样，落实到单个钢铁产业而言，随着二氧化碳排放成本日益加剧，企业为了保证产能和行业内的比较竞争优势的同时，完成政府下达的强制性减排目标，那么提高工艺流程水平，开展强有力的碳排放成本管理模式，将环境效益放到和经济效益同等重要的位置，实现企业综合成本—效益最优已经成为企业管理者必须面对的战略选择。

7.1.3 我国钢铁产业低碳发展中存在的问题

(1) 低碳技术创新能力不高

根据目前钢铁产业低碳技术的发展现状，可以分为三个类型：第一类是减碳技术，是指钢铁产业的高能耗、高排放领域的节能减排技术，煤的清洁高效利用、各种化石能源及其高效利用等。第二类是无碳技术，是指在钢铁的生产中利用核能、太阳能、风能、生物质能等可再生能源代替化石能源的利用。第三类就是去碳技术，典型的是二氧化碳捕获与埋存。然而，我国钢铁产业受到粗放型生产方式的影响，产业的整体低碳技术创新能力不强，特别是先进的低碳生产技术、高端的技术研发全部依靠国外的引进和模仿。具体表现在以下几个方面。

第一，钢铁产业的减碳技术涉及能源、资源和绿色消费等众多领域，需要相应机构进行的开发投入。但根据我国目前的情况，钢铁企业和一些相应的研究机构是技术研发投资的主体，受多种因素的制约，这些主体对低碳技术研发的投入并不积极。以我国钢铁企业为例，科技研发投入占当年企业销售收入比例的均值不到1%，分别低于发达国家和新型工业化国家2.5和1.5个百分点。

第二，虽然我国钢铁产业近些年来在能源利用和工艺装备上改进了许多方面，但总体上仍然落后于发达国家。特别是较多的中小型钢铁企业粗放型的增长方式，能耗高，污染重，给生态环境造成了较大的压力。以2004年日本钢铁数据和2010年我国钢铁的数据对比为例，其中焦化工序和炼铁工序仍然分别高于日本18.18%和3.68%，与日本具有一定的差距，具体如表7－4所示。

表7－4　中国和日本钢铁企业能耗对比分析　　单位：千克标准煤/吨

	焦化工序	烧结工序	炼铁工序	转炉工序
日本（2004）	95.6	52.8	396.2	2.71
中国重点钢铁企业（2010）	105.86	52.61	407.68	－0.22
相对差值	18.18%	3.66%	3.68%	

资料来源：中国钢铁工业节能减排效果分析与前景。

（2）化石能源所占比例偏高

首先，从化石能源的总量上来看（见图7－2），我国化石能源使用总量逐年上升。2003年至2012年我国能源消费总量从1204.2百万吨油当量增长到2735.2百万吨油当量，年均增长170.11百万吨油当量。

其次，从化石能源使用的比例来看（见表7－5），以煤炭为主的能源结构没有从根本上改变。从2003年至2012年煤炭消费量一直在70%左右徘徊，始终占据着主导地位。能源消费以煤炭为主、新能源所占比例较小的状况也将成为阻碍我国钢铁产业碳减排的一个重要的障碍。

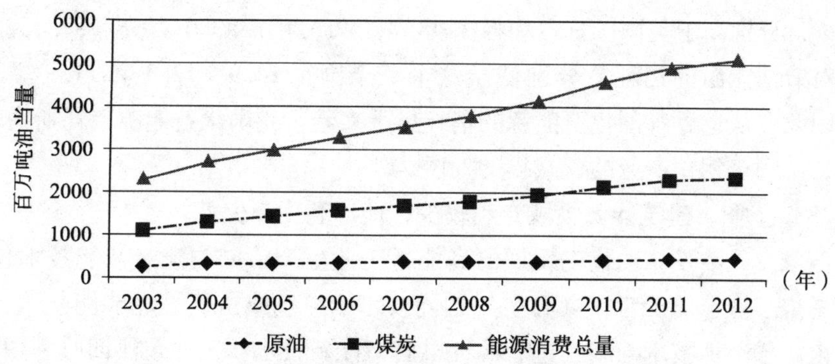

图 7-2 2003—2012 年中国原油、煤炭和能源消费总量

表 7-5 我国能源结构消费状况

单位:%

年份	原油	天然气	煤炭	核能	水电	再生能源	消费总量
2003	22.1	2.4	69.3	0.8	5.3		1204.2
2004	22.4	2.5	68.7	0.8	5.6		1423.5
2005	20.9	2.6	69.9	0.8	5.7		1566.7
2006	20.4	2.9	70.2	0.7	5.7		1729.8
2007	19.5	3.4	70.5	0.8	5.9		1862.8
2008	18.8	3.6	70.2	0.8	6.6		2002.5
2009	17.7	3.7	71.2	0.7	6.4	0.3	2187.7
2010	17.6	4.0	70.5	0.7	6.7	0.5	2432.2
2011	17.7	4.5	70.4	0.7	6.0	0.7	2613.2
2012	17.7	4.7	68.5	0.8	7.1	1.2	2735.2

第三，从世界各主要国家化石能源的使用量上来看，我国煤炭消费量稳居首位（见图 7-3）。以 2012 年为例，我国煤炭资源的消耗所占的比重为

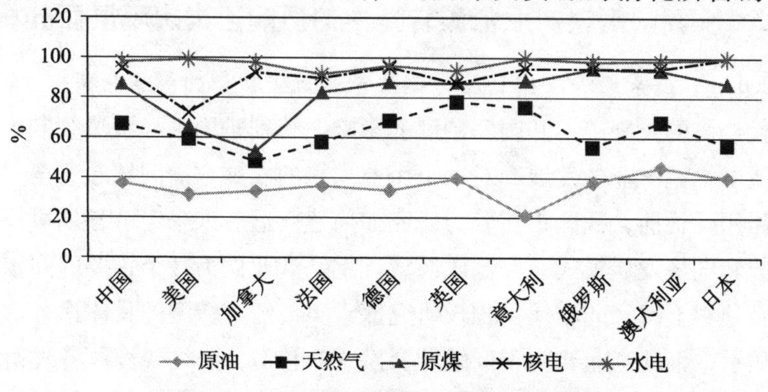

图 7-3 2012 年世界各国主要能源消费比例

68.5%，分别高于美国、日本和韩国48.7、42.5和38.3个百分点；而天然气等相对清洁能源的消耗量分别低于这个三个国家24.9、17.3和11.9个百分点。因此，从世界各国化石能源的消耗量上来看，我国化石能源消耗所占比例偏高，不利于钢铁产业的碳减排的发展。

(3) 工业、建筑能源领域专利较少，能源利用率偏低

国家发改委发布的优先发展的高能耗工业生产节能与建筑节能技术包括：高效燃烧工业节能炉窑，高温空气燃烧技术，纯氧或富氧燃烧节能技术，铝、烧碱电解槽节能技术与新工艺、脉冲电解节能新技术，工业余热回收利用技术等高能耗工业生产节能技术，建筑节能新技术，蓄冷和蓄热空调及冷热电联供技术，中央空调系统风机水泵变频调速技术。

从专利拥有的数量上看，拥有高能耗工业生产节能与建筑节能专利数量最多的国家为日本，其次为美国，如表7-6所示。中国在高能耗工业生产节能与建筑节能方面的专利数量居于中等偏下水平，这在一定程度上也反映出中国现今能源利用率偏低，节能技术不到位的现状。

表7-6　世界工业、建筑节能专利分布状况

关键技术	中国	美国	日本	英国	德国	法国	欧洲	瑞士
高效燃烧工业节能炉窑	2	11	12	2	9	1	8	0
高温空气燃烧技术	30	3	23	0	0	0	1	0
工业余热回收利用技术	1	4	0	1	1	1	0	0
建筑节能新技术	379	951	2082	126	454	98	318	43
工艺、脉冲电解节能新技术	6	6	4	3	0	0	2	0

7.2　我国钢铁产业碳减排的影响因素分析

7.2.1　我国钢铁产业低碳转型中的影响因素宏观层面分析

7.2.1.1　国家经济法律制度对钢铁产业低碳转型的影响分析

现代经济的发展离不开国家制度的影响，特别是国家经济法律制度，深刻影响着我国钢铁产业的发展，对一个企业未来的发展方向问题起着至关重要的引导性作用。目前，我国正在着力研究如何建立适应未来经济长期可持续发展的一种全新经济发展模式——低碳经济。钢铁产业作为一个重要的高碳投入的行业，必须跟上国家的步伐，积极研究探索实现经济转型的具体途径。各种研究结果显示，钢铁产业要实现低碳发展模式的转型，必须要淘汰各种落后的技术，积极研究新能源燃烧技术，而新技术的研究必然需要投入大量的研究经

费，有可能导致某些小型钢铁产业可能因为投入经费过高而不愿意放弃传统的经济发展模式，这样将形成一种恶性循环，从总体上阻碍我国经济的快速发展。因此，国家必须制定一系列法律制度来指导这些企业向低碳经济发展模式转型。以下从法律制度的作用上来说明经济法律制度的制定对钢铁产业向低碳经济发展模式转型的影响作用。

首先，健全的经济法律制度可以控制整个钢铁行业未来的发展方向。企业的成长需要一个大的发展环境，这个环境要靠经济法律制度来约束，只有这样，钢铁产业的发展才能符合国家经济发展的需要，才能促进国家经济快速向前发展。有些钢铁产业可能会因为某些眼前的经济利益而不愿与国家同步，为了避免这种现象的发生，有必要制定相应的法律政策来保证国家政策的落实。

其次，经济法律制度要求钢铁产业必须建立起有效的企业管理制度，以加强对企业经济活动的有效控制，进而使企业在残酷的市场竞争中生存下来。建立健全的企业管理制度将降低企业的市场风险和发展成本，减少企业未来发展中的阻力。从企业内部来说，法律制度将对企业的管理行为做出进一步的具体规范，使企业的管理规范能更好地服务于钢铁产业的发展。经济法律制度是本着国家经济顺利发展、降低企业的交易成本而制定的，企业可以通过具体的法律制度进一步规范自己的市场行为，这样不但对国家经济发展做出贡献，自身也得到了快速发展。

对于一些发展规模很庞大的钢铁产业来说，要转变经济发展模式是很困难的。根据低碳转型的发展要求，要真正的建立起这种经济发展模式，必须投入大量的人力物力研究适用于本企业现状的关于如何建立低碳经济发展模式的具体途径。而研究过程中资金的大量投入必将耗损钢铁产业本身储备资金，这有悖于企业盈利的目的，企业不可能只为了达到国家要求的低碳经济发展水平就不顾眼前的利益问题而大量投入资金去研究适合本企业自身实际情况的具体方式。因此，国家为了钢铁产业成功向低碳经济发展模式转型，必须建立相关的经济法律制度，以支撑钢铁产业发展模式顺利转型。

上述对经济法律制度在钢铁产业向低碳经济发展模式转型中的作用做了具体分析，可以看出，要实现成功转型，必须要有与钢铁产业自身结构特点相适应的国家经济法律制度方面的支持以及强制力作用。如果没有适应的经济法律制度做后盾，将很难将低碳经济的发展理念置入钢铁产业的发展规划中，因为传统的钢铁产业发展模式已经在企业发展中占据了相当重要的位置，很多企业可能会因为投资过大而又没有什么国家相关方面的补贴问题，而拒绝实行低碳经济发展方式。因此，经济法律制度对钢铁产业向低碳经济发展模式转变的影响作用是很深远的。

7.2.1.2　能源消费结构对钢铁产业低碳转型的影响分析

过去的几十年发展中，钢铁产业的能源结构主要以煤炭为主，多年使用这种能源结构，使钢铁产业确实得到了快速发展，但是在资源严重缺乏的今天，想保持过去的高速发展，已经很难了。煤炭资源的缺乏，使企业已经不可能再靠投入大量资源来求发展，再加上煤炭燃烧技术陈旧，使得投入的煤炭并不能得到充分利用，更加剧了目前能源匮乏的现状。

面对储量已微乎其微的煤炭资源，要实现钢铁产业未来的长期发展，转变经济发展方式是必然的选择，必须提高能源利用效率，用最少的能源投入换取最大的物质回报，缓解能源缺乏的问题。然后在还有煤炭可用的缓冲期内，积极研究清洁能源，代替化石能源，发展低碳经济，解决企业未来的生存问题。首先要对煤炭燃烧技术进行创新，最大限度地提高煤炭资源的利用效率，以减少不必要的浪费，延长使用煤炭的缓冲期；然后要在这个缓冲期内积极组织人员研究新的清洁能源，以代替煤炭化石能源在钢铁产业发展中的作用，这样才能保证钢铁产业未来的长期发展不会受到影响。

从以上论述可以看出，钢铁产业要进行低碳转型，必须转变企业自身的能源消费结构，以帮助企业摆脱未来资源枯竭问题的困扰，维持钢铁产业的可持续发展。

7.2.1.3　产业结构对钢铁产业低碳转型的影响分析

钢铁产业的产业制度决定着企业生产什么产品，各种产品的生产比例是多少等问题，这些决定了企业的生产原料要如何搭配、人力物力如何安排、产品结构如何协调等问题。无疑，这些问题对钢铁产业来说，关系到整个企业的兴亡发展，必须要根据钢铁产业面临的现实情况来制定合理的产业制度，以保证企业未来的不断发展。

粗放式经济发展模式留下的后遗症——全球气候变暖、环境质量下降、资源枯竭，迫使人们开始寻找新的经济发展模式，联系到实际情况，人们提出了低碳经济发展模式的概念。目前整个世界的经济发展方式都在逐渐向低碳经济发展模式转变，而钢铁产业这样一个一直以高碳投入为主的典型行业要转向低碳经济发展模式是势在必行的，应该更积极的探索研究如何建立低碳经济发展模式的具体途径，以彻底解决钢铁产业未来长期可持续发展的问题。从钢铁产业本身来说，必须根据实际情况，建立起适合未来发展的产业结构，而低碳经济的要求与实际情况的吻合，说明建立低碳经济发展模式的必要性。因此，钢铁产业必须建立起适应低碳经济发展模式的产业结构，以应对未来长期发展的瓶颈问题。

7.2.1.4　消费观念对钢铁产业低碳转型的影响分析

建立低碳经济发展模式不仅要求工业生产过程中的能源消费实现低碳化，而且要向人们大力宣传低碳生活方式，使人们转变过去的生活方式，实现生活过程的低碳生活方式一旦被人们所接受，未来人们会自觉遵守规定，买卖使用低碳消费品。钢铁产业必须要重新考虑生产的产品问题，是不是能够达到人们对低碳化消费品的需求，如果达不到人们的要求，这个行业的生存将面临最严峻的挑战。为此，钢铁产业须把眼光放的足够远，尽快转变产业结构，积极开拓创新，研究并生产适应人们经济、生活需要的低碳化产品，这样才能赢得市场，才能够提高钢铁产业的产业竞争，为钢铁产业未来的长期发展奠定坚实基础。

7.2.1.5　产业发展目标对钢铁产业低碳转型的影响分析

现阶段，国家经济的发展正面临着挑战和机遇，在充分考虑和深刻分析了现实情况的条件下提出了低碳经济发展模式，使得国家经济也进入一个重要的转型时期。为了达到目标，国家出台了相应的政策，要求各行各业必须转变过去的发展模式，建立低碳式的经济发展模式，以从总体上保证国家经济的快速发展。钢铁产业在这样一个阶段中必须明确行业未来的发展方向。

钢铁产业作为国家建设中一个非常重要的行业，必须要与国家的发展步伐保持一致，它的发展不能再像过去只是一味追求表面上规模的扩大，而忽略企业自身内在实力的强大，这样的发展太片面了，严重缺乏发展的长远目光。新中国成立后，钢铁产业的数量逐渐多了起来，发展到今天的有宝钢、攀钢等，每一个都是由小到大逐渐壮大起来的，它们经历了从小规模到大规模、从弱到强的多个发展阶段，也经历了不少的困难波折，如果只一味地追求眼前的高速发展，而不考虑企业以后的可持续发展，那么最终必定由强大走向衰落，然后逐渐被淘汰出历史舞台。因此，钢铁产业要想在激烈的市场竞争中不断地做大做强，必须要制定出一个长期的发展计划，不能只看眼前利益，要知道技术的更新速度是很快的，考虑到钢铁产业未来发展的长远目标和需要解决的发展面临的瓶颈问题，必须通过技术水平不断提高，才能使企业在激烈的市场竞争中保持长久的竞争力，才可以在未来的发展中立于不败之地。

钢铁产业应该考虑上述各种因素，制定一个适合未来长期可持续发展的目标，必须在企业内部大力宣传创新意识，使每一个员工都树立起创新的思想，努力研究新的技术手段，最大限度地减少消耗的煤炭资源量。不仅如此，钢铁产业还应该积极投入人力物力，研究清洁能源，以保证钢铁产业未来的发展不至于因资源枯竭的问题而被迫停产。在新技术的推动下，钢铁产业的经济发展模式也将慢慢改变，能源的高效利用和新清洁能源的开发，将在很大程度上降低碳排放总量，达到建立低碳经济发展模式的目的。到那时，作为我国一个最大的耗煤行业将不复存在，取而代之的是一个低碳经济发展模式的钢铁产业，达到钢铁产业向低碳经济发展进行转型的目标，使钢铁产业未来长期快速地进行下去。

7.2.2 我国钢铁产业低碳转型中的影响因素微观层面分析

7.2.2.1 我国钢铁产业低碳转型中影响因素的理论模型

首先，结合日本学者 Yoichi Kaya 提出的 Kaya 恒等式和林伯强、刘希颖的研究将钢铁工业的碳排放分解为四个主要影响要素：*CP*（工业增加值碳强度）、*EP*（能源消耗强度）、*GE*（能源消耗经济效益强度）和 *PE*（钢铁消耗量），以解释钢铁工业的经济活动与碳排放之间的关系，如式（7－1）所示：

$$CO=\frac{CO}{GP}\times\frac{EC}{PR}\times\frac{GP}{EC}\times PR=CP\times EP\times GE\times PR \quad (7-1)$$

其中，*CO* 代表钢铁工业二氧化碳排放量，*EC* 代表钢铁工业的能源消耗量，*GP* 代表钢铁工业的增加值，*PR* 代表钢铁消耗量，$CP=CO/GP$ 表示工业增加值碳强度，$EP=EC/PR$ 表示能源消耗强度，$GE=GP/EC$ 表示能源消耗经济效益强度（见表7－7）。

表7－7 我国钢铁工业碳排放的影响因素分析

影响因素	说　明
CP（工业增加值碳强度）	钢铁工业一直是我国能源消耗大户，而化石能源也是造成温室气体排放的主要因素。因此，在我国以煤炭为主的能源结构中，为降低我国钢铁工业的碳排放密度，未来必将面临改善能源和消费结构的选择
EP（能源消耗强度）	这里的能源消耗碳强度即生产吨钢所消耗的能源量，在目前我国的工业化阶段过程中，特别是对钢铁工业这种能源消耗的大户来说，生产单位产品数量往往需要更多的能源消耗。同时，对我国所处工业化的阶段和我国经济快速增长的要求来说，提高能源效率也是在可持续发展的大背景下降低我国钢铁工业能源强度的必要手段
GE（能源消耗经济效益强度）	单位能源消耗所产生的经济效益代表着我国钢铁工业所处的经济发展阶段和不同的能源消费特征。根据目前我国所处的工业化发展阶段，钢铁工业的需求量大，能源消耗量也很大，增长速度也非常快
PE（钢铁消耗量）	根据我国钢铁工业的现状，我们的钢铁消耗量采用国内钢铁生产量和钢铁进口量之和来代替。然根据我国工业化的发展阶段的特征，未来我国钢铁的需求量将会非常大，呈现刚性特征。因此，要准确的描述和把握我国钢铁工业现阶段和未来的碳排放，就需要对钢铁消耗量有一个准确把握

针对我国工业化的特征，利用协整方法分析我国钢铁工业碳排放与各个影响因素之间的长期均衡关系。通过建立我国钢铁工业二氧化碳排放量与产业增加值强度（*CP*）、能源消耗强度（*EP*）、能源消耗经济效益强度（*EP*）和钢铁消耗量（*PR*）之间的协整方程来探究这四种因素与钢铁工业二氧化碳排放之间的长期均衡关系：

$$CO = f(CP, EP, GE, PR) \tag{7-2}$$

其中，我们对二氧化碳排放量的计算做详细说明，二氧化碳排放量为生产钢铁产品过程中的直接排放量和间接排放量之和，在生产钢铁过程中燃料消耗直接排放的二氧化碳和工艺过程中排放的二氧化碳称为直接排放。将因耗外购电力、外购焦炭、进口钢铁而导致的二氧化碳排放称为间接排放。其直接排放的计算方法与参数设定参照林伯强和涂正革的设定方法，燃煤、焦炭和天然气燃烧的碳排放分别等于其能源消费量、能源转化率和二氧化碳排放系数三者的乘积之和，具体公式如式（7－3）所示：

$$\begin{aligned} EP^t_C &= EP^t_{C\_indirect} + EP^t_{C\_direct} = EP^t_{C\_indirect} + \sum_{i=1}^{5}\sum_{j=1}^{5}\alpha_j\beta_jE_{ij} \\ &= EP^t_{C\_indirect} + \sum_{j=1}^{5}\alpha_j\beta_jE_{1j} + \sum_{j=1}^{5}\alpha_j\beta_jE_{2j} + \sum_{j=1}^{5}\alpha_j\beta_jE_{3j} \\ &\quad + \sum_{j=1}^{5}\alpha_j\beta_jE_{4j} + \sum_{j=1}^{5}\alpha_j\beta_jE_{5j} \end{aligned} \tag{7-3}$$

这里，$i=1, 2, 3, 4, 5$，表示钢铁工业的5个工序（如表7－8，炼钢分为转炉炼钢和电炉炼钢），$j=1, 2, 3, 4, 5$，表示钢铁工业各工序中的五种燃料，$EP^t_{C_direct}$表示钢铁工业第t年度二氧化碳排放量；α_j表示第j种能源的转化率，β_j表示其二氧化碳的排放系数，E_{ij}表示为煤炭、焦炭和天然气等燃料的消费量。

表7－8　各工序消耗的燃料

工序	焦化	烧结	炼铁	炼钢	轧钢
燃料	燃煤、焦炭	燃煤、燃料油	焦炭、燃煤、天然气、燃料油	燃煤、天然气、燃料油	燃煤、燃料油

资料来源：中国钢铁工业年鉴和中国能源统计年鉴。

其次，在时间序列的数据研究中，我们会经常遇到本身是非平稳的经济变量。但是，它们的线性组合确有可能是平稳序列。这种平稳的线性组合被称为协整方程，且可被解释为变量之间的长期稳定的均衡关系。对于多个变量之间的协整关系检验通常采用的是Johansen协整检验方法，它是一种以VAR模型为基础的检验回归系数方法。其P阶的VAR模型具体形式见式（7－4）。

$$Y_t = A_1 Y_{t-1} + A_2 Y_{t-2} + \cdots + A_p Y_{p-1} + BX_t + \varepsilon_t \tag{7-4}$$

其中，Y_t 是 k 维的非平稳的 I（1）向量，X_t 是 d 维的确定性的外生变量。这里，在进行协整检验之前，必须对每一个变量进行平稳性检验，只有在得出序列为平稳性序列之后，才能对其进行协整检验分析。我们在综合考虑前人研究的基础上采用ADF（Augmented Dickey－Fuller）检验和PP（Phillips－Perron）检验两种检验方法。通过Eviews7.0得出所有变量均在5%的显著水平下达到二阶平稳（结果见表7－9），满足建立协整方程的必要条件。

表7－9　I（2）单位根检验结果

	L二氧化碳	*LCG*	*LEP*	*LGE*	*LPR*
ADF 检验	－6.372259	－4.858386	－6.972862	－9.257736	－6.594049
PP 检验	－6.379427	－8.007580	－10.05836	－13.67657	－12.83414

另外，我们采用Johansen协整检验方法，依据Eviews7.0的检验结果，在5%的水平下，提取一个协整方程如下（括号内为标准差）如式（7－5）所示：

$$CO_2 = 0.686LCG + 0.251LEP - 0.242LGE + 0.173LPR + 1.114$$
$$(0.06121)\ (0.01499)\ (0.02424)\ (0.00637) \tag{7-5}$$

根据式（7－5）可以看出，所有变量系数均符合其经济意义，且在5%的置信水平下通过 t 统计量检验，R^2 为0.997189说明模型的整体拟合度较高。另外，也可以看出在1981—2010年间，我国钢铁工业的碳排放量与工业增加值碳强度、能源消耗强度、能源消耗经济效益强度和钢铁消耗量有着稳定的均衡关系。并且从影响度的大小来看，对钢铁工业的碳排放影响最为显著的是工业增加值碳强度和能源消耗强度，其次为能源经济效益强度和钢铁消耗量。其中，工业增加值碳强度、能源消耗强度和钢铁消耗量每增加1个百分点分别会带动钢铁工业的碳排放同向变动0.686个百分点、0.251个百分点和0.173个百分点，而能源消耗经济效益强度增加1百分点会带动钢铁工业的碳排放反向变动0.242个百分点。可见，未来政策调整的重点应该在于降低钢铁工业增加值碳强度和提高能源消耗经济效益强度这两个影响指标。并且根据式（7－5）降低工业增加值碳强度能够为我国钢铁工业碳减排带来显著的效果。

7.2.2.2　我国钢铁产业低碳转型中的影响因素分解效应

根据前面对影响我国钢铁产业低碳转型影响因素的模型求解，下面我们对其进行分解分析。

1）钢铁工业二氧化碳排放量。我国钢铁工业一直以来作为我国高能耗、高排放产业之一，其每年的能源消耗量约占我国能源消费总量的15%，占工业能源消费总量的23%左右，如1981—2010年间其能源消费总量从6496万吨标煤增长到61982.12万吨标煤，增长了8.54倍多，年均能源消耗量为1900万吨左右。相应的随着能源消耗量的增长，钢铁工业的碳排放也在大幅度的增长。据我们计算显示，我国钢铁工业二氧化碳排放量从1981年的15915.2万吨增长到2010年的151856.19万吨，年均增长率为8.35%。

2）工业增加值碳强度与碳排放。首先，按照1978年价格计算，我国钢铁工业增加值从1981年的91.07亿元，增长到2010年的3068.16亿元，年均增长率为14.91%。根据涂正革的研究，在其他条件不变的情况下，因产业增加值的逐年扩大导致其碳排放量的增加称其为碳排放的理论增长规模。1981—2010年我国钢铁工业增加值的年均增长率约为15%，相应地，钢铁工业碳排放的年均增长率理论上应该为10.29%。这也就是说，如果不考虑其他因素，按照目前我国钢铁工业增加值的增长速度，其碳排放量理论上年均增长速度为10.29%。其次，分阶段来看，1981—1994年我国钢铁工业增加值年均增长率为13.9%，理论上带动二氧化碳年均增量为1517.58万吨；1995—2010年间我国钢铁工业增加值的年均增长率为15.72%，理论上带动我国钢铁工业二氧化碳排放年均增长量为1715.64万吨，比1981—1994年间的年均增长量多了198.06万吨。可见，钢铁工业增加值的扩大对其碳排放量增幅的贡献逐步增大。但是，根据我国钢铁工业的实际发展现状，目前我国钢铁工业的过剩产能将超过2亿吨，按照每吨钢材产能投资5000元计算，中国钢铁工业的投资浪费已达1万亿元之多，特别是近几年我国钢铁工业的吨钢利润只有同期国外企业的1/3~1/5。因此，未来从降低我国钢铁工业增加值这一途径来降低其碳减排的空间和潜力不大。但是，若在维持我国钢铁工业增加值增长率的前提下降低其碳排放量（如提高技术水平），仍有较大的潜力。

3）能源消耗强度、能源消耗经济效益强度与减排能力。能源消耗强度和能源消耗经济效益强度利用的高低反映能源利用效率水平，能源消耗强度的降低和能源消耗经济效益强度的提升代表着我国钢铁工业技术水平的提高。我国钢铁工业能源消耗强度和能源消耗经济效益强度分别从1981年的2.16吨标煤和140.19元下降和上升到2010年的0.76吨标煤和495.01元，分别下降和上升了64.81%、253.1%。而钢铁工业能源消耗强度的下降和能源消耗经济效益强度的提升与我国钢铁工业节能减排技术的推广应用密不可分。因此，节能减排技术的提高是我国钢铁工业能源消耗强度下降和能源消耗经济效益强度提升的主要影响因素。我国钢铁工业能源消耗强度和能源消耗经济效益强度自1981年到2010年有了较大幅度的下降和提升，1981年分别为2.16吨标煤和140.19元，2010年分别下降和上升为0.76吨标煤和495.01元，年均下降率和上升率分别为3.1%和5.83%。根据式（7－5）理论上能源消耗强度和能源消耗经济效益强度的下降导致碳排放的年均下降率分别为0.53%和1.41%。分阶段分析，1981—1994年间，我国钢铁工业能源消耗强度和能源消耗经济效益强度年均下降率和上升率分别为4.26%和8.44%，而能源消耗强度下降和能源消耗经济效益强度上升导致碳排放的年均下降率分别为0.73%和2.04%。1995—2010年我国钢铁工业能源消耗强度和能源消耗经济效益强度年均下降率和上升率分别为2.15%和3.71%，从而导致钢铁工业碳排放年均下降率分别为0.37%和0.89%。而在我国钢铁工业碳排放下降的拉动因素中，节能减排技术拉动占重要因素。如，近几年来，我国钢铁工业采用的转炉负能炼钢技术可使吨钢产品节能23.6千克标煤，减少烟尘排放量10毫克每立方米；电炉优化供电技术可节约用电10～30千瓦时/吨，电炉炼钢生产效率提高5%左右。

4）钢材消耗量与减排空间。据有关资料统计，1981—2010年由于我国工业化和城市化所带动的钢材消耗量增长了26.07倍，并导致二氧化碳排放增长了33985.25万吨。分阶段来看，1981—1994年间我国钢材消耗量年均增长率为11.08%，带动碳排放的年均增长率为2.77%；1995—2010年我国钢材消耗量年均增长率为13.82%，带动碳排放年均增长率为3.46%。可以预见，未来提高我国钢材生产的技术水平，降低钢材消耗强度，是当前我国钢铁工业碳减排的重要任务。

7.2.3 我国钢铁产业低碳转型影响因素技术层面分析

根据低碳经济的定义就可以看出，发展低碳经济确实可以解决钢铁产业未来终将面临的煤炭资源用完的问题，但是要发展低碳经济，必须加大对新技术的创新力度，特别是煤炭燃烧技术创新以及替代清洁能源的开发。

技术水平的不断创新将赢得比旧技术更强大的应用空间，为钢铁产业未来的长期发展打下坚实的基础。对过去两年的调查数据，2009年我国钢材的出口总量为2459万吨左右，钢坯的出口总量为4.32万吨左右，而2008年，我国钢材出口总量为5998万吨，钢坯出口总量为10.54万吨。这些数据显示，2009年比2008年的钢材出口数量同比降低了59%。与此同时，钢铁的进口数量却在不断加大，出现了供过于求的状况，再加上钢铁产业各种能源燃料以及原材料的价格不断上涨，造成了钢铁产业的生产成本普遍上涨，这种情况持续下去，钢铁产业的生存将面临严峻挑战。上述钢铁产业的产量呈现出逐渐减少的趋势以及回缩的现象；另一方面的原因主要由于国家对钢铁产业限电减产政策的出台，再加上原材料价格的上涨，使过去几个月中钢材的产量出现连续下滑的现象。从外部来说，这种回缩和经济发展方式的转变对钢铁的需求量有关；从内部来说，和钢铁产业内部的结构性矛盾有关，主要体现在生产的钢铁产品越来越不能满足人们的要求，由此出现了一系列替代品，使得钢铁产业市场竞争能力严重不足的问题。面对目前的市场环境，钢铁产业必须克服各种困难，大力进行技术创新，以使企业再次赢得强大的市场竞争力，保持钢铁产业的高速发展。

综上，钢铁产业要实现向低碳经济发展模式的成功转型，保持它的高速发展，必须依靠技术的不断创新，必须投入大量的人力物力研究新的代替清洁能源和新的煤炭燃烧技术，最终形成自身的成本优势，从根本上转变钢铁产业自身的经济发展模式，保证企业长期可持续的发展。下面我们通过协整方程建立技术水平对我国钢铁产业低碳转型影响因素进行分解分析。

1）建立协整方程模型。与前文类似，建立能源消费碳强度、能源碳强度、技术进步、钢铁工业从业人员和钢铁工业资本存量的协整方程模型，以解释钢铁工业的技术进步与碳排放之间的关系，如式（7－6）所示：

$$CTG_t = f\ (CE_t,\ EG_t,\ TFP_t,\ LAP_t,\ K_t) \tag{7-6}$$

其中，CTG_t，CE_t，EG_t，TFP_t，LAP_t，K_t 分别表是第 t 时期钢铁工业的碳排放量、能源消费碳强度、能源强度、技术进步、钢铁产业从业人员和钢铁产业资本存量。通过此非结构化方程，如果所选取的是平稳的时间序列，我们可以依据 VAR 模型得到我国钢铁工业的向量自回归模型：

$$Y_t = A_1Y_{t-1} + A_2Y_{t-2} + \cdots + A_pY_{p-1} + BX_t + \varepsilon_t \tag{7-7}$$

其中，Y_{1t}，Y_{2t}，…，Y_{kt}都是非平稳的 I（1）变量；A_1，A_2，…，A_p 都是 $K \times K$ 阶参数矩阵，X_t 是一个确定的 d 维的外生变量，代表趋势项、常数项等确定项；ε_t 是 k 维随机误差向量。如果所选取的变量不是平稳的时间序列，就应该考虑 VEC 模型，VEC 模型要求变量间存在协整关系，可以认为 VEC 模型是含有协整约束的 VAR 模型，多用于具有协整关系的非平稳时间序列模型。则向量自回归模型可以构建为：

$$\Delta Y_t = \alpha\beta' Y_{t-1} + \sum_{i=1}^{p-1} \Gamma_i Y_{t-i} + \varepsilon_t \tag{7-8}$$

其中每个方程的误差项都具有平稳性。但一个协整体系有多种表示形式，用误差修正模型表示就是：

$$\Delta Y_t = \alpha vecm_{t-1} + \sum_{i=1}^{p-1} \Gamma_i Y_{t-i} + \varepsilon_t \tag{7-9}$$

其中每一个方程都是一个误差修正模型。$vecm_{t-1} = \beta' Y_{t-1}$是误差修正项，反映变量之间的长期均衡关系，系数$\alpha$反映变量间的均衡关系偏离长期均衡状态时，将其调整到均衡状态的调整速度。

2）技术进步衡量模型。技术进步是一个无形的变量，无法直接利用指标进行度量。目前的研究文献中大多采用三种形式衡量技术进步的水平，一是R&D投入水平；二是专利的申请数量；三是全要素生产率。前两种形式在现有的文献中采用的不多，并且也无法全面的衡量技术进步水平。而全要素生产率是指各要素投入之外的技术进步和能力实现等导致的产出增加，是剔除要素投入贡献后所得到的残差，最早由索洛［指标选择参考刘斌《国家产业安全保障与风险应对》］提出，故也称为索洛残差。通常用来衡量技术进步水平。因此，我们采用全要素生产率累计变动来衡量技术进步对钢铁工业碳排放所带来的累积影响。而目前大多采用的方法为DEA_ Malmquist生产率指数方法。具体的计算公式我们参照现有的文献，以规模报酬可变的情况下建立模型为：

$$\begin{aligned} M_0(x^t, y^t, x^{t+1}, y^{t+1}) &= \frac{S_0^{t+1}(x^{t+1}, y^{t+1})}{S_0^t(x^t, y^t)} \times \frac{D_0^{t+1}(x^{t+1}, y^{t+1}/VRS)}{D_0^t(x^t, y^t/VRS)} \\ &\times \left[\frac{D_0^t(x^{t+1}, y^{t+1})}{D_0^{t+1}(x^{t+1}, y^{t+1})} \times \frac{D_0^t(x^t, y^t)}{D_0^{t+1}(x^t, y^t)}\right]^{1/2} \\ &= SEC \times PTEC \times TC \end{aligned} \tag{7-10}$$

其中，SEC代表规模效率变动，$PTEC$代表纯技术效率变动。$DEA\_$ Malmquist生产率指数方法计算的关键为投入和产出变量的选取，我们结合现有的研究文献和选取变量的指标的可得性，投入要素选取钢铁工业的物质资本和产业劳动力两个指标，产出指标选取钢铁工业的产业产值。产业产值经过价格指数（1978＝100）进行平减表示。

3）技术进步贡献率的估算模型。我们技术进步贡献率的是指广义的技术进步贡献率，包括除科学技术进步以外的政策、经营管理和服务等对钢铁工业的贡献。根据现有的研究文献，我们可以构建钢铁工业的技术进步贡献φ的模型如下：

$$\begin{aligned} \varphi = 1 - &\left(\alpha \frac{\Delta CE}{CE}\Big/\frac{\Delta CTG}{CTG} + \beta\frac{\Delta EG}{EG}\Big/\frac{\Delta CTG}{CTG} + \gamma\frac{\Delta K}{K}\Big/\frac{\Delta CTG}{CTG}\right. \\ &\left. + \chi\frac{\Delta LAP}{LAP}\Big/\frac{\Delta CTG}{CTG} + \varepsilon\frac{\Delta TFP}{TFP}\Big/\frac{\Delta CTG}{CTG}\right) \end{aligned} \tag{7-11}$$

其中，$\frac{\Delta CTG}{CTG}$，$\frac{\Delta CE}{CE}$，$\frac{\Delta EG}{EG}$，$\frac{\Delta K}{K}$，$\frac{\Delta LAP}{LAP}$和$\frac{\Delta TFP}{TFP}$分别表示二氧化碳排放量、能源消费碳强度、能源碳强度、钢铁工业资本存量、钢铁工业从业人员和技术进步的年增长率。

4）模型的数据说明。一是能源消费碳强度（*CE*）。这里的能源消耗碳强度即消费单位能源所产生的二氧化碳。在目前我国的工业化阶段过程中，特别是对钢铁工业这种能源消耗的大户来说，能源消费往往排放更多的二氧化碳。同时，对我国所处工业化的阶段和我国经济快速增长的要求来说，降低能源消费碳强度也是在可持续发展的大背景下降低我国钢铁工业能源强度的必要手段。二是能源碳强度（*EG*）。即生产单位工业产值所产生的二氧化碳。在当前的工业化发展中，我国钢铁工业发展体现出较为明显的工业化特征，使得单位工业产值需要消耗更多的能源。对于我国目前所处的城市化与工业化进程中的钢铁需求来说，必须提高使用能源效率和降低能源强度才能实现工业的可持续发展。三是资本存量（*K*）。资本存量数据借鉴黄勇峰等（2002）的“永续盘存法”进行估算，黄勇峰等人以1985年价格估算了我国制造业1985—1995年间的资本存量。我们依据我国制造业的固定资产投资指数折算成以1978年为不变价的我国钢铁工业固定资产平减指数，按照永续盘存法计算我国钢铁工业各年的资本存量。四是技术进步（*TFP*）。根据上文的模型说明，要计算出钢铁工业全要素生产率，就必须计算出钢铁工业的历年的资本存量、劳动力和工业产值。其中工业产值数据和劳动力数据来源于历年中国钢铁工业年鉴，资本存量由计算方法可知。根据式（7－11）可计算我国钢铁工业全要素生产率（见表7－10）。

表7－10　我国钢铁工业全要素生产率变动

年份	1981	1982	1983	1984	1985	1986	1987	1988	1989	1990	1991	1992
Malmquist 指数	1.02	1.03	1.06	1.09	1.06	1.06	1.132	1.065	1.045	0.977	0.988	1.439
TFP 累计变动率	1.02	1.03	1.07	1.14	1.18	1.22	1.332	1.377	1.402	1.359	1.327	1.746
年份	1993	1994	1995	1996	1997	1998	1999	2000	2001	2002	2003	2004
Malmquist 指数	0.618	0.878	0.616	0.952	1.132	1.032	1.226	1.169	1.132	1.242	1.216	0.966
TFP 累计变动率	1.344	1.202	0.798	0.73	0.842	0.854	1.06	1.209	1.321	1.543	1.739	1.685
年份	2005	2006	2007	2008	2009	2010						
Malmquist 指数	1.081	1.213	1.182	0.981	1.062	1.086						
TFP 累计变动率	1.746	1.939	2.101	2.062	2.104	2.17						

5）模型计算和结果分析。

① 平稳性检验。在进行协整检验之前，必须对每一个变量进行平稳性检

验，只有在得出序列为平稳性序列之后，才能对其进行协整检验分析。我们在综合考虑前人研究的基础上采用 ADF（Augmented Dickey - Fuller）检验方法。通过 Eviews7.0 得出所有变量均在 5% 的显著水平下达到二阶平稳（结果见表 7 - 11），满足建立协整方程的必要条件。

表 7 - 11　单位根检验结果

序列	Ln*CTG*	Ln*CE*	Ln*EG*	Ln*TFP*	Ln*LAP*	ln*K*
检验形式	(c, t, 1)	(c, t, 1)	(c, 0, 0)	(c, 0, 1)	(c, t, 1)	(c, 0, 1)
ADF 检验	-3.24	-1.26	-2.48	-0.56	-0.62	-2.86
临界值	-3.56**	-3.56**	-2.96**	-2.94**	-3.56**	-2.96**
结论	不平稳	不平稳	不平稳	不平稳	不平稳	不平稳
序列	ΔLn*CTG*	ΔLn*CE*	ΔLn*EG*	ΔLn*TFP*	ΔLn*LAP*	ΔLn*K*
检验形式	(*c*, 0, 1)	(*c*, *t*, 1)	(*c*, *t*, 0)	(*c*, *t*, 1)	(0, 0, 2)	(*c*, *t*, 1)
ADF 检验	-3.16	-4.68	-6.18	-4.28	-1.96	-5.92
临界值	-2.96**	-4.36**	-4.36**	-3.62**	-1.52*	-4.36**
结论	平稳	平稳	平稳	平稳	平稳	平稳

注：检验类型（*c*, *t*, *k*）表示单位根检验中含有常数项、时间趋势和滞后项阶数；**和*分别表示5%和10%的显著水平。

由检验结果可以看出，变量 ln*CTG* 与 ln*CE*、ln*EG*、ln*TFP*、ln*LAP* 和 Ln*K* 在 5% 的显著性水平下的 *ADF* 统计值都大于其相应的临界值，表明六个变量都是非平稳的，而其相应的一阶差分序列 *ADF* 统计值都小于临界值，表明六个变量都是一阶单整的。

② 协整性检验。由于 ln*CTG* 与 ln*CE*、ln*EG*、ln*TFP*、ln*LAP* 和 Ln*K* 和 ln*SG* 都是一阶单整的，可能存在协整关系。因此，做 ln*CTG* 关于 ln*CE*、ln*EG*、ln*TFP*、ln*LAP* 和 Ln*K* 的协整关系分析。综合考虑现有关于协整检验方法的研究，我们采用 Johansen 协整检验，并依据 Eviews7.0 的检验结果，在 5% 的水平下，各变量之间有两个协整关系，提取一个能准确反映变量间长期均衡的表达式（括号内为标准差）如式（7 - 12）所示：

$$\ln CTG = 0.384\ln CE + 0.006\ln EG + 0.887\ln K + 0.069\ln LAP - 0.034\ln TFP + 0.5794 + \mathrm{emc}$$

$$(6.35966)\quad (0.12802)\quad (1.39301)\quad (0.7055)\quad (0.65334)\quad (2.7623) \tag{7-12}$$

根据式（7 - 12）可以看出，所有变量系数均符合其经济意义，且在 5% 的置信水平下通过 *t* 统计量检验，且不存在自相关。R^2 为 0.996113 说明模型的整体拟合度也比较高。另外，根据 Eviews7.0 的检验结果计算残差序列 *e*，并对其进行 *ADF* 检验，结果残差项是平稳的。因此，ln*CTG* 与 ln*CE*、ln*EG*、 lnTFP、lnLAP 和 LnK 和 lnSG 存在协整关系。

式（7-11）协整方程的结果表明：我国钢铁工业的碳排放与能源消费碳强度、能源碳强度、资本存量、从业人员数量和技术进步有着稳定的均衡关系。并且从影响度的大小来看，对钢铁产业的碳排放的影响依次为钢铁工业的资本存量、能源消耗碳强度、从业人员数目、技术进步和能源碳强度。其中，能源消费碳强度、能源碳强度、资本存量和从业人员数量每增加 1 个百分点分别会带动钢铁产业的碳排放同向变动 0.384、0.006、0.887 和 0.069 个百分点；而技术进步每增加一个百分点，则二氧化碳的排放量向相反的方向变动 0.034 个百分点。这个结果和现有的研究文献的结论基本一致，技术进步减少了我国钢铁工业二氧化碳的排放。

6）技术贡献度的计算。根据式（7-10）可以分别计算出我国钢铁工业 1981—2010 年我国钢铁工业技术进步对二氧化碳排放的贡献（见图 7-4）。

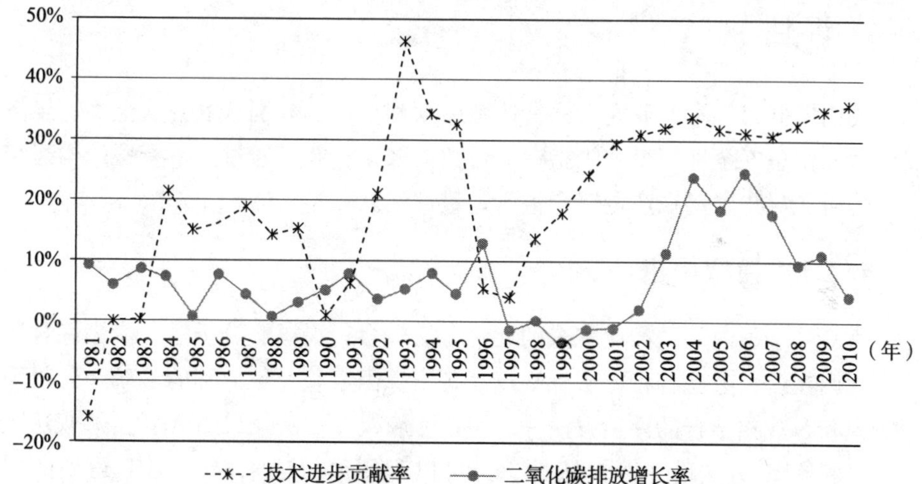

图 7-4　1981—2010 年我国钢铁工业技术进步引起的二氧化碳排放增长率

如图 7-4 所示，技术进步对钢铁工业碳减排的影响是一个动态的过程，1981—2010 年间，我国钢铁工业技术进步对其碳减排的平均贡献率为 20.56%。其中，除 1990—1991 年、2002—2004 年我国钢铁工业技术进步同二氧化碳排放增长呈现同步变化外（技术进步带来二氧化碳排放非减量变化），其余年份均呈现相反方向的变化（技术进步带来二氧化碳排放减量变化）。另外，分阶段来看，1982—1995 年，我国钢铁工业技术贡献率变化幅度较大，且都呈现正值的幅度变动，但对碳减排增长率的影响效果较小，这可能是由于技术进步对我国钢铁工业碳减排影响要考虑创新积累的问题，也就是说，在短期内我国钢铁工业技术创新的扩散和应用无法体现出来。而1996—2001年技术进步贡献率呈现先减后增趋势，而带动的碳排放增长率一直在处于零点左右徘徊；到了2002—2004年间，虽然技术进步贡献率一直处于增长状态，但随着我国钢铁工业急剧扩展但同时能源利用效率提高速度放慢，钢铁工业碳排放有出现了急剧增加的趋势。而后到了2006年随着我国钢铁工业对节能减排技术的重视以及支持技术创新政策的出台，也使得我国钢铁工业碳排放增长率的快速下降。综上所述，技术进步对我国钢铁工业碳减排的影响要考虑创新积累的问题即短期内的技术创新的效应无法体现在二氧化碳排放量的减少量上面。因此，在短期内只有通过减少化石能源燃料比例，改善能源结构来降低我国钢铁工业的碳排放。

7.3 全球化背景下基于低碳视角的我国钢铁产业安全评估

我们根据第二章产业安全评价体系原则和指标，分别从社会安全性、经济安全性和生态安全性三个一级指标进行数据采集，并且通过如下模型的构建与实证分析，对我国钢铁产业安全进行定量评估。

7.3.1 模型构建

目前关于国内外的产业安全的评估方法较多，如层次分析法、模糊综合法等。我们在综合考虑各种方法优缺点和各指标因素重要性差别的基础上，将采用主观和客观相结合的评估方法——AHP_ 熵权评估法。采用AHP_ 熵权法既可以克服AHP方法的主观局限性，又可以利用熵权法来修正AHP得到的权重，使得两种方法能够相互克服自身的缺点。

1）评估指标数据的标准化。记评估体系的原始数据矩阵为：

$$(V_{ij})_{m\times n}=\begin{bmatrix} V_{11} & V_{12} & \cdots & V_{1m} \\ V_{21} & V_{22} & \cdots & V_{2m} \\ \vdots & \vdots & \vdots & \vdots \\ V_{n1} & V_{n2} & \cdots & V_{mn} \end{bmatrix} \tag{7-13}$$

其中，V_{ij}是第i个评估年第j个评估指标值，$i=1, 2, \cdots, m$；$j=1, 2, \cdots, n$。

另外，把指标分为正向值指标（数值越大越优）和负向值指标（数值越小越优），分别对其进行归一化，若记$\alpha_j=\max[V_{ij}]$，$\forall j$，$\beta_j=\min[V_{ij}]$，

$\forall j$，则正向值指标和负向值指标的归一化公式分别为：

正向值指标归一化公式：$P_{ij} = V_{ij}/\alpha_j$ (7-14)

负向值指标归一化公式：$P_{ij} = \beta_j/V_{ij}$ (7-15)

这样就得到了原始数据矩阵 $(V_{ij})_{m\times n}$ 的归一化矩阵 $(P_{ij})_{m\times n}$，即：

$$(P_{ij})_{m\times n} = \begin{bmatrix} P_{11} & P_{12} & \cdots & P_{1m} \\ P_{21} & P_{22} & \cdots & P_{2m} \\ \vdots & \vdots & \vdots & \vdots \\ P_{n1} & P_{n2} & \cdots & P_{mn} \end{bmatrix} \tag{7-16}$$

2）AHP 法对指标主观权重的确定。根据 AHP 方法的原理，影响钢铁产业安全的各个指标的重要性各不相同，我们采用 1-9 标度，确定其权重，构造钢铁产业安全的经济性、社会性和生态性三个层次的两两判断矩阵，并求其权重和进行一致性检验。层次分析法的主要步骤如下：一是构造层次结构模型；二是构造指标的两两判断矩阵；三是层次单排序和层次总排序；四是通过一致性检验。其中分别记准则层向量、各个子准则层向量和总目标层向量分别为：

准则层向量：$\chi = (\chi_1, \chi_2, \chi_3)^T$ (7-17)

子准层向量：$\delta_k = (\delta_{k1}, \delta_{k2} \cdots \delta_{kh})^T$，其中 $k=1, 2, 3$，h 表示对应子准则层指标个数 (7-18)

总目标层向量：$\eta = \chi \odot \delta = (\eta_1, \eta_2 \cdots \eta_n)^T$ (7-19)

3）熵权法对指标客观权重的确定。对于给定的 j，P_{ij} 的差异越大，该项指标在综合评估中所起的作用就越大，亦即该指标包含和传输的信息就越多，其权重也就越大。反之依然。记第 j 项指标的熵值为 e_j，则：

$$f_{ij} = P_{ij} \Big/ \sum_{i=1}^{n} P_{ij} \tag{7-20}$$

$$e_j = \frac{1}{\ln n} \sum_{i=1}^{n} f_{ij} \ln f_{ij} \tag{7-21}$$

其中，f_{ij} 为第 i 个评估年中第 j 个评估指标的特征比重，P_{ij} 为第 i 个评估年第 j 个评估指标的相对比重，$i=1, 2, \cdots, m$；$j=1, 2, \cdots, n$，$\sum_{i=1}^{n} P_{ij}$ 是第 j 项指标的所有比重之和。

由此可以定义第 j 项指标的熵权为：

$$w_j = \frac{1 - e_j}{n - \sum_{i=1}^{n} e_i} \quad j=1, 2, \cdots, m \tag{7-22}$$

其中，e_j 为第 j 项指标的熵值。

4）综合权重的确定。设定 τ_j 为 AHP_ 熵权法的第 j 个指标组合权重即：

$$\tau_j = \alpha \times \eta_j + (1-\alpha) \times w_j \tag{7-23}$$

其中，α 为 AHP 权重占组合权重的比例，$(1-\alpha)$ 为熵权权重占组合权重的比例。α 如何取值，现有文献也有较多的讨论。综合考虑现有文献的研究结果，结合研究的实际情况，取 $\alpha=0.5$。根据线性加权综合评价公式，则第 j 年的综合评估得分 P_j 为：

$$P_j = \sum_{j=1}^{n} P_{ij}\tau_j \tag{7-24}$$

其中，P_{ij} 为我国钢铁产业的安全度得分，W_j 为第 j 个评估指标的权重。

从低碳视角建立的我国钢铁产业安全评估模型，其主要特点为：AHP 考虑了专家的知识和经验，但由于专家认识经验的局限性，仍然无法克服其主观随意性较大的缺陷。而熵权法充分挖掘了原始数据本身所蕴涵的信息，结果比较客观，不受人为因素影响。

7.3.2 我国钢铁产业安全的实证分析

（1）数据采集

本研究主要选取了 2005—2010 年我国钢铁产业的社会、经济和生态指标，数据来源于我国钢铁工业统计年鉴（2006—2011）、中国统计年鉴（2006—2011）以及国泰安数据库。

（2）钢铁产业安全评估

① 层次分析法计算权重。首先根据式（7-2）和式（7-3）对原始指标数据进行归一化。其次根据何维达教授主持的国家社会科学重大基金项目开题时邀请产业安全评估方面的专家商讨确定了我国钢铁产业安全评估准则层的判断矩阵，具体分别如下：

$$\begin{bmatrix} 1 & 2 & 1/2 & 1/3 & 1/2 & 1/4 & 1/3 \\ 1/2 & 1 & 1/2 & 1/3 & 1/2 & 1/3 & 1/3 \\ 2 & 2 & 1 & 2 & 2 & 3 & 1/2 \\ 3 & 3 & 1/2 & 1 & 2 & 1/3 & 1/2 \\ 2 & 2 & 1/2 & 1/2 & 1 & 1/3 & 1/2 \\ 4 & 3 & 1/3 & 3 & 3 & 1 & 1 \\ 3 & 3 & 2 & 2 & 2 & 1 & 1 \end{bmatrix}, \begin{bmatrix} 1 & 2 & 2 \\ 1/2 & 1 & 1/2 \\ 1/2 & 2 & 1 \end{bmatrix},$$

$$\begin{bmatrix} 1 & 2 & 1 \\ 1/2 & 1 & 1/2 \\ 1 & 2 & 1 \end{bmatrix}, \begin{bmatrix} 1 & 1/2 \\ 2 & 1 \end{bmatrix}, \begin{bmatrix} 1 & 1/2 \\ 2 & 1 \end{bmatrix}$$

依据式（7－4）、式（7－5）和式（7－6）可计算得到准则层向量（0.0685，0.0585，0.1987，0.1337，0.0977，0.2105，0.2324），社会环境子准则层向量（0.4934，0.1958，0.3108），社会影响子准则层向量（0.1907，0.8093），竞争力子准则层向量（0.3108，0.1958，0.4934），能源约束力子准则层向量（0.3333，0.6667）。皆通过了一致性检验，得到AHP权重向量：

$$\eta = (0.0338, 0.0134, 0.0213, 0.0112, 0.0474, 0.1987, 0.0416, 0.0262, 0.0660, 0.0977, 0.0702, 0.1403, 0.2324)^T \quad (7-25)$$

② 熵权法计算权重。根据前面的公式计算各指标的熵权值。

$$W_j = (0.0489, 0.0496, 0.0741, 0.0651, 0.0786, 0.0722, 0.0854, 0.0869, 0.0868, 0.0865, 0.0851, 0.0824, 0.0983)^T \quad (7-26)$$

③ 计算综合权重。依据前面综合权重公式可得到AHP_ 熵权的组合权重（见表7－2）：

$$\tau = (0.0413, 0.0316, 0.0477, 0.0381, 0.0630, 0.1354, 0.0635, 0.0565, 0.0764, 0.0921, 0.0777, 0.1114, 0.1654)^T \quad (7-27)$$

最后，可得到2005—2010年我国钢铁产业安全评估的总得分。如表7－2所示。

表7－12 低碳视角下我国钢铁产业安全评估指标标准数据及各熵权值

		权重		权重	2005年	2006年	2007年	2008年	2009年	2010年
社会安全	社会环境	0.1205	连铸比	0.0413	0.9750	0.9701	0.9821	0.9867	0.9976	1.0000
			就业人数人员工资	0.0315	0.5154	0.5895	0.6839	0.7894	0.8672	1.0000
			国内需求增长率	0.0477	0.7047	0.7855	0.8198	0.4677	1.0000	0.5970
	社会影响	0.1011	就业人数	0.0381	0.8828	0.9215	0.9528	0.9442	0.9601	1.0000
			产业贡献度	0.0630	0.6630	0.6774	0.7323	0.8217	0.9631	1.0000
经济安全	依存度	0.1354	铁矿石对外依存度	0.1354	0.9880	1.0000	0.9815	0.8592	0.7375	0.9494
	竞争力	0.1963	出口绩效指数	0.0635	0.5852	0.8074	0.9111	1.0000	0.5630	0.6593
			国际市场占有率	0.0565	0.4810	0.7175	0.8960	1.0000	0.6103	0.7817
			贸易竞争力指数	0.0763	0.5843	0.5521	0.9415	1.0000	0.6525	0.8466
	控制力	0.0921	外资市场控制力	0.0921	0.3196	0.5143	0.6697	0.7906	0.9514	1.0000

续表

		权重		权重	2005 年	2006 年	2007 年	2008 年	2009 年	2010 年
生态安全	能源约束力	0.1891	综合能耗	0.0777	0.8712	0.9374	0.9627	0.9598	0.9761	1.0000
			吨钢耗新水量	0.1114	0.5118	0.6265	0.7740	0.8075	0.9341	1.0000
	环境约束力	0.1654	单位产值碳排放量	0.1654	0.6089	0.5829	0.6566	0.7956	0.9237	1.0000

表 7－13　低碳视角下我国钢铁产业安全评估总得分及排名

年份	2005	2006	2007	2008	2009	2010
得分	0.6631	0.7296	0.8282	0.8572	0.8537	0.9282
排名	6	5	4	2	3	1

从表 7－12 和表 7－13 可以看出，我国钢铁产业安全性呈现以下几个特点：

第一，从我国钢铁产业安全横向来看，我国钢铁产业安全度大体呈现逐年上升趋势，且波动不大。除 2009 年产业安全度比 2008 年有所降低以外，其他年份均比上一年有所上升。归其原因有以下几点：一是随着我国近几年国民经济的快速发展，汽车和房地产工业等对钢铁产品的需求呈现持续增长，如 2005—2007 年国内钢铁产品的市场需求增长率分别为 14.39%、16.04% 和 16.74%，2008 年由于受到金融危机的影响，国内钢铁产品市场需求增长率降为 9.55%，比 2007 年下降了 7.19 个百分点。但 2009 年和 2010 年随着国家宏观调控政策的影响，钢铁产品的国内市场需求增长率分别达到了 20.42% 和 12.19%，大大拉动了我国钢铁产业的增长，同时也造成了我国钢铁产业产量的盲目扩大；二是自 2004 年以来，我国钢铁产业的国际市场占有率呈现逐年上升趋势，2008 年达到了最高峰为 12.6%。2009 年由于受到 2008 年金融危机的影响出现了较大的回落，但仍为 7.69%，略高于美国（4.3%）、俄罗斯（5.37%）和印度（2.1%）；三是随着近几年以来我国日益重视的能源消耗问题和温室气体的排放，钢铁产业的能源消耗并没有随着钢铁产业产量的增长而同比例的增长，其中，钢铁产业的能源消耗强度（从 2005 年的 694 千克标煤下降到 604.6 千克标煤，下降了 12.88%）发挥了重要作用。另外，我国钢铁产业的吨钢耗新水量和单位产值碳排放量也从 2005 年的 8.03 立方米和 3.58 吨/万元增加值分别下降到了 2010 年的 4.11 立方米和 2.18 吨/万元，分别下降了 48.82% 和 39.11%，下降幅度也较大。以上这些因素都有力地维护了我国钢铁产业安全。

第二，从影响我国钢铁产业的因素的13个纵向指标来看，单位产值的碳排放、铁矿石的对外依存度和吨钢耗新水量是影响我国钢铁产业安全的三个较大的因素，这充分说明了在我国钢铁产业已经开始逐步从传统的经济安全性向生态安全性转变。但从整体上来说，我国经济性安全仍然还占据着主导地位。

第三，近几年以来我国钢铁产业安全整体上呈现上升趋势，但通过分析也不难看出，也存在以下几个方面的问题：一是我国钢铁产业粗钢产量虽然是位居世界第一，但是与其他国家相比，我国的钢铁产品质量较低，高技术高附加值产品仍然要依赖进口，在高端产品的领域我国钢铁产业国际竞争力不强。二是随着我国国民经济的快速发展，国内的钢铁产业为了满足钢铁数量的短缺，采取了数量扩张的增长方式，对于提高我国钢铁产品质量、优化产品结构和节能技术开发的工作不够重视。三是钢铁产业对能源依赖程度依然较高，能源利用率较低，依然属于粗放型的产业。

7.3.3 结论

在低碳经济背景下，将生态安全评估指标纳入到我国钢铁产业安全评估体系中去是对我国钢铁产业安全评估标准的一个完善。考虑到资源供给和生态环境的约束对我国钢铁产业自身的发展起着决定性作用，就不难理解把生态安全性作为其产业安全评价的一个指标的必要性。结果表明：我国钢铁产业安全度大体呈上升趋势，且波动不大。从社会性安全、经济性安全和生态性安全来看，我国的钢铁产业安全已经开始从传统的经济性安全向生态性安全转变，但是整体上来说，我国经济性安全仍然还占据着主导地位。为此，提出以下几点建议：

（1）加快低碳技术的改造和普及，增强其社会安全

虽然，从我国钢铁产业在单位产值碳排放上来看，近几年来呈现不断下降的趋势，但是与国外相比仍有很大的差距，因此，我国钢铁产业仍要继续加大对技术的改造和升级，特别是低碳技术的改造和升级，这关乎着我国钢铁产业碳减排的战略实现。另外，要进一步的普及和推广低碳技术的应用，不断的催生出低碳型钢铁工业制造流程，减少我国钢铁产业在生产过程中的二氧化碳。

（2）加大我国钢铁产业的节能减排，增加其生态安全

目前，作为消耗能源和资源的大户，钢铁产业的发展已经受到能源因素的制约。因此，我国钢铁产业要进一步的淘汰落后产能，提高产品附加值，大力

推广节能减排新工艺，促进能源的回收利用，综合提高“三废”利用率水平，促进钢铁产业全面、协调和可持续发展。

（3）推动我国钢铁产业结构调整，增强其经济安全

钢铁企业的兼并与重组是解决我国钢铁产业结构性矛盾的重要措施。从钢铁产业的发展历程来看，各个国家基本上都是采用大强度投融资与较高的产业集中度相结合的方式来奠定本国钢铁产业发展的基础。钢铁产业是一个讲求经济规模的产业，企业的兼并与重组有助于企业的壮大规模，降低成本，有效的防止过度竞争和投资。因此，政府应该鼓励钢铁企业通过联合、兼并等多种形式调整产业结构，真正的做大做强。

第八章　全球化背景下我国电信产业与经济增长

随着全球化的发展，我国国内生产总值以年均约 9.9% 的增速保持高速增长，创造了人类经济发展史上不曾有过的奇迹（林毅夫，2012）。与此密切相关的一个客观事实是，伴随着大规模的电信体制改革，电信基础设施实现了历史性跨越，取得了令世界瞩目的成就（Lu and Wong，2003；吴基传和申江婴，2010）。1978 年电话用户仅为 193 万户，百人平均不到半部电话，打电话、装电话难成为非常突出的社会问题。据工信部统计，到 2015 年年底，全国电话用户总数达到 15.37 亿户，其中移动电话用户 13.06 亿户；固定宽带接入用户达到 2.13 亿户。中国电信产业发展成为世界最大的电信市场，无论是固定电话还是移动电话的网络规模都跃居世界第一。

目前，中国电信技术和服务已经成为城市经济社会发展中不可或缺的一部分，不光涉及商务、医疗、教育、城市建设、工业改造等多个行业，还具体深入到企业的管理、财务、生产、运作、销售等价值链条上的多个环节，而且，城市居民也日益享受到电信发展带来的便利和新的娱乐方式。在农村，电信基础设施近年来的快速普及也打破了原来信息的封闭，使农民能够便捷地与外界沟通，他们不需要走出家门，既可以交流外出务工信息，又可以为农产品联系销路，增加了农民就业和致富的渠道（汪向东，2010；汪向东和张才明，2011）。

8.1　问题的提出

本章从中国电信行业具体情形出发，按不同行业发展阶段，分别考察移动和固定电话基础设施及其交互项对中国经济增长的影响。[❶]

与其他实证研究电信基础设施对经济增长影响文献一致，本章考虑了经济

❶ 主要引自郑世林，周黎安，何维达．电信基础设施与中国经济增长［J］．经济研究，2014（5）：77－90．这里作了适当修改。

增长的动态性，利用系统广义矩估计法（SYS－GMM）考察了移动和固定电话基础设施对中国经济增长的影响。不仅如此，本章还克服了目前文献难以解决的电信基础设施与经济增长之间由于因果倒置所带来的内生性难题。我们一方面选择独立于各省经济增长并且影响电信基础设施发展的市场竞争程度指标作为工具变量；另一方面进一步选择外生性更强的相邻省份电信市场竞争程度作为工具变量。研究发现由于电信基础设施与经济增长之间的内生性导致了有偏的估计结果，而使用不同工具变量不仅纠正了有偏估计还保证了实证结果的稳健性。后金融危机时代，随着“连通美国”“数字英国”“U－Japan”等电信基础设施刺激计划的推出，引起了世界各国电信基础设施投资浪潮，中国最近也将“宽带中国”上升到国家战略高度，因此，本章研究结论对于全球化背景下中国电信产业安全维护、电信产业改革与经济增长具有指导意义。

本章主要内容如下：第二部分是文献综述；第三部分是实证模型、数据和变量统计描述；第四部分是实证结果，首先，利用静态和动态模型分别实证分析了整个考察期移动和固定电话基础设施对经济增长的影响；其次，利用动态模型分别考察了行业发展早期和成熟期移动和固定电话基础设施对经济增长的影响；最后，本章研究电信基础设施与经济增长之间的因果倒置带来的内生性问题，并对实证结果进行了稳健性检验；第五部分是结论和政策含义。

8.2 理论基础及文献综述

近30年来，信息通信技术（ICT）的兴起和快速普及催生了“数字经济”，世界各国将电信基础设施建设提高到了国家战略层面。按照经济学理论，加大电信基础设施投资会增加就业和扩大需求，可以直接拉动经济增长，因此，电信基础设施建设成为各国经济刺激计划的工具。不仅如此，网络经济学文献指出电信基础设施投资还具有网络外部性，这种外部性提高了企业和家庭的决策质量，降低了搜索和生产成本，加强了企业技术扩散和创新，进而对经济增长产生了显著的溢出效应（Wellenius，1977；Hardy，1980；Leff，1984）。近年来越来越多的经济学家关注电信基础设施对经济增长的影响，涌现出一批具有理论和政策参考价值的重要文献。

有的文献利用时间序列方法研究了电信基础设施投资与经济增长之间的相互影响关系。Beilet（2005）利用美国50年时间序列数据进行了实证研究，仅发现经济增长对电信投资影响的单一关系。然而，同样以美国为例，Cronin等（1991）和Wolde－Rufael（2007）研究发现，不光美国经济发展促进了电信基础设施投资，电信基础设施投资也拉动了美国经济增长。Yoo 和 Kwak（2004）、Cleslik 和 Kaniewsk（2004）、Perkins 等（2005）对韩国、波兰和南非的经验研究也证实了电信基础设施投资与地区经济增长的双向影响关系。而且，来自 30 个发展中国国家和工业化国家的格兰杰因果关系检验也表明电信基础设施与经济增长之间存在着双向影响关系（Dutta，2001）。

有的文献则利用跨国面板数据考察了电信基础设施对经济增长的影响。Norton（1992）利用 47 个国家的数据，研究认为电信基础设施能够减少交易成本，从而显著促进地区经济增长。虽然 Röller 和 Waverman（2001）利用 OECD 国家面板数据，实证发现固定电话普及率只有超过临界值才会对经济增长具有显著影响，但是 Datta 和 Agarwal（2004）使用动态面板数据对 OECD 国家的估计结果显示电信基础设施显著促进了这些国家的经济增长。另外，Madden和 Savage（2004）基于宏观经济增长模型研究认为电信基础设施普及在转型国家经济发展中发挥了重要作用。

对于发展中国家来说，固定电话基础设施建设与发达国家相比普遍滞后。20 世纪 90 年代以来，随着移动通信技术的发展，基础设施建设成本大大低于固定电信，因此，有些发展中国家直接跨越到更先进的移动通信技术。Jenson（2007）考察了印度克拉拉邦渔民如何利用移动通信在市场上实现套利，认为移动电话能够方便渔民在市场上找到更多的买主，这使得鱼价开始趋向集中，并且减少了未售鲜鱼带来的经济损失。Aker 和 Mbiti（2010）分析了 2001—2006 年尼泊尔粮食市场，研究发现移动电话普及导致粮食价格及其价格分散度分别下降了 4. 5% 和 10%，而且市场运作效率提高也增加了粮食利润，最终给粮食市场带来了帕累托改善。不仅如此，最近相关实证研究发现移动电话基础设施普及更能促进发展中国家的经济增长。例如，Waverman 等（2005）的实证研究结果指出移动电话对发展中国家的影响是发达国家的两倍。Qiang 等（2009）估计了 120 个发达和发展中国家移动电话对人均 GDP 的影响，研究发现移动电话普及率每提高 10%，发展中国家经济增长 0. 81 个百分点，而发达国家经济增长仅提高 0. 60 个百分点。

中国电信基础设施发展轨迹并不同于世界其他国家，因此，要解释电信基础设施对经济增长的影响，必须立足于中国电信体制改革与转型的大背景。新中国成立后，中国电信行业一直处于邮电部行政垄断经营之下，进入 20 世纪 90 年代，行业效率低下，电信服务供给难以满足人们快速增加的电信服务需求。1994 年之后，电信行业经历了引入竞争、纵向拆分、横向拆分和全业务重组四个阶段的大规模体制改革（见图 8 - 1）。第一阶段是引入竞争阶段

(1994—1997 年)，中国联通成立后，行业垄断的坚冰正式被打破，开始了双寡头竞争的格局。第二阶段是纵向拆分阶段（1998—2000 年)。1998 年邮电分家并成立信息产业部之后，国务院对中国电信按照业务纵向拆分为新中国电信(固网业务)、中国移动（移动业务)、中国卫通（卫星通信）和国信公司(传呼业务)，形成了“三大四小”的分业竞争格局。第三阶段是横向拆分阶段（2001—2007 年)，中国电信按照区域拆分为中国电信（固网南方 21 个省市）和中国网通（固网北方 10 个省市)，形成了“四大两小”的竞争格局。第四阶段是全业务重组阶段（2008 年至今)，电信行业结束了分业竞争的格局，2008 年国务院提出电信重组方案，中国电信收购了中国联通的 CDMA 业务，中国联通（保留 GSM 业务）与中国网通合并，中国铁通被并入中国移动，形成了“三足鼎立”的全业务竞争格局。经历了四次大规模电信改革后，电信产业结构由完全行政垄断格局逐步走向市场竞争，这不仅提升了电信基础设施的普及，还促进了通信技术的替代和行业的快速发展（Zheng 和 Ward，2011；Ward 和 Zheng，2012)。中央政府对电信行业“自上而下”的大规模拆分重组改革，为识别电信基础设施对经济增长的影响提供了有效的工具变量。

以中国为例，Démurger（2001）考察了交通和电信基础设施等多种因素对经济增长的影响，研究发现电信普及率提高与地区经济增长显著正相关。Ding 等（2008）利用 1986—2002 年中国 29 个省级数据，实证分析了电信基础设施对地区收入的影响，研究发现，电话普及率与地区收入之间存在着显著的正向影响关系。罗雨泽等（2007）利用 2000—2005 年 31 个省市的数据，通过建立系统结构方程，估计了电信投资对经济增长的贡献及贡献值变化的趋势，研究认为电信投资对经济增长的边际贡献平均为 2.376%，高于其他社会基础设施投资。然而，Shiu 和 Lam（2011）利用 1978—2004 年 22 个省级数据的研究结果表明，在国家层次上实际国内生产总值（GDP）和电信发展之间存在单向联系，电信发展与实际 GDP 的因果关系仅存在于富裕的东部地区的省份。

上述研究为考察中国电信基础设施与经济增长之间的关系提供了有价值的线索，但是仍然存在不足。一方面，这些文献基本采用两种不同电信技术即固定和移动电话普及率之和来衡量电信基础设施。在 20 世纪 90 年代初期，移动电话刚进入电信市场，其发展可能增加了固定电话的业务量，但进入 21 世纪以来，由于移动电话承载了比固定电话更多的服务功能，移动通信服务对固定通信服务产生了明显的替代效应（Ward 和 Zheng，2012)。因此，电话普及率不是简单的两者之间的叠加，忽略了移动和固定电信之间对经济增长的相互影响，并未捕捉到技术变迁带来电信基础设施经济效应的变化，难以准确衡量电信基础设施对经济增长的影响。另一方面，目前研究并未解决电信基础设施与经济增长之间的内生性问题。正如 Aker 和 Mbiti（2010）所指出如何发现有效的外生计量工具，对于识别电信基础设施对经济增长的影响非常重要。然而，由于因果倒置的存在，人们会质疑经济发展较快的地区电信运营商更愿意进行电信基础设施的投资，而不是电信基础设施促进了经济增长。针对现有文献不足，本文利用 1990—2010 年延长的省级动态面板数据，将移动通信纳入模型之中，并考虑了移动通信和固定通信对经济增长的互相影响，应用中国从 20 世纪 90 年代中期开始的电信体制改革带来的市场结构变化作为外部工具变量，识别了电信基础设施对中国经济增长的影响。

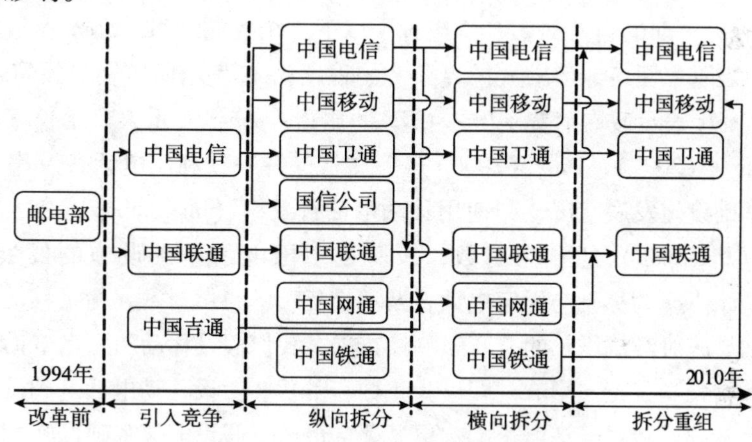

图 8-1　中国电信体制改革进程

8.3　模型构建和数据

8.3.1　计量模型

我们基于 Barro 和 Sala-i-Martion（1991）和 Islam（1995）宏观经济增长模型，构建了省级人均国内生产总值增长率与人均收入水平、电信基础设施衡量变量、控制变量和双固定效应的面板数据模型，基本计量模型设计如下：

$$\% \ Chg\ GDP\ Capita_{it} = \alpha_0 + \beta_1 lGDP\ Capita_{i,t-1} + \sum_{j=2}^{n} \beta_j X_{it} + \gamma_1 lmobilepop_{it} + \gamma_2 lfixedpop_{it} + \mu_i + \delta_t + \varepsilon_{it} \quad (8-1)$$

此处，$X_{it} = [open_{it},\ gfi_{it},\ govc_{it},\ popgr_{it}]$

如前文所述，移动通信技术对固定通信技术既可能产生互补又可能产生替代，因此，不管是移动电话基础设施，还是固定电话基础设施，其中任何一方对经济增长的影响效应大小都会受到另一方的影响。有鉴于此，在模型（8－1）中，我们加入了移动电话和固定电话普及率的交互项，具体模型如下：

$$\% \ Chg \ GDP \ Capita_{it} = \alpha_0 + \beta_1 lGDP \ Capita_{i,t-1} + \sum_{j=2}^{n} \beta_j X_{it} + \gamma_1 lmobilepop_{it} + \gamma_2 lfixedpop_{it} + \gamma_3 lmobile\_fixedpop_{it} + \mu_i + \delta_t + \varepsilon_{it} \quad (8-2)$$

其中，i 为省份，t 为年份，μ_i和 δ_t分别控制地区和时间固定效应，α_0为常数项；$\% \ Chg \ GDP \ Capita_{it}$表示实际人均 *GDP* 的增长率；$lGDP \ Capita_{i,t-1}$表示实际 GDP 滞后一期的自然对数；X 包含了以下 4 个控制变量：*open* 表示经济开放程度，表示中国各地区融入世界经济的程度；*gfi* 表示固定资产投资占 *GDP* 的比重；*govc* 表示政府消费支出占 *GDP* 的比重；*popgr* 表示人口增长率；本文与 Démurger（2001）、Ding（2006））等文献保持一致利用电话普及率衡量中国电信基础设施发展状况，即使用移动电话普及率（lmobilepop）和固定电话普及率（lfixedpop）的自然对数，来衡量中国电信基础设施的发展状况；*lmobile_ fixedpop* 为移动与固定电话普及率交互项的自然对数，衡量移动与固定电话基础设施对经济增长的交互影响。首先，我们假设移动和固定电话基础设施对经济增长具有正向影响，即 γ 为正数；其次，假设移动电话基础设施要比固定电话基础设施对经济增长影响更显著；最后，假设电信基础设施发展初期要比相对成熟期对经济增长有更大的贡献。为验证以上假设，本书的实证战略关键在于如何处理随机误差项 ε_{it}。

8.3.2 估计方法

本章不断放松随机误差项的假设以保证研究结果的可靠性。我们首先假设 ε_{it} 服从独立同分布，利用传统的静态模型方法估计实证模型（8－1）和（8－2）。然后，我们允许经济增速具有可持续性，某一年对经济增速的外部冲击会影响当年和随后几年，因此，这种因果关联在随机误差项中可以表示为 $\varepsilon_{it} = V_{it} + \rho \% \ Chg \ Inc \ Cap_{i,t-1}$。为解决此问题，一阶差分广义矩估计（DIF－GMM）较易受到弱工具变量和小样本偏误的影响，Arellano 和 Bover（1995）、Blundell 和 Bond（1998）在此基础上进一步提出了系统广义矩估计量（SYS－GMM）。SYS－GMM 估计量在 DIF－GMM 估计量的基础上进一步使用了水平方程的矩条件，将滞后变量的一阶差分作为水平方程中相应的水平变量的工具，较好地解决了弱工具变量问题。因此，我们采用 Roodman（2009）重新来估计实证模型（8－1）和（8－2）。

如前文所述，由于电信基础设施发展与地区经济增长存在着因果倒置问题，即 $COV(\text{Im obilepop}_{it}, \varepsilon_{it}) \neq 0$、$COV(1fixedpop_{it}, \varepsilon_{it} \neq 0)$。差分变换并不能消除两者因果倒置所带来的估计偏误，那么如何克服内生性问题呢？前文所述20世纪90年代中期以来的电信体制改革给我们提供了重要启示。中国电信行业经历了前所未有的打破垄断改革，从图8－2中可以看出，在电信体制改革期间中国电信行业市场集中度（赫芬达尔指数（HHI））大幅下降，1994—2010年各省平均固定电话市场集中度从10000下降到大约7800，移动电话市场集中度从10000下降到5000。与此同时，各省平均固定电话普及率从每百人大约2.69部提高到22.18部，移动电话普及率从每百人大约0.15部提高到66部。由于电信运营商在各省的分公司都属于集团总部管理，不隶属省级政府管理，因此，中国历经4次电信改革都是由国务院出台改革方案，中央政府对电信运营商进行自上而下的拆分或重组改革。伴随着大规模改革，电信市场集中度持续降低，电信服务价格大幅下降，并导致了移动和固定电话普及率大幅度提高（郑世林，2010）。而且，某一省的电信市场改革是由中央政府外部推动的，与该省的经济增长并不相关。因此，这种由外部电信改革带来的市场结构变化为本文克服内生性问题提供了很好的工具变量，我们将分别使用移动和固定电话行业HHI作为解释移动和固定电话基础设施的工具变量，并应用Mileva（2007）所提出的SYS－GMM外部工具变量法进行估计。

最后，某一省经济发展较快，一方面，中央政府有可能推动该省电信改革的力度更大，因为这样对于改革者来说可以发挥改革的示范效应，另一方面，该省政府可能更容易认识到通过改革形成的电信市场竞争更能促进地区经济发展，因此，地方政府有更大激励调动各方面的资源去促成本省的电信改革。假若如此，此省的市场集中度与其经济增长程度存在着内生关系，并导致估计结果有偏。因此，为了进一步克服这种可能的内生关系，我们借鉴Zheng和Ward（2011）设计工具变量的思想，由于中国电信改革采取“先试点后铺开”的模式，那么某省电信改革步伐受到周围省份影响，但该省经济增长并不受到周围省份电信市场集中度的影响。因此，本文利用某省周围5省的移动和固定电信行业平均市场集中度（HHI_ 5）取代该省的市场集中度作为移动和固定电话基础设施的工具变量，进一步克服内生性，问题识别电信基础设施对经济增长的影响。

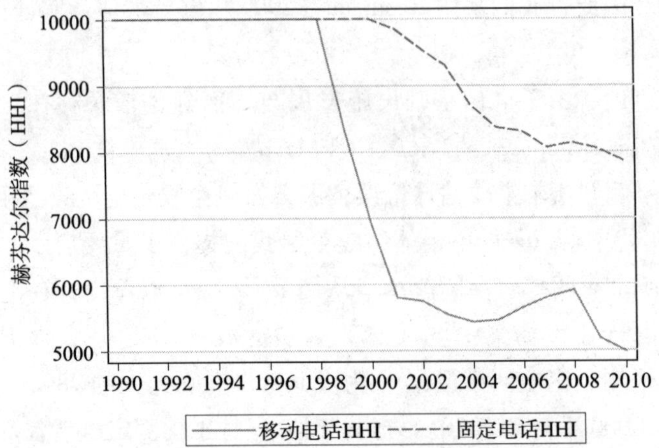

图 8－2　1990—2010 年各省移动和固定电话市场集中度

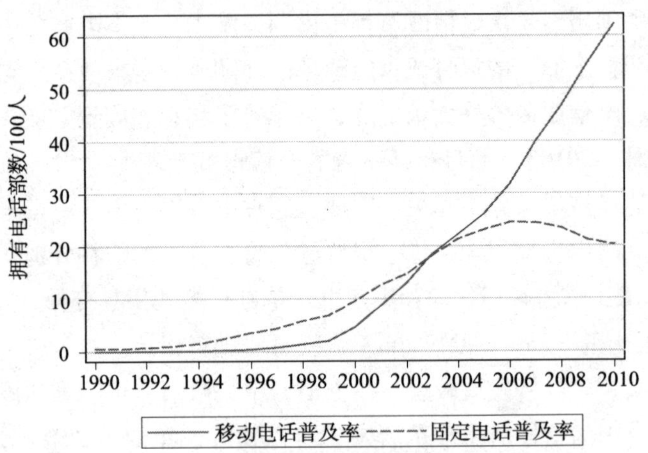

图 8－3　1990—2010 年各省平均移动和固定电话普及率

8.3.3　数据

本文所使用的数据涵盖 1990—2010 年中国大陆 31 个省、市和自治区宏观经济和电信行业发展的面板数据。数据的主要来源主要包括两个方面：一是宏观经济数据主要来源于 1991—2011 年《中国统计年鉴》和《新中国 60 年统计资料汇编》；二是电信行业数据主要来源于《中国通信统计年度报告》和逐年电信企业统计年报。主要变量的统计性描述见表 8－1。

表 8 -1　主要变量的统计性描述（1990—2010 年）

变量	变量说明	观察值	均值	标准差	最小值	最大值
Chg GDP Capita	人均 *GDP* 增长率	651	0.103	0.044	-0.158	0.390
mobilepop	百人拥有移动电话数量	651	18.600	24.967	0	117.654
fixedpop	百人拥有固定电话数量	651	14.056	13.360	0.227	81.308
open	国际贸易量占 *GDP* 比重	651	0.296	0.405	0.032	2.257
gfi	固定资产投资占 *GDP* 比重	634	0.408	0.143	0.072	1.106
govc	政府消费支出占 *GDP* 比重	651	0.162	0.118	0.049	1.086
popgr	人口增长率	651	0.011	0.025	-0.139	0.358
gdpcap	人均 *GDP*	651	3443	3854	408	29605
mHHI	移动电话赫芬达尔指数	651	0.772	0.214	0.421	1
fHHI	固定电话赫芬达尔指数	651	0.934	0.091	0.574	1
mHHI_ 5	周围 5 省移动电话赫芬达尔指数	651	0.771	0.210	0.455	1
fHHI_ 5	周围 5 省固定电话赫芬达尔指数	630	0.932	0.087	0.711	1

8.4　实证结果

8.4.1　基本估计结果

我们利用简单的双固定效应最小二乘法（OLS），应用模型（8 -1）和（8 -2）估计 1990—2010 年移动和固定电话基础设施对中国经济增长的影响，回归结果报告于表 8 -2 中的第（1）和（2）列。从控制变量来看，人均 GDP 的滞后项对经济增长具有负向影响，这个结果说明在这期间中国地区经济增长表现出收敛趋势；固定资产投资占 GDP 比重越高，经济增长越快；区域经济开放程度对经济增长也具有积极影响；政府消费支出占 GDP 比重对经济增长影响并不显著；人口增长率与经济增长之间呈现出负相关关系，这意味着人口增长越快的地区，经济增长相对趋缓。

表 8-2 电信基础设施对经济增长的影响（1990—2010 年）.

解释变量	(1)	(2)	(3)	(4)
	静态模型（FE）		动态模型（SYS-GMM）	
	移动和固定电话基础设施	移动和固定电话基础设施（交互项）	移动和固定电话基础设施	移动和固定电话基础设施（交互项）
人均 *GDP* 增长率滞后项			0.491 *** (0.147)	0.491 *** (0.147)
Ln（移动电话普及率）	0.006 *** (0.002)	0.004 ** (0.002)	0.004 ** (0.002)	0.005 ** (0.002)
Ln（固话普及率）	-0.006 (0.006)	0.010 ** (0.005)	-0.006 (0.004)	-0.004 (0.004)
Ln（移动与固定电话普及率交互项）		0.002 *** (0.000)		0.0005 (0.001)
Ln（人均 *GDP*）滞后项	-0.079 *** (0.013)	-0.032 *** (0.007)	-0.002 (0.003)	-0.004 (0.004)
经济开放度	0.012 * (0.007)	0.010 (0.007)	0.015 *** (0.005)	0.014 *** (0.005)
固定投资占比	0.098 *** (0.014)	0.108 *** (0.014)	0.021 * (0.011)	0.022 ** (0.011)
政府消费支出占比	-0.018 (0.034)	0.010 (0.030)	-0.013	-0.012 (0.012)
人口增长率	-1.008 *** (0.040)	-0.973 *** (0.042)	-1.171 *** (0.065)	-1.169 *** (0.064)
观察值	600	600	600	600
AR（1）	-	-	0.000	0.000
AR（2）	-	-	0.803	0.783
Sargan test	-	-	0.802	0.835
R-sq	0.713	0.670	-	-

注：（1）括号内为标准差；（2）*、** 和 *** 分别表示 10%、5% 和 1% 显著性水平，（3）各回归模型中均包含常数项、年度和省份虚拟变量，为节省篇幅，表中并未报告回归结果；（4）Sargan 检验和 AR（1）、AR（2）报告的均为统计量的 p 值；（5）下表同。

从表 8-2 中第（1）列可以看出，移动电话基础设施在 1% 显著水平上促进了中国经济增长，而固定电话基础设施对经济增长的影响并不显著。在第（2）列中引入移动和固定普及率的交互项，我们发现，移动电话基础设施仍旧对经济增长保持着显著影响，而且固定电话基础设施对经济增长的影响也变得显著，移动电话基础设施与固定电话基础设施的交互项在1%的显著水平上促进了经济增长。这说明固定电话只有与移动电话服务相互补充才能发挥对经济增长的积极影响。

考虑到经济增长的动态性，如前文所述，我们利用以上数据应用动态SYS-GMM方法估计了模型（8-1）和模型（8-2），回归结果报告于表8-2中第（3）和第（4）列。Sargon test不能拒绝工具变量有效的原假设，AR（2）检验不能拒绝一阶差分方程的随机误差项中不存在二阶序列相关的原假设，因此，估计结果不存在工具变量的过度识别和二阶序列相关问题，表现出良好的稳健性。第（3）列与前面第（1）列静态模型结果基本一致：一是，移动电话基础设施显著提高了人均GDP增速；二是，固定电话基础设施对经济增长的影响并不显著。然而，与第（2）列结果不同，第（4）列结果显示固定电话基础设施对经济增长影响并不显著，而且，虽然移动与固定电话基础设施的交互项对经济增长具有正向影响，但是也变得不再显著。只有移动电话基础设施依然保持着对经济增长的显著正向影响。这个结果说明，在1990—2010年，移动电话基础设施是促进经济增长根本驱动力。另外，控制变量结果除了人均GDP滞后项对经济增长影响显著性有所变化外，其余变量的影响基本保持一致。

8.4.2 分期动态模型的估计结果

从中国电信业发展的轨迹来看，在20世纪90年代中国电信行业处于行业发展早期，电信基础设施处于快速普及时期，移动电话作为一种相对新兴技术与固定电话更多表现为互相补充和促进的关系。但进入21世纪后，随着移动通信技术发展，移动电话的成本变得低于固定电话，移动电话逐渐呈现出替代固定电话的趋势，行业发展进入到相对成熟期。因此，1990—2010年整个时期考察电信基础设施对经济增长的影响，难以弄清楚移动和固定电话基础设施在不同行业发展周期对经济增长的影响机制。有鉴于此，本章利用动态SYS-GMM方法分别考察了行业发展早期（1990—1999年）和行业相对成熟期（2000—2010年）移动和固定电话基础设施及其交互项对经济增长的影响，回归结果报告于表8-3中的第（1）~（4）列中。

从表8-3可以看出，在行业发展早期（1990—1999年），当不考虑移动和固定电话之间的影响关系时，第（1）列结果显示，移动电话基础设施在10%显著水平上对经济增长具有正向影响，固定电话基础设施虽然对经济增长具有正向影响但并不显著；当加入两者交互项时，第（2）列结果显示，移动和固定电话基础设施都显著促进了经济增长，而且两者的交互项对经济增长也具有显著的正向影响，这说明移动电话与固定电话之间存在着明显的互补效应，伴随着移动电话快速普及，固定电话业务量也不断提高，从而促进了中国经济增长。第（3）列结果显示，在行业相对成熟期（2000—2010年）移动电话基础设施在5%显著水平上对经济增长具有正向影响，而固定电话基础设施在5%显著水平对经济增长具有负向影响。当包含交互项后，第（4）列结果显示：移动电话基础设施也在5%显著水平上对经济增长具有正向影响；固定电话基础设施对经济增长具有正向影响但并不显著；移动和固定电话基础设施交互项在5%显著水平上对经济增长具有负向影响。值得指出的是，我们加入交互项前后，自回归项（人均*GDP*增速的滞后项）系数和显著性都有明显差异，这种较大差异可能是由于电信基础设施与经济增长之间的内生性所致。

表8－3　电信基础设施与人均GDP增长：分期估计结果（SYS－GMM方法）

解释变量	1990—1999年		2000—2010年	
	移动和固定电话基础设施	移动和固定电话基础设施（交互项）	移动和固定电话基础设施	移动和固定电话基础设施（交互项）
	（1）	（2）	（3）	（4）
人均*GDP*增长率滞后项	0.509*** (0.065)	0.227 (0.193)	－0.102 (0.251)	0.442*** (0.119)
Ln（移动电话普及率）	0.005* (0.003)	0.005** (0.002)	0.010** (0.004)	0.013** (0.006)
Ln（固话普及率）	0.012 (0.007)	0.021*** (0.008)	－0.017** (0.007)	0.006 (0.008)
Ln（移动固定普及率交互项）		0.001** (0.001)		－0.005** (0.002)
Ln（人均GDP）滞后项	－0.029*** (0.008)	－0.036*** (0.008)	0.021** (0.008)	0.007 (0.006)
经济开放度	0.005 (0.006)	0.006 (0.006)	－0.019 (0.015)	0.022** (0.009)
固定投资占比	0.050** (0.022)	0.053*** (0.020)	0.045*** (0.009)	0.032*** (0.011)
政府支出占比	－0.220*** (0.056)	－0.321*** (0.077)	－0.025** (0.012)	－0.004 (0.010)
人口增长率	－1.213*** (0.188)	－1.114*** (0.178)	－0.951*** (0.098)	－1.170*** (0.052)

续表

解释变量	1990—1999年		2000—2010年	
	移动和固定电话基础设施	移动和固定电话基础设施（交互项）	移动和固定电话基础设施	移动和固定电话基础设施（交互项）
	(1)	(2)	(3)	(4)
观察值	259	259	341	341
AR（1）	0.000	0.093	0.052	0.000
AR（2）	0.916	0.559	0.068	0.150
Sargan test	0.284	0.240	0.574	0.135

8.4.3 工具变量估计结果

假设电信基础设施与经济增长之间存在内生性，我们利用动态 SYS - GMM 模型外部工具变量法的回归结果报告于表 8 - 4 中。在第（1）和第（3）栏中，外部工具变量分别包含了本省移动和固定电话市场集中度（mHHI 和 fHHI），在第（2）和第（4）栏中，又包含了移动和固定电话市场集中度的交互项（mHHI * fHHI）。无论是否包含交互项，表 8 - 4 中自回归项的系数和显著性基本一致，说明克服核心变量内生性保证了回归结果的稳健。在行业发展早期，移动电话基础设施显著促进了经济增长，而固定电话基础设施的正向影响主要源于交互项。从第（2）列可以看出，固定电话基础设施与移动电话基础设施的交互项在 5% 显著水平对经济增长具有正向影响，这个结果与现有文献关于移动和固定电话之间存在互补效应的结论基本相符（Gruber, 2001; Hamilton, 2003; Madden et al., 2004）。在行业相对成熟期，移动电话基础设施依然对经济增长具有显著的正向影响，而固定电话基础设施开始对经济增长产生负向影响。虽然移动和固定电话基础设施的交互项对经济增长的影响不显著，但是产生了负向影响，这意味着移动对固定电话的替代一定程度上促进了经济增长。

那么，在电信基础设施发展的两个时期，究竟移动和固定电话基础设施对经济增长的贡献如何？我们分别将两个时期移动和固定电话普及率年均变化率乘以 $\hat{\gamma}/(1-\hat{\rho})$ 可以计算得到电信基础设施对经济增长的长期贡献。从两个行业发展周期来看，在行业发展早期的前十年，各省平均经济增长速度为 10.1%，其中，移动电话基础设施对经济增长的贡献率为 2.12%，移动与固定电话基础设施交互项对经济增长的贡献率为 0.03%；在行业走向成熟的后十年，各省平均经济增长速度为 11.0%，其中，移动电话基础设施对经济增长的贡献率为0.82%，而固定电话基础设施对经济增长的贡献率为-0.29%。从计算结果来看，对于移动电话基础设施来说，尽管无论行业发展早期还是相对成熟期，对经济增长的贡献率为正，但是边际贡献率在递减；对于固定电话基础设施来说，在行业发展早期，仅与移动电话基础设施一起才能促进经济增长，而到了行业发展相对成熟期，固定电话逐步从成熟走向衰退，对经济增长产生负向贡献率。

表8-4 电信基础设施与人均GDP增长：工具变量估计结果

解释变量	1990—1999年		2000—2010年		2003—2010年
	移动和固定电话基础设施	移动和固定电话基础设施（交互项）	移动和固定电话基础设施	移动和固定电话基础设施（交互项）	小灵通基础设施
	(1)	(2)	(3)	(4)	(5)
人均*GDP*	0.548***	0.344***	0.431***	0.214**	0.140**
增长率滞后项	(0.069)	(0.130)	(0.114)	(0.094)	(0.053)
Ln（移动电话普及率）	0.010* (0.006)	0.021** (0.010)	0.017* (0.009)	0.024** (0.010)	0.030* (0.153)
Ln（固话普及率）	-0.021 (0.023)	0.005 (0.022)	-0.032* (0.019)	-0.028** (0.012)	
Ln（移动固定普及率交互项）		0.002** (0.001)		-0.004 (0.003)	
Ln（小灵通普及率）					-0.010* (0.005)
Ln（固线电话普及率）					-0.032 (0.020)
Ln（人均*GDP*）滞后项	-0.001 (0.021)	-0.035** (0.017)	0.011 (0.009)	0.023*** (0.008)	0.022*** (0.007)
经济开放度	0.009 (0.009)	-0.009 (0.009)	0.013 (0.008)	0.007 (0.008)	-0.015 (0.009)
固定投资占比	0.052** (0.023)	0.071*** (0.022)	0.025** (0.012)	0.032*** (0.009)	0.029*** (0.011)
政府支出占比	-0.183*** (0.062)	-0.264*** (0.070)	-0.007 (0.011)	-0.017** (0.008)	-0.033* (0.017)
人口增长率	-1.195*** (0.197)	-1.109*** (0.184)	-1.166*** (0.051)	-1.097*** (0.039)	-1.020*** (0.095)
观察值	259	259	341	341	248

续表

解释变量	1990—1999 年		2000—2010 年		2003—2010 年
	移动和固定电话基础设施	移动和固定电话基础设施（交互项）	移动和固定电话基础设施	移动和固定电话基础设施（交互项）	小灵通基础设施
	（1）	（2）	（3）	（4）	（5）
工具变量	mHHI，fHHI	mHHI，fHHI，mHHI * fHHI	mHHI，fHHI	mHHI，fHHI，mHHI * fHHI	mHHI，fHHI，fHHI
AR（1）	0.000	0.003	0.000	0.000	0.000
AR（2）	0.723	0.944	0.177	0.101	0.390
Sargan test	0.603	0.520	0.304	0.105	0.571

为了进一步探究近年来固定电话基础设施对经济增长贡献率为负的根源，我们利用2003—2010 年省级面板数据，将固定电话基础设施分为小灵通和固线电话基础设施，在模型（3）的框架下，分别考察了小灵通和固线电话普及率对经济增长的影响，报告于表8－4 第（5）列中。一方面，[1] 从报告结果可以看出，小灵通普及率对经济增长具有显著的负向影响，因此，近年来小灵通快速萎缩为固定电话基础设施负效应提供了重要解释。2000—2006 年，小灵通电话从无到有，并呈现出井喷式扩张，2006 年小灵通用户达到 9062.9 万户。但是，2007 年小灵通用户出现大规模退网，2009 年年初，工信部要求小灵通在 2011 年年底前完成清频退网。从图 8－4 中可以看出，在 2005 年固定电话数量达到历史峰值后开始下降，截至 2010 年固定电话数量萎缩了大约16%，固定电话的萎缩主要是小灵通大规模退市引起的。技术上并没有前途的小灵通对整个电信业来说，造成了巨大的经济损失，基础设施投资浪费也十分惊人，截至 2009 年，小灵通基础设施投资高达 1 000 亿元几乎化为泡影。另一方面，固线电话普及率虽然对经济增长影响不显著，但是对经济增长具有负向影响。可能的解释是，2001 年中国电信行业进行了南北拆分改革，将旧中国电信按照长江南北拆分，长江以南为新中国电信，长江以北为中国网通，双方通过相互进入对方领地进行市场竞争，但是拆分后由于固定电话基础设施不能实施共享，中国电信和中国网通在对方主导区域内已有本地电话网的情况下，又投资 508 亿元新建本企业的本地电话网；中国铁通在中国电信和中国网通投资在建各自全国固定电话网的情况下，也投资铺设本企业的全国固定电话

[1] 小灵通于 1997 年引入中国，但由于早期用户较少，直到 2003 年开始我国才有对小灵通分省用户的统计，因此，本文估计期间从 2003—2010 年。

网，到2006年累计投入455亿元。这种固定电话基础设施的重复建设一定程度上造成了投资浪费，使得基础设施难以发挥经济效益。

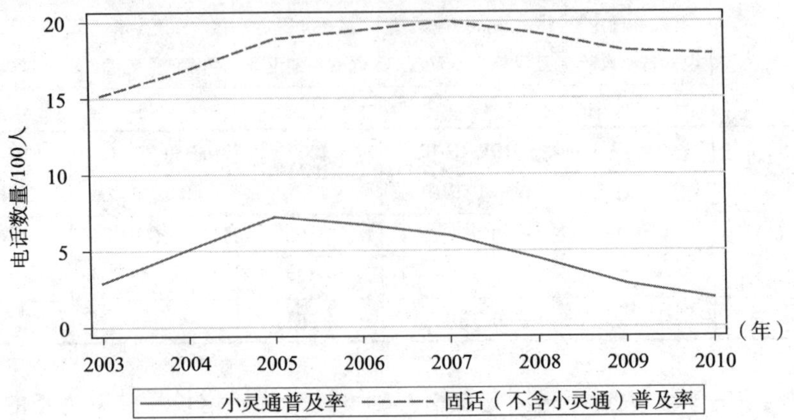

图8－4　2005—2010年固定电话数量变化趋势

最后，本章利用离某省最近距离五省的移动电信行业平均市场集中度、固定电信行业平均市场集中度及其交互项（mHHI_ 5、fHHI_ 5和mHHI_ 5 * fHHI_ 5），取代该省移动、固定电话市场集中度及其交互项，作为移动、固定电话基础设施及其交互项的工具变量，重新利用动态SYS－GMM进行估计，回归结果报告于表8－5中。从表8－5中可以看出，无论是回归系数还是统计显著性程度与表8－4中的估计结果基本一致，这说明无论使用本省或邻近五省作为外部工具变量是合理的，验证了使用外部工具变量估计的稳健性。

表8－5　电信基础设施与人均GDP增长：稳健性检验结果

解释变量	1990—1999年		2000—2010年		2003—2010年
	移动和固定电话基础设施	移动和固定电话基础设施（交互项）	移动和固定电话基础设施	移动和固定电话基础设施（交互项）	小灵通基础设施
	(1)	(2)	(3)	(4)	(5)
人均*GDP*	0.559***	0.315**	0.413***	0.213**	0.140**
增长率滞后项	(0.071)	(0.133)	(0.114)	(0.098)	(0.054)
Ln（移动电话普及率）	0.010* (0.006)	0.018** (0.009)	0.018** (0.008)	0.027*** (0.010)	0.031* (0.015)
Ln（固话普及率）	－0.027 (0.024)	0.008 (0.021)	－0.032* (0.017)	－0.034*** (0.012)	
Ln（移动固定普及率交互项）		0.002** (0.001)		－0.003 (0.003)	

续表

解释变量	1990—1999 年		2000—2010 年		2003—2010 年
	移动和固定电话基础设施	移动和固定电话基础设施（交互项）	移动和固定电话基础设施	移动和固定电话基础设施（交互项）	小灵通基础设施
	(1)	(2)	(3)	(4)	(5)
Ln（小灵通普及率）					-0.010 ** (0.005)
Ln（固线电话普及率）					-0.032 (0.021)
Ln（人均 *GDP*）滞后项	0.006 (0.022)	-0.035 ** (0.017)	0.011 (0.008)	0.022 *** (0.007)	0.022 *** (0.007)
经济开放度	0.011 (0.010)	-0.006 (0.009)	0.011 (0.008)	0.005 (0.008)	-0.015 (0.009)
固定投资占比	0.050 ** (0.023)	0.066 *** (0.021)	0.023 ** (0.011)	0.028 *** (0.009)	0.031 *** (0.011)
政府支出占比	-0.174 *** (0.064)	-0.275 *** (0.069)	-0.007 (0.010)	-0.016 * (0.008)	-0.033 * (0.017)
人口增长率	-1.196 *** (0.201)	-1.083 *** (0.181)	-1.158 *** (0.051)	-1.093 *** (0.041)	-1.020 *** (0.095)
观察值	251	251	330	330	240
工具变量	mHHI_ 5，fHHI_ 5	mHHI_ 5，fHHI_ 5，mHHI_ 5 * fHHI_ 5	mHHI_ 5，fHHI_ 5	mHHI_ 5，fHHI_ 5，mHHI_ 5 * fHHI_ 5	fHHI_ 5
AR（1）	0.000	0.004	0.000	0.000	0.000
AR（2）	0.789	0.788	0.163	0.101	0.401
Sargan test	0.629	0.435	0.417	0.307	0.526

8.5 结论与政策

本章的基本结论如下：（1）在行业发展早期（1990—1999 年），移动电话基础设施普及显著促进了中国地区经济增长，固定电话只有与移动电话基础设施的交互项才对经济增长产生积极影响；（2）进入行业相对成熟期（2000—2010 年），移动电话基础设施虽仍对经济增长具有显著正向影响，但边际贡献率递减；（3）由于落后小灵通基础设施淘汰和南北拆分后固定电话基础设施的重复建设，使得固定电话基础设施对经济增长具有显著的负向影响。本章的研究结论对于指导中国未来电信基础设施投资，乃至深化电信体制改革具有重要的政策含义。

首先，提高中西部以及农村地区移动电话基础设施普及仍有对经济增长促进的空间。2010 年中国东部移动电话普及率达到了 79.4 部/百人，而中西部地区移动电话普及率仅为 53.8 部/百人。中西部的移动电话普及率虽然一直上升，但与东部的差距持续扩大，2010 年东、中部差距扩大 2.8 部/百人，东、西部差距扩大 1.1 部/百人。因此，缩小中西部与东部移动电话基础设施投资差距对促进中国经济增长还具有一定空间。另外，2010 年中国城市移动电话实际普及率达到 80.1 部/百人，而农村不及城市的 1/3，仅为 24.9 部/百人。而且，移动电话相对固定电话基础设施更容易在农村地区普及，具体体现在：一是移动电话不需要固定电话线，因此移动电话安装成本远低于固定电话，移动电话基础设施单位投资所带来的电话数量和信息量要高于固定电话基础设施；二是移动电话是便携的，偏远的农村地区也可以使用移动电话来获取市场信息。因此，加大农村移动电话基础设施建设力度，将对缩小城乡收入差距具有积极作用。

其次，在未来电信基础设施建设中，中国应该把握电信技术发展趋势，避免大规模基础设施建设带来的浪费。进入 2000 年后，随着移动通信技术的发展，移动电话服务替代固定电话服务成为世界电信发展的基本趋势。但是此时中国却引入国际本已淘汰的小灵通落后技术，固话运营商迅速扩建小灵通基础设施，作为固话业务的延伸，以低价格与移动电信业务形成了激烈的市场竞争。然而，随着移动电话基础设施建设的不断普及，以及服务成本下降，小灵通业务受到严峻挑战。尤其是 2007 年电信全业务重组改革之前，固话运营商已经捕捉到政府将进行重组改革授予其移动牌照后，小灵通用户急速萎缩，直至目前小灵通已经基本退网，造成了大量小灵通基础设施闲置浪费。客观来讲，小灵通网络扩大对促进市场竞争和提高社会福利有其积极意义，不过，倘若在南北拆分后把握移动通信技术发展趋势，及时发给中国电信和中国网通从事移动通信业务的牌照，既促进了移动电话市场竞争，又避免了采用国际落后小灵通技术所带来的基础设施建设浪费。因此，在未来电信基础设施建设中，中国应该把握世界未来电信技术发展趋势和行业发展周期，以避免盲目大规模基础设施建设浪费。

再次，固定和移动宽带基础设施发展将是未来电信基础设施拉动中国经济增长的引擎。目前，移动和固定通信通话业务已经基本成熟，甚至日益受到微信、SKYPE 等移动终端业务的挑战。在后金融危机时代，很多国家把宽带建设上升为国家战略，作为未来拉动经济增长的引擎。但是中国宽带基础设施建设相对滞后，仍处于“低速宽带”时代，因此，实现城市光纤到楼入户、农村宽带进乡入村，不断提升宽带接入能力，对拉动经济增长具有很大的提升空间。另外，伴随着智能手机的产生，智能手机终端产业发展得如火如荼，正在改变着人们的生活方式，成为移动通信发展的新方向。因此，围绕着“宽带中国”战略，大力发展4G移动电话基础设施，通过挖掘移动智能手机应用这个金矿，也将成为拉动我国内需和促进经济增长的重要方式。

最后，制定科学的电信运营商之间基础设施互联互通机制，以及允许多种所有制运营商进入电信服务市场是提高电信基础设施建设效益的主要路径。自20世纪90年代以来，中国电信行业进行了前所未有的经济体制改革，但是电信行业的改革还远未完成。从2001年南北拆分改革来看，在移动对固定通信技术替代的背景下，政府允许拆分后的新中国电信和中国网通南北互相进入，但是由于互联互通规制并未形成，造成了大量的重复性建设。而且，受到中国移动通信业务的竞争压力，中国电信和中国网通大肆发展本已淘汰的小灵通技术，并建设了大量基础设施，但是2005年之后，由于移动通信成本下降，使得这种落后技术走向淘汰，造成了大规模基础设施浪费。从电信行业中的基础设施重复建设和大规模建设落后通信设施来看，表面上看是电信体制改革形成市场竞争格局所带来的后果，但是其本质原因是中国电信体制改革不彻底所带来的后果。由于中国电信和中国网通都是国有企业，重复基础设施和落后技术建设投资都是国有资金，因此，运营商只关心通过扩大投资尽可能“霸占”更多市场份额，而不关心基础设施投资“竞赛”所带来的重复建设和落后技术淘汰问题。然而，这种盲目投资，最终还是要由国家来“埋单”。

第九章　国外产业安全模式与防范体系的比较研究

9.1　发达国家的产业安全模式及保障措施

9.1.1　美国产业安全模式及保障措施

20世纪80年代冷战结束后，美国就开始重视国家产业安全问题。美国前总统克林顿在1993年便表示要“把产业安全作为对外政策的主要目标，”并在政策上将“产业安全”定为国家安全战略的三大目标之一（赵刚箴，1999）。虽然美国的历届政府对产业安全的重要性认识并不十分一致，但对于国家产业安全的目标则达成共识即“保护和扩大自由市场提高美国的经济竞争力，保障美国全球领导地位，保护环境和争取可持续增长”。当然，美国对产业安全的重视是有波动的。9.11事件后，布什政府的国家安全战略中，经济因素让位于反恐战争的安全因素，美国转向“绝对安全观”，以单边主义反恐和打击金融犯罪成为其维护产业安全的出发点。2008年全球金融危机之后，美国为了挽救其经济，维护国家经济安全，奥巴马政府继小布什之后推出5次量化宽松政策。这都是有目共睹的事实。下面我们分析一下美国的产业安全机制、措施及相关法律。

9.1.1.1　美国在全球化战略下的产业安全机制

在美国全球战略中，与国家安全因素关系最密切的能源、金融和尖端技术，成为美国全球战略的核心要素。

第一，能源安全。即对中东石油资源和全球供油管道及海上通道的控制权。

第二，金融安全。即对国际资本流向和国际汇率的控制权。其中又分为四大部分：一是防止国际资本大量从美国流出，通过汇率、利率和股市操纵国际资本的流量和流向；二是通过各种信息发布和信用等级评估影响和冲击目标国的股市和金融市场；三是在强势美元的前提下，利用汇率打击竞争对手；四是控制敌对国家和敌对势力的国际储备，以前是针对苏联，现在是针对中国、欧盟等。防止竞争对手拥有大量美元储备和黄金储备，是美国"遏制战略"的重要内容。

第三，技术安全。美国2002年国家安全战略报告中明确指出，极端势力与尖端技术的结合是对美国国家安全的最大威胁。因此，美国必须对尖端技术和军民两用技术转移实行严格控制。

第四，贸易安全。即防止美国贸易逆差过大或重要产品的市场份额锐减。其中包括301条款和超级301条款；对"不公平贸易"的制裁；关税壁垒和非关税壁垒；服务贸易的市场准入通道和知识产权保护等。对大宗商品和战略资源的贸易控制也是其中的一方面。美国的单边主义倾向已经和它的贸易保护主义结合，成为打击其贸易竞争对手的武器。

第五，外国投资安全。美国外国投资安全审查发起的前提，一是总统有可信的证据证明控制的外国利益有损害国家安全的威胁；二是总统无法根据其他法律规定来恰当地维护国家安全。根据这两条标准，核心在于"控制"与"国家安全"的认定之上。

第六，经济制裁和禁运。对敌对国家的全面禁运、对目标国家的长期经济制裁、对贸易竞争对手的局部短期制裁以及与危机和战争形势相结合的制裁。

第七，对国际经济组织和国际经济机制的影响力和控制力。其中国际经济组织主要指的是国际货币基金组织，也包括世界银行、IMF、WTO、OECD、G7、G20、APEC、AFTA等。

第八，粮食安全保障机制，是通过法制建设和市场机制，以政府储备和民间储备相结合，建立起系统的生产—储备—信息引导（预测预警）—投放等一套有效机制，从而保证粮食生产者的利益，并从中保障了粮食供应的稳定和安全。

9.1.1.2　产业安全保障措施

美国控制着许多国际经济、贸易和金融组织，并在一些双边和多边经济机构中起支配作用，有能力达成于己有利的安排。尤其是它所掌握的国际规则的制订权，更成为它保护自身经济利益的有效工具。作为世界上最强大的经济，美国不仅能主动地获取较大的利益，分散风险，还能把自身经济调整的成本转嫁给邻国。

（1）贸易保护

根据本国不同的经济发展阶段及世界形势，实施不同的贸易保护措施，抵御进口产品对民族工业的冲击。由于美国工资成本高，在一些劳动密集型产业的产品生产上，竞争不过发展中国家，所以美国对这些产业实行贸易保护政策，以削弱他国产品进口的竞争优势。同时，对本国重点产业和幼稚产业的产品生产和出口提供补贴，加以保护，并鼓励其加大对外出口。例如，对本国的高新技术产业和支柱产业极力保持其自主性和领先地位，传统工业中的钢铁、汽车和建筑业，以及电子、航空、新材料等高新技术产业的开发，都以本国为主。

美国在19世纪初赶超英国进程中，为扶植本国工业发展，利用关税干涉对外贸易，关税税率从19世纪初的20%提高到1899年的52.4%，从1902年后才开始缓慢下降。到20世纪70年代由于美国贸易收支出现了自1894年以来的首次逆差，贸易保护主义势力重新抬头。1974年的《贸易法》授权总统可采取单方面措施报复外国的不公平贸易行为，即"301条款"。

美国为了实行贸易保护政策，除了有传统的反倾销法、反补贴法和"301条款"外，还有著名的贸易法"201条款"、关税法"337条款"等，这些条款对提高关税等临时补救和调整措施以及对外国侵犯商标、专利、版权等知识产权行为采取的报复措施等都作了具体的法律规定，为美关税政策的执行提供了有力的法律依据。

(2) 限制投资

充分发挥政府的监督、管理和审批权力，限制和干预外商投资，把强大的外国竞争对手拒之国门之外。美国是世界上吸收外商直接投资最多的国家，为了既有效地利用外资，又防止外资分割本国利益，美国政府加强了对外商投资的干预。一是美国政府于1975年成立了外国投资委员会和外国投资办公室。外国投资委员会负责分析外国在美投资发展的现状和趋势，考察外资注入是否符合美国利益，并向国会提供有关外资管理的立法和有关议案。外国投资办公室负责调查外资在各部门及各地区的分布，外资对国家安全的影响，外资对能源、自然资源、农业、环境、就业、国际收支和贸易等方面的影响，并向国会提交分析报告。二是1988年美国立法授权总统基于国家安全利益，可否决外国投资者兼并美国企业的请求，并授权外资委员会具体实施此条款。美国的一个由8个联邦机构负责人组成、财政部长任主席的高级"外国投资委员会"被授权可以决定外商购买某家美国企业的申请是否有"损害国家安全"的危险。三是1990年颁布《外国直接投资和国际金融统计改进法》，要求美国商务部经济分析局和劳工部统计局经常交换有关外国在美国直接投资的各方面资料，以便让人们全面了解外国在美国直接投资的发展现状。

美国根据《埃克森－佛罗里奥修正案》，列出了考量并购对国家安全影响的五条标准：一是对国防所需要的国内产品的影响；二是国内产业满足国防需要的能力，包括可以动员的人力资源、产品、技术、材料及其他供给和服务；三是外国人对国内产业和商业行动的控制，对美国满足国家安全需要之能力的影响；四是拟议中或正在进行的交易对敏感国家（主要指核不扩散名单上的国家或国务卿确定的支持恐怖主义的国家，或与导弹或生化武器扩散有关的国家）销售军事产品、设备或技术；五是拟议中或进行中的交易对美国关系国家安全的国际技术领导角色的影响。基本法律《外国投资与国家安全法》增加了对所有涉及重要基础设施（包括能源资产）和核心技术的交易进行国家安全审查的要求，加强了对所有受到外国政府控制企业所从事交易的国家安全审查。

（3）加大科技投入

重视科技，力争占领知识竞争制高点，以确保美国高科技保持世界领先地位。美国在世界科技中一直占有主要份额，从克林顿到奥巴马政府，都非常重视科技。一方面，列出许多重点攻关项目，加大研究力度，对信息科技尤其重视。1993 年 9 月，美国正式颁布了“国家信息基础设施”（NII）行动计划，以此带动社会经济的发展，重振美国国力。1995 年 2 月发表了“全球信息基础结构：合作日程”文件，提出建立全球信息基础设施（GII）的设想和倡议，并成立了一个国际组织“全球信息基础设施委员会”（GIIC）以推动其进程。另一方面，美国政府非常注重国民整体科技素质的提高。目前，美国每年用于知识的生产及其传播的开支约占其 GDP 的 20%，几乎 60% 的工人是知识工人，80% 的新职业是由知识密集部门产生的，在科技领域已经实现资金、设备和人才优势。

（4）利用或控制国际组织

利用甚至控制国际经济组织中的霸权地位，保护其产业安全。美国通过影响世界贸易组织（WTO），推动贸易、投资的自由化，建立符合美国利益的全球性自由贸易体系，保证美国资本的“畅通无阻”，从而保障美国经济的安全。WTO 监督执行的乌拉圭协议中的政策大都对美国经济有利，如该协议将全球农产品、汽车和汽车零件的关税分别平均减少 36% 和 33%，使美国这个农业、汽车生产和出口大国的产品能有更多的机会进入国际市场。此外，该协议在对电脑和电话设备进行全球性降低关税的同时，加强了对电脑软件和其他高技术产品的知识产权保护，有利于美国打开别国市场和发挥竞争优势。

(5) 外资银行设限

对外资银行采取诸多限制措施，以保持自己绝对的金融垄断地位。美国除了对外资银行有较为严格的金融监管外，还附设许多具体的条件。如规定外资银行分行在美不得经营零售业务；外资银行在美接受10万美元以下的存款必须通过其在美的附属银行进行，并且必须向存款保险公司投保。

9.1.1.3　产业安全保障机构

一般来说，发达国家通常都有复杂而健全的政府机构，各机构相互制衡而又相互协调，共同履行着维护国家利益、保护产业安全的责任。以美国为例，美国的贸易管理体制主要由国会、行政部门、私营部门顾问委员会体制三部分组成。美国宪法赋予国会主要负责对缔结自由贸易协定、实施并修订关税及有关贸易措施等贸易行为进行立法和授权；行政部门主要负责对外贸易谈判、进出口管理和服务和征收关税；而私营部门顾问委员会体制主要负责为政府的投资和贸易决策提供建议。行政部门由贸易代表、商务部、国际贸易委员会、海关和协调机构等部门组成（见图9－1）。这些机构自成一体，相互制衡又相互协调，担负着维护美国经济利益和产业安全的重任。

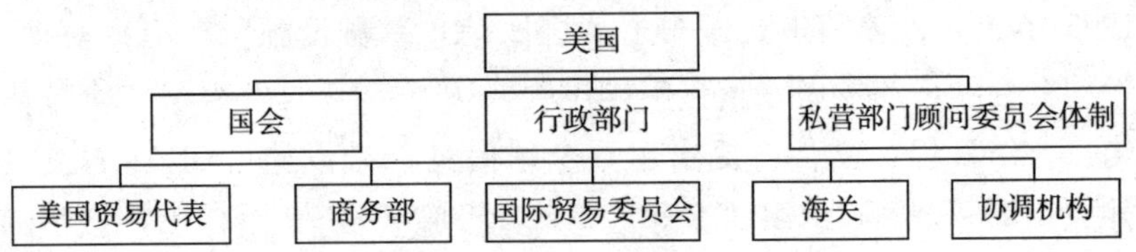

图9－1　美国的贸易管理体制示意

9.1.2　欧盟各国产业安全模式及保障措施

欧盟是指根据1957年罗马条约成立的欧洲共同体发展而成的，最初叫欧共体后改名为欧盟，创始国包括法国、联邦德国、意大利、荷兰、比利时和卢森堡六国，至2013年7月止共有28个成员国（2013年7月1日，克罗地亚加入欧盟）。欧盟是以集团的力量和竞争力与外界抗衡，用地区优势和集团实力保障各自国家经济安全，当集团成员国的产业安全和经济安全受到外部威胁和侵害时，能够协调一致，共同起来抵制和反抗。

9.1.2.1　欧盟的产业安全机制

(1) 建立维护国家产业安全的法律体系

在欧盟成员国中，芬兰是实行完全的市场经济体制的国家，一切经济运行按法律行事，在维护国家产业安全方面，已建立一整套法律法规体系。芬兰保障产业安全的法律主要涵盖以下几个方面：负责产业安全各职能部门的权限；职能部门组织机构和任命程序；各个不同状态下的决策程序；日常供给保障机构的任务、责任；供给保障的各种储备的具体指标；各种储备的资金来源和获取手段；有关企业需要承担的储备责任；供给保障的国际合作等。

法国对外商直接投资的行业和产业作出了较为详细的限制。一类是限制外国资本参与某些由政府垄断的产业和部门，包括电话、铁路、烟草、核能等。另一类是除政府垄断部门外，在采矿业、航空运输、军事用品生产、石油产品进口等部门，也限制外国资本的介入。此外，在涉及政府补贴、国内资本参与、国内银行借款和军事订货等问题时，国内企业优先于外国资本控制的企业。

在欧盟成员国中，德国是世界上最早开展循环经济立法的国家，也是目前世界上循环经济立法最完备的国家之一。在欧盟机构和德国不断加强和完善循环经济法制建设的影响下，其他的欧盟成员国根据本国的国情丰富和发展了自己的循环经济立法，有的在现行的环境基本法中补充了有关的废物回收、回用和处置制度。关于循环经济的基本原则，欧盟确立了预防优先和回用、回收利用优先于处置的原则。欧盟及其成员国的这些原则在国际上被简化为4R原则，即Reduce（减量），Recover（再生）、Reuse（再用）和Recycle（循环）。其立法目的是通过促进自然资源的合理使用，在经济和技术适当的范围内再利用废物，预防和禁止废物危害健康和环境，实现可持续发展。

欧盟的政策法规体系由条约（Treaty）、条例（Regulation）、指令（Directive）、决定（Decision）和建议与意见（Recommendations and Opinions）构成。

目前，欧盟政策法规体系的基础是两个宪章性条约，即《共同体条约》和《欧盟条约》。《共同体条约》（*the Treaty establishing the European Community*, *TEC*）：是指以1958年开始生效的《罗马条约》为基础，经过《单一文件》（1986年）、《马斯特里赫特条约》（1992年）、《阿姆斯特丹条约》（1996年）、《尼斯条约》（1999年）的多次补充和修改后形成的最新法律文本，现行的合并文本共314条款及附属议定书。《欧盟条约》（*the Treaty on European Union*, *TEU*）是指以1992年签署的《马斯特里赫特条约》为基础，经过《阿姆斯特丹条约》（1996年）和《尼斯条约》（1999年）的补充修改后形成的最新法律文本，其现行的合并文本共53条款及附属议定书。

（2）建立欧盟贸易摩擦应对机制

作为全球最大的区域经济集团，欧盟在不断深化内部经济货币联盟和加强统一大市场建设的同时，将充分进入全球市场，实现并扩大贸易利益和投资利益，作为其繁荣和发展的基础之一。欧盟认识到，实现这一目标的前提是国际贸易规则得到普遍尊重。为了确保国际贸易规则得到普遍尊重，同时在国际贸易规则被漠视时能对欧盟利益予以补救，欧盟建立统一大市场法律框架的同时，也制订了相应的对外贸易政策，以维护其根据国际规则应享有的权利和产业安全。

欧盟应对贸易摩擦的核心是《贸易壁垒规则》。1984 年欧盟以美国贸易法案“301”条款为蓝本，制定了《新商业政策工具》（*New Commercial Poli－cy Instumnnt*，*NCPI*）。与美国不同，欧盟一开始就比较注意 NCPI 的国际合法性，在 NCPI 的基础上，又于 1994 年制定了《贸易壁垒条例》（*Trade Barriers Regula－tion*，*TBR*）。TBR 的立法目的和 NCPI 一样，都是为了消除壁垒、扩大出口。TBR 涵盖货物贸易、服务贸易以及知识产权保护三大领域。从 1995 年 1 月正式实施到 2003 年 2 月，8 年间 TBR 在帮助欧盟企业开拓世界市场方面发挥了重要作用，基本实现立法目的。

欧盟应对贸易摩擦比较注重两点：一是注重贸易壁垒调查的国际合法性。TBR 实体规则明确规定只以欧盟缔结或加入的国际贸易条约为法律基础；并且在确定可以进攻的贸易壁垒上，以上述条约授予欧盟行动权作为先决条件。在程序规则上，不仅以欧盟法院司法审查作为监督主管机构行为的保障；而且只有用尽上述条约规定的救济方法之后，才能对被诉国采取报复措施。二是消除贸易壁垒的手段以双边和多边协议或磋商为主。一般认为，欧盟的 TBR 实为美国“301 条款”的翻版。美国“301 条款”的进攻性强，一旦立案调查，即威胁对方要实行强硬措施和报复手段。而欧盟的 TBR 则以多边、双边协议为主，希望通过双边磋商、多边贸易争端仲裁机制解决问题。一旦认定了贸易壁垒的存在，欧盟应与调查所涉及的外国进行协商，或根据双边或多边贸易协定启动相应的争端解决机制，如果对方与欧盟未签订相关的贸易协定，或争端解决机制已经做出了判决，则欧盟可以采取相应的“商业政策措施”（Commer-cial Policy Mea－sure），包括：延迟或取消相应的贸易减让；提高关税或其他进口费用；采用数量限制手段或其他可改变进出口环境或影响与第三国贸易的手段。

可见，对于发达国家而言，通过援引法律条款，对国内产业进行保护和救济，既合乎国际惯例又能避免“国家行政干预”之嫌，有“一石二鸟”之效。

9.1.2.2　维护国家产业安全的政策措施

欧盟各国在对外经济活动交往中高举“自由贸易”的旗帜，对具有较强国际竞争力或能够给国民经济带来较多利益的产业优先实行自由化，通过自由贸易占领和垄断国际市场；但对本国需要保护的产业则实行贸易保护政策。其保护性措施包括两个方面：一方面，对本国的高新技术产业和支柱产业极力保持其自主性和领先地位；另一方面，由于发达国家的工资成本高，在一些劳动密集型产业的产品生产上，竞争不过发展中国家，所以他们对这些产业实行贸易保护政策，主要采取反倾销、反补贴、技术贸易壁垒和环保标准等措施，以削弱他国产品进口的竞争优势；与此同时，还对本国重点产业和幼稚产业的产品生产和出口提供补贴，加以保护，并鼓励其加大对外出口。

欧盟各国主张金融自由化，但对外资银行仍采取诸多限制措施，以保持自己绝对的金融垄断地位。他们对外资银行除有较为严格的金融监管外，还附设许多具体的条件。英国规定外资银行分行的实缴资本必须在500万英镑以上，其母行资产达10亿美元以上。法国要求注册分行最低资本金为630万美元。德国对设立分行的最低资本金要求是360万美元，外加两项特别限制：一是不承认外资银行总行的资本金（欧盟、美、日国家的银行除外），而将到位的营运资金作为计算风险资产和大额贷款等系数的基础；二是外资银行分行对联行总的借贷关系不能出现贷大于借，债权不能大于债务，如果出现此情况，就视作资本金流失，有关债权净额需从分行的资本金扣减。

欧盟各国一般都很重视利用技术手段来维护产业安全。目前，欧盟有关技术标准达10万多个，他们利用这些复杂的技术检验标准，对进口产品进行繁杂、严密的质量与性能检查，甚至包括商标、包装、标签等一些细节问题也不放过。这不仅可以防止低劣伪劣产品流入本国市场，造成不该有的经济损失，而且可以对别国的产品进行刁难。

9.1.2.3 建立维护国家产业安全的组织机构

维护国家产业安全是发达国家政府的一项重要职责，一般都设有专门的机构或由有关部门负责这项工作。芬兰负责产业安全保障的决策机构为“产业安全计划委员会”，附设在政府贸工部下面，所有成员均由政府任命，主要职责是对产业安全进行调查研究、制订计划、组织落实政府提出的供给保障指标。芬兰贸工部还下设“供给保障中心”，其最高决策机构是一个由政府任命的领导班子，由外交、财政、各工业部的官员和专家等12人组成，任期3年。主要职责是完成产业安全计划委员会交办的任务，以及具体组织落实有关供给保障的计划。供给保障中心设立基础供给部、能源供给部和工业与基础设施部三大业务部门和行政部，是个效率很高、权力很大的机构。芬兰不仅成立专门的机构来维护其产业安全，还成立许多强有力的行业协会组织，这些组织的活动大都得到政府的支持或有政府背景因素，但都以民间的形式出现，有利于转移政府干预造成的压力，也有利于反映“民意”，以便与政府的活动遥相呼应。这些组织有些是以全国行业协会的形式组成的，有些是以该行业所在地区的有关企业为主横向组成的，表现为地区性行业协会。其保护本行业的活动主要包括：①积极采取行动，向政府提出保护某一产业的政策；②制造舆论，向报界提供某些材料，使舆论偏向该产业，为本国政府对外谈判撑腰打气；③向本地区的议员及有关政府官员施加压力，促使政府采取贸易保护的政策和措施。

法国政府为加强对外商投资的审查监管，成立了以经济与财政部长为主席的外国投资委员会，负责制定利用外资的政策方针。规定凡是超过法国公司或企业资本 20% 的投资均需外国投资委员会批准。一般而言，当外国资本可能会削弱法国垄断资本力量时，这种投资会被拒绝。

欧盟成立以来，建立了五个组织机构，负责欧盟各国的政治、经济和安全等问题，它们分别是：

（1）欧洲理事会（European Council）：首脑会议，负责制订一体化“总的政治指导原则”，决策采取协商一致的原则。由成员国国家元首或政府首脑及欧盟委员会主席组成，每半年举行一次会议，必要时可举行特别首脑会议。欧盟理事会（Council of the European Union），即部长理事会，又分为外长和专业部长理事会，拥有绝大部分决策和立法权。部长理事会之下，还有不同级别的协调机制。

（2）欧盟委员会（European Commission）：作为欧盟执行机构，其负责欧盟各项法律文件（指令、条例、决定）的具体贯彻执行，以及预算和项目的执行。

（3）欧洲议会（European Parliament）：监督、咨询机构。自 1979 年起，欧洲议会议员由成员国直接普选产生，任期 5 年。欧洲议会有部分预算决定权，并可以三分之二多数弹劾欧盟委员会。《欧洲单一文件》、尤其是“马约”，加强了欧洲议会在某些领域的立法职能。“马约”为欧共体建立政治联盟和经济与货币联盟确立了目标与步骤，并进一步扩大欧洲议会的权力，使其由原来的咨询和监督机构变成部分的权力机构。

（4）欧洲法院（European Court of Justice）：仲裁机构，负责审理和裁决欧盟和成员国在执行各项法律法规中发生的各种争执。

（5）欧洲审计院（European Court of Auditors）：成立于 1977 年，由 12 人组成，均由欧盟理事会在征得欧洲议会同意后任命。审计院负责审计欧盟及其各机构的账目，审查欧共体收支状况，并确保对欧共体财政进行正常管理。

9.1.3 日本产业安全模式及保障措施

战后初期至20世纪50年代中期，日本政府通过一系列产业政策的实施，使面临崩溃的经济得到了恢复、复兴和发展，经济实力得到了进一步的增强。面对国际经济环境的变化和本国经济发展的需要，日本于1955年加入关税及贸易总协定，这意味着日本从此后要根据自由与无歧视的原则来发展国内经济和进行世界贸易。但是由于入关初期，日本产业国际竞争能力尚处于弱势，为了防止由贸易自由化带来对民族经济的冲击，政府采取了产业保护和扶植政策，在国内产业取得了国际比较优势后，方才逐步地有选择地实行贸易自由化和资本自由化，实现封闭型经济体制向开放型经济体制转变，使其免受先进国家不平等竞争的冲击和威胁，安全地度过成长时期，奠定经济高速发展和经济结构高级化的产业基础。

9.1.3.1 日本产业安全机制

1986年，中曾根内阁时期，日本政府为了防备将来发生的重大紧急事件，由原官房长官后藤田正晴负责建立了内阁安全保障室，从而形成了日本政府的危机管理体系。在这一体系中，内阁首相为最高指挥官，由内阁官房来负责总体协调、联络，通过安全保障会议、中央防灾会议等机构制定危机对策，由警察厅、消防厅、海上保安厅等部门根据具体情况予以配合。下面介绍两个代表性安全保障机制：

（1）粮食安全保障机制

为了保证国内粮食安全，日本政府通过控制着专项储备的大米，调控粮食市场的稳定供应。日本的农民根据国内生产的年成丰歉，并参考东京谷物交易所的粮食价格的变动，以及国际组织如联合国粮农组织的预警系统等有关预警信息，决定其生产的结构及粮食的抛售，政府则通过其掌控的储备体系对市场盈缺进行调整，从而抑制粮价的暴涨暴跌，保障国内的粮食安全。

（2）海上能源通道安全法律保障机制

日本政府分别在2003年、2005年和2006年三次延长《反恐怖特别措施法案》，2007年制定《新反恐怖特别措施法案》。

自1977年日本实行12海里领海法和200海里专属经济区以来，日本在重点保障海上自卫队建设的同时，还相应发展了海上保安厅力量。海上自卫队对海上通道安全的保护体现在威慑和宏观层面，具体海上安全合作和海上通道保卫则由海上保安厅来完成。根据日本《海上保安厅法》规定，海上保安厅隶属于日本国土交通省，是执行政府海上命令、维护海上治安、预防海上犯罪、实施海难求助、保障船舶航行安全的专门机构。

9.1.3.2　日本产业安全的保障措施

(1) 实施贸易立国和科技立国战略

① 贸易立国。

为了追赶欧美，扩大生存空间，日本针对国土狭小、资源匮乏和市场有限这一基本国情，于20世纪50年代提出了贸易立国战略。战后的日本要振兴经济，必须解决资源、能源和市场问题。日本历届政府清醒地认识到，要解决这些问题，仅靠立足于国内是绝对不行的，只有走贸易立国的道路，日本经济才能自立、自强，才能实现追赶欧美的战略。为实现贸易立国战略，日本政府根据国际市场的变化，及时调整出口政策，并以"动态比较优势"来确定出口，保护和扶持本国工业，通过投资、技术合作、开发援助等手段，不断拓展国外市场。

② 科技立国。

为实现由"经济大国"走向"政治大国"的战略，日本于20世纪80年代又作出了科技立国的战略性选择。日本政府将科技立国看做是"保障日本中长期国家产业安全的基础"，及走向21世纪的国家战略。为实现科技立国，日本政府在科研方针方面，开始注重基础研究和独创性研究，将新能源开发、新材料开发、通信技术、生命科学技术和电子技术确定为主要研究领域，重点发展新型原材料、微电子、生物工程等高科技产业，重视国内需求对经济的带动效应，注重与发达国家的科技合作，在贸易、资本和金融等方面实现国际化。

③ 确保海外物资供应的稳定。

日本是一个资源贫乏的国家，经济的发展严重依赖于海外资源。为保障海外资源的稳定供应，日本政府采取了一系列应对措施：一是综合开发，厉行节约。日本针对其经济发展对海外资源依赖程度高的现实，在石油危机后，大力开发替代能源和节能技术，重点开发太阳能、地热、煤炭液化和海洋温差发电，研究超导电力应用技术、燃料电池发电等。在开发能源的同时，日本政府还通过改变经济增长方式和调整产业结构，使单位能耗及资源消耗得以降低。二是由单纯进口型转为综合开发进口型。日本通过加强与有关国家的资源能源联合开发，实施在原产地加工、综合性经济协作和产地多样化战略，与资源生产国建立起风险共担的综合性开发进口依存关系，以确保海外战略物资的稳定供应。三是建立危机应对体系。自20世纪80年代初起，日本在产业安全战略构想中强调建立危机应对体系的重要性，通过建立官民结合的储备体系，改善和加强信息情报体系以及建立多层次的应急国际合作机制，以缓解和消除资源危机对日本经济的冲击。

④ 制定国家能源战略。

2006 年日本经济产业省公布了《国家能源新战略》，对日本能源战略作了重要调整，明确今后日本在能源、资源保障方面要更加积极，来源也要更加多元化。

⑤ 以经济强国为依托的战略部署。

以日美联盟为依托，通过施展经济外交，营造对日有利的国际环境，以实现由经济大国向政治大国的转变。

第一，战后至 20 世纪 50 年代，日本实施以美国为中心、东南亚为重点、追随美国的依赖性外交，保障经济振兴计划的实施；60 年代，提出“自主外交”政策，实行“脱亚入欧”战略；第二，70 年代，提出“自主多边”、“平衡外交”；第三，80 ~ 90 年代，由“脱亚入欧”转向“回归亚洲”，以建立势力范围，争夺主导权，实现走向政治大国的梦想。为实现成为政治大国的战略目标和保障国家产业安全，日本政府积极参与国际社会活动，但避免直接卷入国际冲突，增加“对国际作贡献”的力度，建立起与国际社会利益共享、风险共担的依存关系。

（2）制定产业安全法规和政策

① 金融安全法律。日本的金融体制，是在战后日本经济的恢复和之后的高速发展过程中逐步建立、稳定和发展的。该金融体制的三大主体是中央银行、民间金融机构和政府金融机构。这一体制的稳定和有效运行依赖于日本在较长时期内实行的三大金融制度：利率管制、分业经营管制和外汇管制，这也是战后日本金融体系稳定的三大支柱。20 世纪 80 年代以来，先是大藏省于 1980 年颁布实施了新的《外汇法》，大幅度放松了内外市场的隔离管制，对外资本交易由“原则上禁止”改为“原则上自由”；接着，1981 年日本对《银行法》、《证券法》进行了修改，并规定银行可以经营证券业务，允许银行经营公共债券的买卖、募集新公共债券等证券业务。

② 农业安全法律。粮食安全对于日本国家安全至关重要。日本粮食的主要品种是稻米、小麦和大豆等，粮食自给率是日本制定农业法律和政策的重要依据。1961 年日本制定了《农业基本法》，其目的是“改善农业与其他产业的生产力差距，提高农业生产力，逐步增加农业就业者收入”，该法作为纲领性的法律不仅保证了这一时期农业政策的贯彻落实，而且为今后农业安全方面的法制建设奠定了基础。1999 年 7 月，日本制定了《食物、农业、农村基本法》

（新基本法），该法突破了《旧基本法》只限于生产、流通领域的局限，作为新的纲领性法律以更广阔的视角在确保食物稳定供应和安全保障、发挥农业多功能性、农业可持续发展等方面提出了明确目标。此外，2003年5月23日颁布了《食品安全卫生法》。

③《禁止垄断法》。日本《禁止垄断法》制定于1947年，至今已经有60多年的运用经验，其全称是《关于禁止私人垄断和维护公平交易的法律》。在日本，《禁止垄断法》规定了所有生产部门都必须遵守的共同规范，是经济法律中的原则法与一般法，在日本经济法律体系中处于核心的位置，扮演着“经济宪法”的角色。该法的直接目的在于“促进事业者公平而自由的竞争”。

（3）建立国家产业安全的组织机构

① 日本的金融安全行政机构。

日本负责国家金融安全的行政机构是金融厅、日本银行和财务省，三者在不同层面发挥维护本国金融安全的职责。具体而言：第一层面履行防护职责的是金融厅，金融厅是日本的金融监管权力机关；第二层面的防护职责是日本银行。日本银行作为日本的中央银行，行使着银行的银行、发行的银行和政府的银行三大职能；第三层面的防护职责是财务省。掌管着国内外重大金融事项的管理决策大权，负责金融重大体制改革政策的制定和实施，并对金融机构行使法律规定的监督、管理职责机构。

② 日本反垄断执行机构——公正交易委员会。

日本《禁止垄断法》的执行机关是公正交易委员会，它在《禁止垄断法》的执行、实施中发挥核心作用。该机构最开始是隶属于总理大臣管辖，后来改为处于总务省直属局的位置，后来基于其中立性和独立性的立场，改回了隶属于首相管辖，处于内阁府直属单位的地位。

③ 日本设立了食品安全局、食品卫生协会、卫生保健所等管理和监督机构。

自从日本于1995年加入WTO后，日本先后对《食品卫生法》进行了十多次修改；并于2003年5月23日颁布了《食品安全卫生法》，同时，内阁府增设了食品安全委员会，直接对首相负责。任务是负责对涉及食品安全的事务进行管理和评估，农林水产省设立了“食品安全危机管理小组”，建立内部联络体制，负责应对突发性重大食品安全问题。

④ 能源安全进行管理的相关行政机构。

日本实行中央统一管理的能源管理制度，经济产业省在能源安全管理中处于领导地位，经济产业大臣负责能源管理工作。同时，经济产业省下设自然资源与能源厅，自然资源与能源厅下设秘书处、能源储备和可再生能源处、自然资源和燃料处、电气产业处四个部门，负责制定和实施内外的能源政策和措施。另外，日本在外务省中专门设有能源管理局，与经济产业省共同负责对外能源协调工作。此外，在内阁总理大臣下还设有能源、石油审议会，负责研究、制定与能源相关的重大事项。

9.2 新型工业化国家的产业安全模式及保障措施

9.2.1 韩国产业安全模式及保障措施

从20世纪60年代起，韩国在将近30年的时间保持了GDP为8%的年增长率，主导产业由劳动密集型到资本密集型、再到资本技术密集型、出口外向型的发展战略，韩国在20世纪90年代初的产业结构就已接近发达工业化国家的水平，被经济学家们誉为“汉江奇迹”，成为“亚洲四小龙”之一。韩国作为“新兴市场经济国家”，其经济的腾飞在很大程度上是依赖其产业保护政策的贯彻与实施：一是抵制外国进口商品对本国产业的不利竞争；二是为尚处于幼小阶段的本国产业创造提高国际竞争力的成长环境。韩国坚持开放与保护同步并行，把对外开放与民族工业保护有机地结合起来，使各产业部门迅速摆脱困境，走上高速发展的道路。

（1）以政府为主导

韩国是一个市场经济的国家，资源的配置和企业的运行主要依靠市场经济的规则。在充分发挥市场机制的同时，政府对经济的干预程度达到了最大。韩国政府通过大力培育生产要素市场，建立完善的市场体系，为经济发展提供了良好的市场环境和条件。韩国政府在市场、政策法律、资金税收等方面对本国信息产业的扶持，为韩国信息产业的腾飞打下了重要的基础。

（2）大力扶持新兴产业和成长产业

根据客观情况的变化，选择和确定成长产业及新兴产业，合理规划产业结构由低级向高级跃进的进程和步骤。韩国政府主要是通过制定发展规划和财政、金融、税收手段对新兴产业和成长产业进行扶持。

20世纪60年代初，韩国政府为推进自力经济的实现，在重点发展基础产业和基础原材料产业的同时，推行有计划地发展轻工业的进口替代政策，对用本国产品可以替代的消费品进口征收高关税，对替代进口产业提供低息贷款，以限制外国商品进口，保护国内民族产业。而后，在国内经济迅速发展的基础上，适时地将进口替代政策转换为出口主导型战略，确定了以鼓励出口为主和以有选择的市场保护政策为辅的政策体系，配合各种手段和措施，大力促进出口的扩张。

进入20世纪70年代，由于国际贸易环境恶化，贸易保护主义加强，高关税和非关税壁垒使对外贸易的扩大遇到严重障碍，韩国政府在“出口为主导”的总战略方针下，将建设和发展重化学工业确定为此阶段的重点产业目标。在“三五”、“四五”计划期间，为支持钢铁、化工、有色金属、机械、电子、造船“六大战略产业”，财政把国民投资基金的70%投向了重化工业，金融把韩国产业银行制造业信贷资金的80%用于发展重化工业，并在税收方面减免国内税和关税。由此使这些产业在很短的时间内就接近或达到世界先进水平，达到能与国外企业相抗衡的水平。

20世纪80年代以来，韩国在继续发展资本、技术密集型产业的同时，开始有计划地发展技术和知识密集型产业。韩国从“五五”计划（1982—1986年）开始，实行了产业政策的调整与转轨，提出了“稳定、效率、均衡”的方针，重点扶植对外竞争力较强、创汇能力较高的造船、电子、机械、钢铁和汽车等产业；培育第一战略产业群（电子、半导体、情报通信、自动化机械、精细化工）和第二战略产业群（能源、新材料、生物工程等）；积极扶持中小企业，大力发展内需产业，以促进经济的回升。政府通过对重点发展产业内部某类企业的财政投资、税收优惠、信贷支持，促使这些行业的长足发展。

目前，韩国通商产业部颁布了《21世纪前10年韩国产业发展战略与展望》，该报告指出将要发展10大尖端技术产业：尖端电子信息产业、半导体及电子感光板、尖端机械、电子产业、新材料、精密化学、生物工程、光产业（光缆通讯、激光加工等）、尖端纤维、航空和尖端汽车零部件等。该报告书指出，10种尖端产业将成为21世纪前10年有希望的产业，在这10年中，其出口额平均每年将增长16.5%。韩国正是以此为目标使其同发达国家一起进入信息时代。

（3）合理利用外资

韩国从1960年实行开放政策，大力发展外向型经济。然而，为扶持本国工业的发展，韩国对外商直接投资采取“逐步扩大，以我为主”的方针，做到对外开放与保护本国工业同步并行，并随着经济实力增强逐渐减少自我保护，有序地扩大开放幅度。韩国在经济发展初期，引进的外资中占中心地位的是公共贷款和商业贷款，直接投资在外国总投资中一直处于次要地位，如在

1962 年至 1979 年，韩国引进外资中的政府和私人贷款占 80% 以上，直接投资仅占 5.9%。

80 年代至本世纪初，随着经济实力增强和对国外先进技术的需求增大，直接投资才有所增加，并给予了一定的优惠，但仍严格控制跨国公司的作用。其控制原则为：外国公司进入本国取决于是否符合韩国经济的整体发展战略。在政策上允许例外的仅限于面向出口和高技术密集的行业，或移居海外的韩国侨胞的投资，以及在韩国自由出口特区的外商投资企业。

（4）实施“科技立国”

20 世纪 80 年代，韩国一方面从美日、西欧引进最先进的技术，对其进行进一步的改良和创新，另一方面大规模地增加科研经费，制定优惠政策，使韩国经济从以数量型为主的出口结构向以科技为基础的质量型出口结构过渡，并正式提出了“科技立国”的战略目标。

90 年代初，韩国政府制订实施“战略部门技术开发计划”，提出把高新技术产业作为本世纪内重点发展目标。为此，政府在持续大量增加科技投入的同时，相继推出“G7 计划”、“国策研究开发计划”、“大型科技研究开发计划”及“开创性研究事业促进计划”等高新技术发展计划；颁布实施《协同开发促进法》，大力支持产学研合作开发，使民间研究所和研究组织继续大量增加；技术引进全面放开，减免税优惠待遇被限制在半导体、宇宙航空、原子能、生物及新材料等高新技术领域，并通过发展国际合作加速高新技术引进。同时，为迎接信息时代的到来，大力发展信息产业，开发高新信息产品和技术，信息产品对外贸易额也持续得到增长。韩国提出了建立“信息高速公路”的基本计划，与其相适应，韩国递信部确立了旨在开发公共数据库、推动社会信息化的“DB 产业育成发展计划”，韩国通讯公司提出了“软件技术中长期发展计划”等，通过科学技术的升级达到产业结构高级化的目的。

韩国政府特别注重培养和招聘科技人才，韩国 50 年前还是以农业为中心的贫穷国家，1960 年人均 GDP 仅为 80 美元。到了 2005 年，它已跻身于世界十大经济体，人均 GDP 超过 15000 美元，2012 年人均 GDP 达到 22705 美元。

（5）相关保护政策法律化

韩国一直把建立健全法制工作放在重要地位，逐步做到依法管理，使经济建设沿着有序化的方向发展。在外资进入方面，韩国 1984 年专门制定过《引进外资法》，不准利用外资从国外引进国内可以得到的资本货物；对外国资本在韩国控股或收购股权进行限制，如外商控股 50% 以上的企业，除投资于出口创汇企业或进出口完全自由的产业外，必须由财政长官批准。在扶植新兴产业和成长产业方面，韩国也制定过一系列产业发展的具体法规，曾出台过《工业发展法》、《工业振兴法、》《公平交易法》、《贷款与担保管理条例》、《中小企业支持法案》等一系列政策规定。在实施“科技立国”战略中，先后颁布实施与科技有关的法律数十个，包括《科学技术振兴法》、《技术开发促进法》、《基础科学振兴法》、《科学技术创新特别法》、《特定研究机构培植法》等，使政府和民间的各项研究开发活动均有法可依。正是产业政策的规范化、法制化，才有力地促进了韩国需要扶植的产业的发展。

9.2.2 巴西产业安全模式及保障措施

巴西是金砖五国之一，也是一个发展中大国。巴西经济发展过程中一直面临着诸多问题，尤其严峻的问题是通货膨胀。在 1981 年到 2000 年这段时间里，巴西的通货膨胀率大幅度波动。进入新世纪之后，巴西的通货膨胀率一直保持在 5% 左右，这给历届政府都带来了严重的挑战。为了维护巴西的经济稳定和产业安全，巴西采取了一系列的措施。

（1）雷亚尔计划

在此之前，巴西连续几任总统都在实行经济稳定计划，巴西人学会采取一切手段来避免经济的大起大落，保证价格机制稳定发挥其调节作用，力求经济稳定增长。雷亚尔计划是一个精心设计的稳定计划，旨在削减经济波动的影响因素，避免以往经济增长中的失误，力求降低通货膨胀率，保持经济平稳增长。

第一，实施稳定（锚住）汇率制度，降低关税，进一步开放经济，增强企业在国内和国际上的竞争能力。第二，放开工资和价格，让其由市场决定，但为避免像 1986 年克鲁萨计划出现的过高消费需求导致的通货膨胀，政府实施了非常严格的货币政策。政策实施力度很大，以关税为例，1990 年，巴西关税平均为 32.2%，到 1994 年，巴西关税降低到平均 14%，降低了 57% 左右。最高关税由 105% 降低到 40%，降低了 62%，这一开放性政策的实施，大大提升了巴西企业的竞争能力。

（2）适当干预汇率

巴西中央银行为控制日益膨胀的国内需求，采取提升利率的办法，使货币回流，使国内货币雷亚尔的名义价值恢复到其真实价值上，该项政策受到国内的赞扬。到了 1995 年，随着新货币的发行，巴西的有效汇率已升值近 25%，对巴西出口带来明显的影响。全球金融危机以来尤其是 2011 年以来，巴西货币连续贬值，为了捍卫巴西货币雷亚尔，巴西央行于 2012 年 11 月 27 日迅速拍卖3.25万份一年期外汇掉期合约，以向市场吸收雷亚尔的方式将汇率稳定至2.0812。

（3）公共部门改革

鉴于国有部门在经济社会部门中的比重过大，巴西改革公共部门和国有企业，避免财富错位，将资产负债逐渐由公共部门转移到私营部门。

（4）提升外汇储备，降低外债，改善外部融资环境

由于较高的经济增长率以及世界经济的高速增长，巴西的外汇储备得到大规模的增加。2000年，巴西的外汇储备仅为33亿美元，此后一直保持着较高的增长率，到2008年巴西的外汇储备激增到2040亿美元，使得巴西经济发展的外部风险得到缓解。与外汇储备的增长相对应的是，巴西的外部债务也由2004年的2010亿美元下降到2005年的169亿美元，随后又缓慢增长，尽管到2008年，巴西外部债务又达到了2020亿美元，但巴西经济规模和外汇储备都得到大规模的增长，使得外部债务的比重大大降低，经济增长的外部环境得到进一步的优化，外部风险降低，这为巴西经济增长又奠定了良好的基础。以对外偿付能力为例，自2002年，巴西加强流动性建设，打击国际投机行为，控制金融市场，避免金融市场出现大的波动，为经济社会发展创造了良好的金融环境。

（5）强化出口，提升国际上经济地位

2010年，巴西货物进出口额为3835.6亿美元，比2009年增长36.7%。其中，出口2019.2亿美元，增长32.0%；进口1816.5亿美元，增长42.3%；贸易顺差202.7亿美元，下降20.0%。从商品结构上可以看出，矿产品、食品饮料烟草和植物产品是巴西的主要出口商品，2010年，上述产品出口额分别为514.0亿美元、270.6亿美元和202.5亿美元，占巴西出口总额的25.5%、13.4%和10.0%。受全球经济复苏的带动，巴西主要大类商品的出口出现增长，增幅最大的是矿产品、皮革制品、纤维素浆纸张和运输设备，分别达79.0%、45.0%、35.2%和32.8%。机电产品、矿产品和化工产品是巴西进口的前三大类商品，2010年进口1099.4亿美元，占巴西进口总额的60.5%。其中，矿物燃料进口299.6亿美元，增长58.8%，占巴西进口总额的16.5%。

9.2.3 墨西哥产业安全模式及保障措施

墨西哥是拉美经济实力较强的国家，墨西哥入关时的国际环境和GATT对其缔约国的要求，都与我国当前的处境比较接近。墨西哥政府于1986年7月

签署加入议定书，加入了GATT，经济得到了很大发展，使墨西哥从农业国发展成为发展中国家中的中等发达国家。出口商品的国际环境明显好转，对外贸易由国家管理改为关税管理，进出口企业有较大的自由权，大大提高了民族工业的效率，增强了国际竞争力。2003年，墨西哥进出口贸易总额达到2500亿美元，排世界第13位，居拉美之首；2012年1～8月，墨西哥货物进出口额为4902.4亿美元，比上年同期（下同）增长6.6%。墨西哥人口近1亿，人均收入8900美元。

（1）政府加大宏观调控力度

① 实行紧缩政策。

为了抑制恶性通货膨胀，政府于1987年底同企业界和劳工界达成三方协议，签署了《全国经济团结互助契约》，该契约规定了公共服务价格、汇率和工资的调整幅度。这一契约的执行，使通货膨胀率迅速下降。同时，为了应对全球金融危机，加快经济复苏，墨西哥政府近日正式宣布开始实施财政紧缩政策，计划2010—2012年3年内削减401亿比索（约合32亿美元）的一般行政性支出。这一金额相当于其2010年财政预算的1.2%。

② 控制财政赤字。

1987年，政府实行了税制改革，扩大税基，降低税率，简化征收规则。由于全国纳税人数增长了60%以上，因此，税率的明显降低并没有使总税额下降，反而有较大幅度的增长。另外，通过严格控制预算、调整政府机构和减少财政补贴，政府的非建设性支出的比例有所下降。由于这些措施见效，财政赤字占国内生产总值的比重已从1986年的13.1%降为1994年的0.7%。2011年墨财政收入将达3.02万亿比索（约合2323.1亿美元），财政赤字则定为422亿比索（约合32.5亿美元），赤字规模降至GDP的0.3%。

（2）实行贸易自由化，调整出口

20世纪70年代末80年代初期，墨西哥政府开始进行贸易自由化的改革，逐步降低关税和减少进口许可证的使用。1984年，德拉马德里政府取消了711种进口商品的进口许可制，占进口总值的16.4%；1985年7月25日，墨西哥政府颁布法令，进一步将不受许可证限制的商品扩大到3064种，占全部进口商品的64.4%；到1989年，98%的商品已实行自由贸易。1986年，墨西哥为加入WTO，进行关税制度改革，全面降低关税。到1989年年末，墨西哥的平均进口关税降至9%，最高关税减到20%。免税商品已占全部进口商品的54%，关税税率在0～15%范围的占进口商品的82%。关税等级由1985年的10级减少到5级（0、5%、10%、15%、20%）。

在出口方面，1977 年墨西哥发现石油后，经济随着国际石油价格的起落而动荡，政府因此开始加强对制成品出口的鼓励。具体措施包括政府高度重视制成品出口战略；从资金、外汇、税收等方面对出口企业给予优惠。政府对出口企业免征增值税和部分特别税，对生产出口产品所需的进口商品免征进口税等。

随着经济自由化改革的不断推进，墨西哥经济日益融入全球化经济，先后加入了经合组织和亚太经合组织。随着国际贸易自由化的深入和墨西哥对外贸易的发展，墨西哥从中受益匪浅。因此，墨西哥政府把对外贸易和吸引外资作为实施墨西哥经济现代化和稳定增长的催化剂。当前，墨西哥优先考虑的问题是如何积极推动签订自由贸易协定并实施其中的条款，以促进对外贸易的市场多样化和可持续增长。目前，墨西哥与世界上 42 个国家签订了自由贸易协定，并且是第一个与北美和欧盟两个最大经济体达成自由贸易协定的国家。

（3）不断完善对外贸易法律法规和政策措施

墨西哥对外贸易法律的依据是“墨西哥宪法第 131 条”。基本的贸易法律法规有“对外贸易法”、“对外贸易法实施细则”、“海关法”、“进口总税法”、“出口总税法”和“外国投资法”。此外，根据世界贸易组织的有关法规和规则，墨西哥还制订了相应的法规，如：“工业产权法”、“版权法”和“墨西哥计量与标准化联邦法”等。

① 对外贸易法。“墨西哥对外贸易法”颁布于 1993 年，是墨西哥指导对外贸易的基本法律文件。有 9 章，内容涉及墨西哥主要对外贸易政府机构经济部的职能以及其他相关对外贸易部门的职责范围；原产地界定；墨西哥海关关税标准和征收；国际贸易中的不公正行为；保障措施；对待国际贸易中不公正行为和保障措施的实施程序；鼓励出口和制裁措施等。

② 海关法。根据 1982 年开始实行的海关法，凡从事外贸业务的所有自然人和法人，都必须缴纳外贸税。海关法还规定了各种外贸业务“不论其来源地或输往地”必须缴纳不同的税款。普通税根据《进口普通税分类表》征收从价税。《进口普通税分类表》的分类依据是布鲁塞尔关税理事会制定的《统一关税商品分类》。

③“进口总税法”和“出口总税法”。分别颁布于 1995 年，两法对进出口产品的分类以及关税标准作了明确规定。

④ 外国投资法。1993 年颁布并实施现行的外国投资法。后随着墨西哥经济开放和对外贸易开放程度的加深，不断修改有关内容。现在，墨西哥外国投资法允许外国投资者可从事墨西哥境内绝大多数行业，甚至让外资可 100% 参

与经营。国外投资者也可任意添购固定资产、扩充或迁移公司/厂房、同时投资其他新的产业或新生产线等，但某些保留及特殊规定的行业不在此限。

⑤ 联邦动植物检疫法。墨西哥检疫法律框架依据“计量与标准化联邦法”、1993 年的“联邦动物检疫法”和 1994 年的“联邦植物检疫法”制定的。现在，墨西哥动植物检疫的措施基本符合世界贸易组织技术壁垒的有关规定。墨西哥准备在不久的将来，把以前由政府控制的动植物检疫机构的认证，对样品实施检疫的实验室等交由私人企业实施。依据墨西哥官方标准，墨西哥严禁病虫害传入该国。1995 年，墨西哥生效了 75 种防止危害植物产品的官方标准和 46 种防止危害动物产品的官方标准。现在，在墨西哥边境地区有 97 处动植物检疫站。

⑥ 工业产权法。在墨西哥，知识产权保护的法律依据是 1991 年 6 月 27 日颁布的《发展和工业产权法》。墨西哥知识产权局和墨西哥国家作者版权局是墨西哥知识产权的主管机构。墨西哥知识产权局是由墨西哥原工商部创立的独立机构，它依据墨西哥工业产权法负责专利和商标的注册，以及解决涉及此类问题的争端。

（4）积极利用外资

墨西哥宪法对于捍卫国家主权和经济独立，保护本国自然资源等都作了明确规定，如禁止外国资本参与石油和天然气的开采。为了减少经济上的对外依赖，墨西哥政府在 20 世纪 40 年代至 80 年代初大力推行进口替代的工业化战略，积极发展面向国内市场的民族工业，逐步实现了非耐用消费品、耐用消费品、中间产品及部分资本货的进口替代。为了保护幼小的民族工业免受外来竞争，墨西哥长期实行高保护政策，严格限制国内已能生产的工业制成品和奢侈品的进口。但由于政府的高保护政策，导致本国产品质量差，成本高，在国际市场上缺乏竞争力；企业的设备和原材料大量依赖进口，使得外贸逆差日益扩大。为了解决这一矛盾，墨西哥政府在继续实行保护主义的同时，逐步将吸引外国直接投资作为促进经济发展的重要措施。政府制定了对外国投资者有吸引力的政策，在外方股权比例、准许外国资本投资的领域和外商投资的审批手续等方面，都采取利于吸引外资的新政策。墨西哥主要运用《外国投资法》，扩大对外资开放的领域。较完善的投资环境，促进了外资的大量流入。

（5）完善的倾销法律制度

墨西哥是使用反倾销手段最为频繁的发展中国家之一。1986 年墨西哥加入关贸总协定后，大幅度降低关税，造成进口额迅猛增长，外贸赤字剧增。为了解决贸易逆差的问题，墨西哥政府采取了一系列措施，包括加强反倾销等贸易保护措施的力度。1986 年 1 月，墨西哥根据宪法第 131 条制定并颁布了第一部有关反倾销的法律——《墨西哥对外贸易法》，同年 9 月又制定了该法的实施细则——《对付不公平国际贸易活动规则》。1993 年墨西哥通过了新的对外贸易法，加强了政府主管部门对不公平贸易的处理权限，缩短了反倾销调查过程。由于墨西哥是关贸总协定反倾销守则的签字国，因此，墨西哥对反倾销守则的签约国适用该守则，而对于非反倾销守则签约国则适用 1993 年对外贸易法。

1994 年年底，墨西哥在加入 WTO 后 8 年再次爆发金融危机，面对严峻的政治、经济和社会形势，塞迪略政府果断地进行了一系列改革，及时调整政策，稳定了局势。例如在 1995 年危机后，政府采取浮动汇率制度。该制度成功而有序地消化了外部冲击、抑制了短期资本的流入，对增加长期资本的流入，减少投机性冲击，阻止市场汇率与实际汇率水平的偏离也起到了很好的作用，特别是对 1999 年初巴西货币贬值的冲击起到了缓解作用。与此同时，币值自动向下调整对扭转贸易逆差状况也起了很大作用。

9.3 其他国家的产业安全模式及保障措施

9.3.1 俄罗斯产业安全模式及保障措施

在俄罗斯的官方文件中，“国家产业安全”的目的是“为保障个人生存与发展、为国家政治、经济和军事的稳定，抵御来自国内外的各种威胁创造条件”；另有学者认为“国家产业安全”的概念有别于“社会产业安全”和“个人产业安全”的概念。国家产业安全是指一个国家在经济发展过程中能够消除和化解潜在风险，抗拒外来冲击，以确保国民经济持续、快速、健康发展，确保国家权不受分割的一种经济状态。在一国国家安全战略中，产业安全应居于核心和基础地位。这是因为，经济利益本身就是一国国家利益的最高表现，而一国的政治、军事、文化和信息等其他诸多层面的安全问题，也无一不包含着经济因素。近几年由于俄罗斯国势的日渐恢复，介绍俄罗斯法律制度的文献越来越多。虽然俄罗斯并没有一部完整的法律被命名为“产业安全法”，但是其“产业安全”的含义散布在每一个领域，能源、军事、矿产、土地、环境保护、金融保险、知识产权等。重点是土地管理、金融和能源三块。

（1）合理利用土地资源

俄罗斯的国土面积居世界第一。尽管在新中国成立之初进行了国有土地的快速私有化，但国有土地所占的比重仍占绝大部分。在向市场经济过渡的改革中，怎样管理好土地资源，怎样对刚刚形成的土地市场进行有效的监控，促进土地资源的有效配置和合理利用，是俄罗斯政府面临的首要问题之一。

为保护产业安全，俄联邦出台了防止土地大幅集中的法条。1997 年 7 月 21 日俄联邦颁布的《关于不动产权与其交易国家注册登记法》的规定，严格规定个人可以拥有的土地的极限数量（最大量和最小量），其数量由联邦各主体确定。如有违背，交易不予登记，如在规定的期限内对占有的土地不加以利用，对其土地所有权可以予以取消。

为控制土地流转，要求在同等价格情况下，国家或地方政府享有购买土地和土地份额的优先权。外国公民、外国法人和无国籍人士以及注册资本中上述人士的资本超过 50% 的法人（合资公司）不允许购买俄罗斯的农用土地，但可以租用耕地，租期可长达 49 年。

（2）立法对外资予以限制

一是对外资银行的限制。《关于外资信贷机构登记的特殊性和已登记的信贷机构利用外资增加法定资本金获得批准的程序》虽然鼓励外国投资者投资新建合资银行或参股俄罗斯银行，也可以在俄领土上建立外国银行分支机构，但不允许新建资本完全属于外国法人和自然人的外国银行。外资银行获得哪一种银行业务许可证主要受其自有资本的限制。外资银行的法定资本规模始终是俄中央银行调控的对象。俄《银行法》规定，外资在俄银行总资本中的最高限额为 25 %；成立外国银行分支信贷组织的最低注册资本额不应少于 1000 万欧元；禁止外国银行在俄设立分行；外资信贷组织中俄籍员工的数量应不少于员工总数的 75%；信贷组织长期执行机构职能的人为外国公民或为无国籍公民，信贷组织执行机构的人员编制中俄籍公民不应少于 50%。

二是对其他重要资源和重要领域的限制。2008 年 5 月 5 日，俄总统普京签署了《战略领域外国投资法》，对包括能源、电信和航空业在内的 42 个战略行业的外国投资加以限制。这一法律是俄罗斯国家杜马于 4 月 2 日通过的，总统签署后正式生效。该法律将成为俄罗斯管理外国投资者在俄战略领域进行投资的最新法律依据。

（3）设定“安全指标”和“产业安全临界值”

1996 年 10 月，俄联邦安全会议通过了《俄罗斯产业安全指标清单》，列出 22 项临界值监控指标：一是 GDP 占西方七大工业国平均值的 75%，人均值占七大工业国平均值的 50%，与世界人均水平相等。二是加工业在工业生产中占 70%。三是机器制造业在工业生产中占 20%。四是高科技新产品占 6%。

五是进口在国内消费中占30%，其中食品占25%。六是投资总额占GDP的25%。七是科研经费占GDP的2%。八是贫困线以下居民占总人口的7%。九是人均寿命为70岁。十是10%的最富裕者与10%最贫穷者的差距不超过8倍。十一是犯罪率低于5%。十二是失业率不超过（按国际劳工组织统计法）7%。十三是各联邦主体最低生活费标准的差距不超过1. 5倍。十四是年通胀率最低不超过20%。十五是内债不超过GDP的30%。十六是外债不超过GDP的25%。十七是偿还内债不超过预算收入的25%。十八是外债弥补预算赤字的比例为30%。十九是赤字不超过GDP的5%。二十是外汇量兑卢布量的比例为10%。二十一是外汇现钞兑卢布现钞的比例为25%。二十二是货币量（广义货币供应量M2）为GDP的50%。

阿·奥列尼柯娃提出39项国家产业安全指标。在众多的研究成果中克·先恰科夫提出的“产业安全临界值”19项指标占有重要的地位，其具体标准是：第一，国内生产总值6万亿卢布（按1998年价格）。第二，粮食总产量7 000万吨（加工前）。第三，固定资本投资占GDP的25%。第四，国防开支占GDP的3%。第五，民需科研投入占GDP的1. 5%。第六，创新产品占工业产品总量的15%。第七，机器制造和金属加工占工业生产的25%。第八，贫困线以下人口占总人口的7% ~10%。第九，居民收入分化差异率8倍。第十，失业率占有劳动能力人口的5% ~8%。第十一，货币化程度占GDP的50%。第十二，国内债务占GDP的60%。第十三，国外债务占GDP的60%。第十四，偿还国家债务支出占国家预算总支出的20%。第十五，俄联邦国家预算赤字占GDP的3%。第十六，通货膨胀率125%。第十七，黄金储备150亿美元。第十八，偿还外债占年出口总量的30%。第十九，进口粮食占粮食总消耗量的30% ~35%。

（4）加强“能源”立法

俄罗斯在世界能源市场上的角色越来越重要。新版的《矿产资源法》包含了从矿产资源勘查到矿产资源开发工作的各个方面。具体内容有：一是加强了对土地的保护，并专门增加了一章规范矿区的使用和保护，还规定了对矿产使用者提供土地的条件和要求。二是更为明确地划分了联邦、联邦主体和地方三级行政主体在矿产资源管理领域的各自权限和职责，以便避免越权行为，重复审批，减少纠纷。三是加强了对探矿权、采矿权的管理，以有效保护国家、地方以及个人对两种权利的合法利益。草案有专章分别规范矿产使用许可证的发放程序，两种权利的取得、转让和终止的条件。根据签订的各种合同提供两种权利的办法和拍卖的办法。四是专门设立一章规范国家地质调查工作，并增加了地质研究规划工作的条款，提高了地质规划的法律地位，体现了对地质调查研究工作的重视。五是新增了对固体矿产、石油天然气及地下水资源开采的要求和技术标准，使俄罗斯自然资源部的管理权限扩大到整个矿业领域，加强了对各种矿产资源在使用过程中的环境保护工作和对地质生态环境的监测。六是规定了违反《矿产资源法》应承担的责任和最后条款。七是规定了外国公民、无国籍人、外国法人和国际组织不能成为俄罗斯矿产资源的使用者。

9.3.2 印度产业安全模式及保障措施

（1）粮食安全保障

印度是一个人口众多的发展中国家，一直都把粮食安全放在突出位置。从印度的五年计划中就可看出，农业是印度60年来各个五年计划必须提及的重点。印度20世纪60年代开始推行“绿色革命”战略，到了20世纪70年代，印度大力发展农业生物技术，保护耕地资源，并建立了粮食储备制度。

早在20世纪50年代，印度政府就建立了粮食分配系统（Public Distribution System，PDS），其目的是保证生产者在出售其产品时能获得政府的补贴，而消费者尤其是贫困居民可以在全国范围内以其能接受的价格购得必需的粮食。印度政府于1997年7月1日起对PDS进行改革，使其目标更为明确，称为有目标的公共分配系统（Targeted Public Distribution System，TPDS），并在全国范围内同时启用。印度发展委员会2007年5月29日通过一项决议，启动国家粮食安全计划。该计划包括水稻、小麦和豆类三个部分。

（2）能源安全保障

为了保证能源安全，印度政府2001年颁布了《能源保护法》，中央政府设立能源效能局，负责能源政策的制定和能源法律的起草。2002年推出《2025年印度碳氢产品规划》，提出最大限度挖掘和利用国内石油资源。2002年又成立了石油规划和分析小组，负责分析国内外石油市场走势，评估石油进出口形势，维护数据及保障信息系统的有效运转。从2004年开始，印度建立国家石油战略储备机制。2005年成立最高能源委员会，协调国家能源的总体供需。印度先后制定了《石油法》、《天然气法》、《管道法》和《石油储备法》等相关法律法规，将油气勘探开发、加工、运输、储备等环节纳入规范的法制化管理轨道，加强执法监管。

（3）金融安全保障

印度经济持续增长的优势是因为拥有完整的金融体系环境和证券市场的支持。其金融体系延续了英国留下的金融制度，银行体系有130年的历史，股票市场也有百年历程，孟买证券交易所世界闻名，具备了完善的公司信息披露制度。印度储备银行担任中央银行的职能，通过1934年的《印度银行储备法》、1949年的《印度银行管制法》和1974年的《印度储备银行（修正）法》，它监督银行的设立和银行资产的流动等。

（4）制定完备法案和发展科技

以完备的组织机构保障国家科技信息安全。2000年印度议会通过了《信息技术法案》。印度计划委员会颁布的印度第10个五年计划（2002—2007年），提出了国家的发展战略为技术性发展战略。印度的科技发展战略规划和政策是由印度科技决策部门提出的，其中包括提出中长期科技战略决策的国家计划委员会、内阁科学顾问委员会和科技部。针对科技计划的评估，印度政府内部专门成立科技委员会，对新技术开发提供咨询意见。针对重点发展领域，由印度中央政府成立国家特别行动小组，在规定时间内制订规划，提出战略和措施。

（5）调控外资流向

印度对跨国公司的投资控制经历了以下过程：20世纪50年代中期至70年代末，印度政府严格限制跨国公司的投资，执行工业许可证政策，1973年颁布了《外汇管制法》，将跨国公司在印度的投资限额规定在40%。20世纪80年代，由于印度发生了严重的国际收支危机，印度开始逐步放宽对跨国公司投资的限制政策。20世纪90年代至今，印度大力吸引跨国公司投资，颁布了新的《外汇管制法》，取消了对跨国公司股权比例的限制。但是，印度在引入外资时，明确规定外国投资应该“遵循的基本原则是允许发展新的生产线，或需要特殊的技术和经验”。引导外资流向印度国家发展战略中优先发展的领域，或是引向本身就具有相对优势的行业，如IT、医药、生物工程等知识密集型产业。不仅在外资流入产业上有不同侧重，而且在人才的培养上也对外资引进作出规定。印度政府制定的“工业政策决议”明确规定，引资要确保涉及技术和知识引进的外国企业的必要参与，并坚持外方应该培训旨在最终取代外国专家的合格的印度人员。对固守技术秘密或拒绝培训印度技术人员的外国投资者，印度政府责令其停止在印度的活动（任强，2006）。

9.4 几点启示

启示之一：总体上看，每个国家都制定了相应的法律法规维护本国的经济利益和产业安全，并且有相应的组织机构。比较而言，发达国家的法律制度更加完备和规范，不仅范围广，标准多，而且历史悠久，不断改进完善；而新兴市场国家和发展中国家则相对落后一些，所涉及产业安全范围、标准和法律制度都较为薄弱，有待于进一步的充实和完善。

启示之二：有效利用外资的同时必须维护国家经济安全，立法在先。在国际投资领域，安全问题历来受到各国法律和实践的重视，但是国家安全的范围则基于政治、经济、文化的差异而理解不同。在美国，所谓国家安全一般都是与国家军事机密和国家军事战略有关的事项。加拿大则把使本国经济或一定产业过度依赖外国（这里只美国）认定为危害国家安全。德国关于安全的规定往往与整体经济利益和重大的公共利益相连。国际投资领域的国家安全主要指国家经济安全。至于安全范围的界定应该包括足以构成该国经济中某一领域极度危险的状态或者可能性，外国投资中的国家安全审查是在国际投资活动中对涉及国家安全事项所进行的事先预防制度。有效利用外资的同时必须维护国家经济安全，这是各国对待外国直接投资特别是对待外国投资的总政策和总目标。一般来说，对于外国直接投资的管理体系包括三大部分，即产业政策、竞争政策和国家安全审查政策。鉴于外国投资对本国经济存在的重大影响及其对东道国国家安全所构成的潜在威胁，近年来各国纷纷通过立法加强了对外资的安全审查和监控。

启示之三：必须培育真正的市场主体和竞争体制、形成与开放环境相适应的竞争能力。一方面，国内企业尤其是国有企业应该建立现代企业制度和公司法人治理结构；积极发展规范民营经济机构，建立有效的竞争体制，培育企业的核心竞争力，解决资产质量和资本金问题。另一方面，必须切实转变政府职能，让政府部门充分运用经济政策从宏观上对市场进行有效调节，使企业摆脱对政府的依赖。

启示之四：对资本流动和对外投资实施有效的调控和监督。必须优化外资结构，把握合理投向，严格控制资本的非法流入流出，减少其可能投机获利的机会，跟踪监测外资和外债风险指标，严格确认境外发债主体的资格，加强对境外机构借用中长期外国贷款的管理。要完善相应的法律法规制度，做到有法可依有法必依。政府应该建立预警机制，以有效预防突发的产业安全风险。

启示之五：加强国际协调合作，建立有效的合作机制和安全网络。产业安全和经济安全问题具有全球性，一个国家产业安全问题常常会对其他国家产生传递效应，因此，需要建立新的国际合作体系，防范风险，维护产业安全，促进全球经济健康发展。

第十章　维护产业安全，促进经济增长的政策

产业安全关系到国家利益和经济发展。维护产业安全，提升我国产业竞争力，有利于促进经济发展。因此，本章将从如下几个方面，提出维护我国产业安全，促进经济发展的思路与对策建议。

10.1　构建我国产业安全的“四位一体”保障体系框架

通过对国外产业安全模式及防范体系的比较研究，并且根据中国的具体国情，我们认为有必要构建“四位一体”保障体系框架，即从如下四个层面着手：

（1）政府层面

国家产业安全是指一国在对外开放的条件下，在国际竞争的发展进程中，保持一国民族产业持续生存和发展的能力，保持本国资本对本国产业主体的控制，使国家的经济发展和经济利益不受国内外环境的威胁、制裁和破坏的一种状态。它主要包括两个方面：一是国内产业安全，即一国能够化解各种潜在风险，保持经济稳定、均衡、持续发展的状态和能力。二是国际关系中的产业安全，即一国经济主权不受侵犯，经济发展所依赖的资源供给不受外部势力控制，国家经济发展能够抵御国际市场动荡和风险的冲击。

国家产业安全对于不同国家具有不同的含义和特征，一国经济能否整体上维持基础稳固、健康运行、持续发展，能否不致因为某些问题的演化而使整个经济受到过大的打击，与该国所处的经济发展阶段、所实行的经济制度、所置身的国家环境等紧密相关。

（2）行业协会层面

行业协会是指介于政府、企业之间，商品生产者与经营者之间，并为其服务、咨询、沟通、监督、公正、自律、协调的社会中介组织。行业协会是一种民间性组织，它不属于政府的管理机构系列，它是政府与企业的桥梁和

纽带。行业协会代表本行业全体企业的共同利益，其向政府传达企业的共同要求，同时协助政府制定和实施行业发展规划、产业政策、行政法规和有关法律。

行业协会层面的产业安全即是对本行业产品和服务质量、竞争手段、经营作风方面的安全进行有效监督；维护行业信誉，鼓励公平竞争，打击违法、违规行为，以促进我国产业安全。

（3）产业层面

所谓产业安全，主要是指主权国家的产业发展及其市场经济利益不受外部威胁和内部失衡影响而保持稳定、均衡和持续提升的一种产业景气状态。它同样包括两个方面：一是因引进外资而被外资优势所利用，进而发展到外资控制甚至垄断国内某些产业倾向，从而对国家产业安全产生威胁而出现的产业风险。它涉及的范围如金融安全、信息安全、人才安全、幼稚产业保护（制造业和高新技术产业）、经济结构与产业结构调整等。二是随着“走出去”战略的实施，中国进出口相关产业因受到国际市场挑战与冲击而出现的产业利益受到侵害。它涉及的范围如石油安全、资源安全、贸易安全等。

产业安全的本质是在经济全球化市场让度与分享过程中，一国产业适应内外部环境变化并能稳定持续发展与提升的能力，即产业竞争力的强与弱。

（4）企业层面

技术安全是指企业在经营发展过程中不受外部技术控制与垄断及内部研发能力影响而保持稳定、持续发展并做强做大的一种技术提升状态。技术安全也包括两个方面：一是企业自身技术自主创新能力比较弱而出现的自身技术供给不足。二是来自外部的技术控制、封锁与垄断及企业被并购而出现外部技术供给失效和民族工业技术（包括品牌、人才等）流失等。企业的技术安全的本质是其技术自主创新能力的强弱及其核心技术的拥有。

此外，还包括企业在国际贸易摩擦方面出现的官司和经济损害。

上述四个层面的功能和作用各不相同，应该有所侧重，政府主要承担宏观调控职责，提供信息服务，制定相关法律，实施有效监控和预警；行业协会和产业主要侧重中观层面，起着桥梁作用，一方面落实政府调控政策，进行产业引导，尤其是行业协会还应该提供信息咨询，正确引导企业，同时要真正成为企业的中介，为其提供高质量的服务；企业侧重微观层面，参与市场竞争，着重提高技术创新能力，塑造核心竞争力，保持可持续发展。

10.2 建立我国产业安全的政策法律体系

10.2.1 制度创新是保障国家产业安全的必要条件

要保障国家产业安全，必须从本土出发，从制度方面来看，现在很多威胁国家产业安全的不和谐因素都主要源于制度的不平衡，所以，必须加大力度进行制度创新以及制度变迁，以确保国家产业安全。

10.2.1.1 完善国家产业安全法律制度

无论是体制建设还是制度创新，都离不开法律的规范、约束和授权。中国还没有诸如《国家产业安全法》、《信息管理法》等相关法律制度，因此，我们应该加强国家产业安全的法律法规政策体系建设。

1）制定《国家产业安全法》，把国家产业安全纳入法制化轨道。

2）制定《国家产业安全战略》，明确产业安全的定义、特征以及意义。确定中国目前面临的主要经济风险。

3）制定出一系列相应保障产业安全的法律制度及相关法规。

4）依法建立反危机和应对突发事件的保障机制和应急机制。

10.2.1.2 建立民主、科学的产业安全决策机制

为了保障国家的产业安全，在信息的管理上以及传递上都需要合理的资源分配机制，这种机制需要政府能够建立民主管理机制，杜绝道德风险以及需要公平公正的社会秩序。

首先，要建立集体决策机制；其次，要注重调查研究，决策者应该尊重客观事实，从事实出发；最后，要建立国际合作机制，中央地方协调机制和突发事件应急机制。

10.2.1.3 建立重大行为的产业安全影响评议制度

政府的行为以及企业的行为都会影响一个国家的产业安全，所以，国家应该对特定的对象可能对国家产业安全造成的影响进行“评价审议”（刘斌，2010）。对其可能造成的正面及负面的影响作出预期和评估，并根据具体情况采取相应的措施。

10.2.1.4 建立关键的战略资源储备体系

战略资源在国民经济中地位十分关键，往往是一国经济发展和产业安全的基础，也往往因为战略资源的缺乏而受制于他国。因此我国必须做好战略资源的储备体系，以应付可能会发生的危机。

我国的战略资源包括：能源、粮食、高级人才、高级技术、水资源和稀缺矿产资源等，目前应该抓紧建立全国能源储备，保障石油供给，继续完善粮食储备，保障粮食安全，同时，更加注重储备高级人才，以保障国家产业安全。

10.2.1.5　建立有效的产业安全信息网络系统

目前，随着经济的发展，网络安全已经越来越受到国家的重视，我们首先要健全经济信息网络的功能，采用组织机构体系、采用先进的技术手段和方法来建立不同层级的经济信息供给责任制以及完善必要的经济信息采集、处理和传播。

其次，要大力加强“反经济间谍”的业务，防范高科技和关键信息的秘密泄露，中国情报部门应该承担起保卫国家信息安全的重任，以保证国家产业安全。

最后，应该建立维护国家安全的市场信息传导机制，将建立有效的、公正的信息披露机构，对提供虚假信息要追究法律责任，提供可以覆盖全社会的信息公共服务，提高经济运行的信息透明度。

10.2.1.6　建立国家产业安全监测预警体系

由于经济风险的累积发生的突发经济事件，我们应该建立一套完整的产业安全监测体系，从而能够更好有效的防范突发的经济事件发生，并且能够有效地化解经济风险，将突发经济事件的影响降到最低程度，并组织恢复或者重建。

10.2.2　提升竞争力是保障国家产业安全的坚实基础

当今世界是国家与国家之间的竞争，也就是综合国力的竞争，国家产业安全与国家综合国力形成正比。所以，结合我国的国情，增强国际竞争力，增强承受和抵御风险的能力，才能够确保国家的产业安全。

（1）促进产业结构升级，优化资源

一国的产业安全程度取决于该国的经济发展以及综合国力，产业是国民经济的基础，产业的发展对于增加综合国力具有关键性的作用，中国只有充分发挥后发优势，合理配置经济资源，调整和优化产业结构，促进产业的升级，才能够保证我国国家的产业安全。

（2）实施科教兴国，转变经济发展方式

随着经济的发展，世界经济发展方式由粗放型经济向集约型经济转变，经济发展主要靠科学技术的进步，特别是提高人们的素质，促进科教兴国。

首先应该建立和引进与开发相结合的科技创新体系；其次应该重视人力资本的开发和利用。

（3）防范开放风险，实施全面开放战略

对于中国而言，现在至少应该解决四个方面的问题："一是如何实质性地提升出口竞争力，不是继续依靠廉价手段；二是如何靠制度与软环境的改善创造国际资本进入条件，而不是继续依靠优惠让利吸引外资；三是如何在各种现代国际服务贸易市场上提高占有率，而不是几种在工程承包市场上搞自相残杀恶性竞争；四是如何真正启动'走出去'战略，采用现代企业通行的经营竞争模式，从根本上改变国内生产向外销售的传统模式。"（张幼文，2008）

我国仍然处于发展中国家，更容易受到金融、产业、经济等各种风险的侵害，于是，我们既要充分发挥自己的优势，赶超发达国家，也要加强监管，建立完善的预警系统，维护国家产业安全。

10.2.3 构建国家安全评估指标体系和监测体系是保障国家产业安全的关键

10.2.3.1 中国产业安全预警体系的指标选择

我们参照刘斌的思路，拟构建中国产业安全预警体系❶。

（1）一级指标

对一国的国家产业安全状态，主要是从三个方面来考虑即一级指标：

一是国内经济领域安全态势；

二是国际经济领域安全态势；

三是一国经济整体抗风险能力态势。

（2）二级指标以及蕴含的三级指标

① 国内产业安全态势的监测预警一级指标（见表10－1）。

表10－1 产业安全监测预警一级指标

一级指标	二级指标	三级指标
国内经济领域	产业安全	资本效率、资本成本、劳动力素质、劳动力成本、相关知识资源状况、供给产业的竞争力、）境内需求量、境内需求增长率等
	物价指数	PPI指数、CPI指数
	财政赤字率和国债负担率	财政赤字率、国债负担率
	货币供应量	货币流通速度、CPI指数
	金融系统指标	商业银行不良贷款比重、银行资本充足率、银行业开放度

❶ 指标选择参考刘斌《国家产业安全保障与风险应对》。

续表

一级指标	二级指标	三级指标
国内经济领域	资源安全系数	粮食总量增长率、人均粮食占有量、石油储备量等
	失业率	人口结构的变化、技术的进步、人们的消费偏好等
	收入分配	基尼系数、城乡居民收入差距、城镇居民最高组与最低组的收入之比
	地区差异指标	东、中、西部地区人均收入的差异 东、中、西部地区对外贸易依存度差异 东、中、西部地区对外投资的相对依赖程度

② 包含于国际经济领域安全态势的监测预警指标（见表 10－2）。

表 10－2　产业安全监测预警二级、三级指标

一级指标	二级指标	三级指标
国际经济领域	金融风险应对能力指标	外汇储备/短期外债、外汇储备支撑进口时间、外债偿债率、外债负债率、短期外债占外债总额的比重、
	汇率	本国汇率变动幅度、美元汇率波动幅度
	产业对外依存度	中国出口贸易对三资企业的综合依存度、年利用外商直接投资占 GDP 的综合比重
	资源对外依存度	主要生产资料综合对外依存度、石油的综合进口依存度、有色金属矿业的外貌依存度
	重点品牌外资控制率	重点品牌外资控制率、外资畅销品牌的市场份额比重
	外贸外资指标体系	对外贸易综合依存度、出口综合集中度、进口综合集中度、外资的综合依赖程度、外资综合集中度
	贸易摩擦	国外对华反倾销新立案件数占全球反倾销立案件总数的比重

③ 经济整体抗风险能力态势监测预警指标（见表 10－3）。

表 10－3　经济整体抗风险能力态势监测预警指标

一级指标	二级指标	三级指标
经济整体	国家经济保障能力	中国 GDP 占世界 GDP 总量的比重、国内生产总值（GDP）实际增长率、能源综合保证系数
	社会保障支出比重	社会保障支出比重＝社会保障支出/当年国内生产总值×100%
	国防规模综合实力	国防费用增长的幅度
	政府效能	IMD 排名
	技术保障能力	中国专利申请量占全球 PCT 专利申请的比重

10.3 构建新的国际合作机制

10.3.1 “新安全观”呼吁国际合作

2002年7月31日，参加东盟地区论坛外长会议的中国代表团向大会提交了《中方关于新安全观的立场文件》，对中国在新形势下的新安全观进行了全面系统地阐述。根据该文件，中国新安全观的核心内容是：互信、互利、平等、协作；新安全观的实质是“超越单方面安全范畴，以互利合作寻求共同安全”。2005年9月19日，中国国家主席在联大会议上呼吁树立以联合国为核心的全球新安全。国务院2011年9月6日发表了《中国的和平发展》白皮书，强调倡导国际社会互信、互利、平等、协作的新安全观。

中国新安全观之“新”，首先在于超越冷战思维，摒弃以对抗求安全的思想。中国主张在互利、互信的基础上，建立超越意识形态和社会制度的合作关系，以合作的方式谋求共同利益和解决冲突。这种新观念的提出，是适应国际形势发展和变化的产物。

新安全观呼吁国际合作，以合作求安全是中国新安全观的最重要特征，它摒弃了增强实力、削弱对手的旧有方式，反对以牺牲他国的安全利益来谋求自身的“绝对安全”；主张通过建立互信措施、加强彼此合作，实现相互安全的方法，消除冲突发生的诱因和安全隐患，促进共同安全的实现。

10.3.2 我国“国际合作机制”的构建

（1）理论基础——安全共同体理论

安全共同体（Security Community）理论是第二次世界大战结束后最先尝试解决国际关系中非暴力变革的理论，它的核心议题是由冲突和合作的进化，并且主要从安全困境入手向现实主义提出挑战。多伊奇把安全共同体定义为“一群人已经凝聚到这样的程度：共同体的成员真正确信彼此之间不以武力相害，而是以其他的方式来解决争端”；这种凝聚意味着在一个区域内达成一种“共同体”意识，并形成了正式的和非正式的制度和惯例，这些广泛而强有力的制度和惯例就是要长期保证其区域内人们对和平变革的可靠期望。（Donald J. Puchala, “The Integration Theorists and the Study of International Relations,” p. 189.）与安全困境不同的是，安全共同体的核心理念是将国际关系看作是一个在交易（transaction）、互动（interaction）和社会化（socialization）的驱使下进行社会学习和形成认同的过程。

（2）开展不同形式的区域合作

在经济全球化的今天，经济全球化已经使得无论是发展中国家还是发达国家各国间的依赖都逐步加深。国家不可能独善其身，国家发展必须立足于全球发展。

目前，区域集团化作为经济一体化的表现形式，将在很长时间内成为主导。我国要积极参与区域合作，以合作实现产业安全。

① 加强区域合作，构建区域产业安全共同体。

中国必须在坚持独立自主发展的方针下，以更加积极主动的姿态参加国际事务，更多地参与区域经济、贸易、投资等方面的合作。中国是一个发展中国家，其贸易主要在亚太区域，所以，进一步加强同亚太区域的合作就显得尤为重要，首先，要充分利用亚太经济合作组织，互利互惠，加强各个成员国的沟通与交流。其次，要加强中美、欧盟等的经济合作关系，增进俄罗斯、中亚的合作与交流，确保中国边疆稳定，立足中亚，确保战略资源安全提供新的保障。再次，积极推动中国与东盟间的自由贸易，打消东南亚国家对中国的顾虑，确保南海核心利益；同时，进一步加强与韩国、朝鲜等国的合作。

② 倡导经济协调机制，促进全球化进程。

在经济全球化的迅速发展下，地域经济全球化的重大负面影响不仅需要亚太区域的合作，更加需要国际间的相互合作与交流。第一，要倡导世界各国尤其是发展中国家进行经济结构调整；第二，倡导发展中国发展彼此协同，建立协同机制，促进国际合作；第三，倡导世界各国的金融融通，促进短期资金交流，对频繁流动的国际游资，通过交易成本抑制各国交易来削弱过度投机。

③ 促进大陆与港澳台经济圈的形成。

随着香港、澳门的相继回归，海峡两岸的贸易不断加强。早在20世纪80年代，就有学者提出“大中华经济圈”的概念，这一经济圈相互促进，优势互补，能够最优化的实现两岸经济贸易往来，进一步维护我国的产业安全。

（3）积极参与国际经济规则的制定，构建国际经济新秩序

维护我国的产业安全，必须构建有利于国际经济发展的新秩序，必须积极推进国际经济新秩序的发展，也就是在合作中求发展即走“合作安全”之路。(刘斌，2010）中国作为最大的发展中国家，应该充分发挥自身的优势，充分遵守各国双边及多边协议，积极维护国际间秩序，保证国家产业安全。

第一，发挥中国在世界政治经济关系中的积极作用，采取灵活外交，扩大中国的政治影响力，谋求和平的外交新秩序；第二，发挥中国在亚太地区的优

势，以亚太地区为基础，保证国际新秩序；第三，抓住加入WTO的良好契机，积极参与制定国际经济规则，争取主动，保障我国产业安全；第四，努力构建与大国的经济合作伙伴关系，在政治上推进多极化，在经济上形成“协同体”，用共同的利益去约束强权政治与霸权主义，有利于推动我国经济的发展，保障我国产业安全。

10.4 构建中央与地方新的协调机制

10.4.1 构建中央与地方新的协调机制的内涵与原则

实现产业安全，构建和谐社会离不开中央与地方的协调机制，处理好中央与地方关系既是构筑现代民主政治体系的需要，同时还是完善现代法制，推进经济发展和社会进步的必要条件。按照邓小平的说法，处理中央与地方关系主要是处理好党的中央组织和地方组织的关系（邓小平，1989），这是由党在我国政治体制中的核心地位决定的。因此，构建中央和地方新的协调机制，必须遵循如下原则：

①坚持中央与地方关系法制化原则；②坚持集权和分权相结合的原则；③集中与分散相协调原则；④法律规范保障原则。

10.4.2 中央与地方协同机制的建立

（1）以单一制国家结构形式、维护中央统一为前提

长久的中央集权制历史传统和现实中的结构形式是中国政治体制形成的土壤和根源，即使在经济发展大潮中迫切要求下放权力，也一定要在符合中国国情的前提下适度放权，要坚持以中央权威为基础，防止地方保护主义泛滥进而对抗中央权威。

（2）以法制化原则为基础

虽然中央与地方关系具有动态性，随着时代环境的变迁而变化，但并不意味着不需要法制的统一保障。只有用法律来明确中央与地方的权限范围，才能从根本上防止权力收放困境的再现，使中央与地方关系的调整变动保持在一个合理的范围内。

（3）以转变政府职能，实行政企分开为关键

从计划经济体制向市场经济转变的过程中，政府必须转变职能，实行政企分开，建立起现代企业制度，中央下放的企业不得由地方政府截留。中央借助

经济杠杆和法律手段以及宏观调控机制，对地方企业和政府实行监督，地方政府则履行监督和服务的职能，制定地方性法规条例来规范市场秩序，保证地区经济健康运行。只有实现政府职能转变，中央政府和地方政府才可能在各自的职能范围内活动，更好地提供公共产品和公共服务，促进中央与地方关系的和谐化发展。

(4) 以完善监督机制为必要条件

中国是个单一制国家，因而中央政府负有对地方政府实施管理和监督的责任，而地方政府基于自身的利益，也需要和中央政府进行政策协商和沟通，使中央政策适应各地不同的发展状况。因此，从完善立法监督、行政监督和司法监督双向制衡机制出发，规范中央政府和地方政府的行为，对于理顺双方的关系具有重要的现实意义和长远意义。

(5) 以精简政府机构，削减行政特权为突破口

历史经验证明，如果一党执政，组织结构庞大，政府特权很大，必然产生严重腐败和低效率。因此，无论是中央政府还是地方政府，如果要构建有效和协调的机制，都必须以精简政府机构，削减行政特权为突破口。政府机构和官员少了，组织成本就少，而且有利于群众监督，并且有利于公仆意识和办事效率。特权少了，主要依靠市场机制发挥作用，那么腐败的土壤就少了，腐败繁殖速度也大为降低。

10.5 进一步提升企业竞争力水平

(1) 培育优势企业，增强企业的国际竞争力

保护国内市场是一种消极对策，更为基本和积极的方法是采取直接提高国内产品竞争力、增强民族工业国际竞争力的措施。可以采取集团化策略，组建大型企业集团和跨国公司。国家的竞争力说到底取决于企业的竞争力，国家的产业安全最终也要靠强大的企业力量来支撑。为增强国内企业抵御外来冲击的能力，政府应下大力气进行产业重组，下决心关、停、并、转那些缺乏规模经济效益、亏损严重的企业，鼓励企业间通过联合或兼并方式组建大的企业集团，增强实力，培育优势企业。应尽快消除区际壁垒，打破地方保护主义，形成统一的国内生产要素及产品市场，促进国内商品、要素的顺畅流通，降低各种国内交易成本，以增强我国企业的整体国际竞争力，使产品能更多地打入国际市场，并使之积极开展国际经营，以世界为市场来安排投资、开发、生产、销售，将生产要素在全球范围内进行合理配置，最终形成具有国际竞争力的跨

国公司。

现代经济中，无论是产业内贸易，还是产业内竞争，产业竞争力都体现在可替代产品之间的竞争。而且，同类产品的竞争加剧明显表现为名牌产品之间的激烈竞争。发展民族经济是产业保护的主要目标，但开放经济条件下，民族工业难以用生产主体来区分，保护和树立本国名牌是振兴民族工业的重要手段。例如，面对激烈的市场竞争，中国家电行业下大力气及时调整自己的经营策略，积极吸收国外先进的技术和设备，并适时进行家电行业的结构重组，结果中国家电行业不仅没有在竞争中垮掉，反而增强了自身的国际竞争力，目前中国的家电企业不仅主导了国内市场，同时又不断开拓国际市场。

（2）大力发展高科技产业和战略性新兴产业

科学技术是第一生产力。世界经济竞争越来越多地体现为科技实力、科技创新能力的竞争。高科技产业已成为世界各国抢占的实施产业保护和产业安全的制高点，科技竞争是21世纪不争的焦点。大力发展高科技产业，不仅可以减少发展道路上的成本，维持“自动持续增长”，而且可以为所有产业的保护和安全提供长期的、发展的推动力量。也就是说，是否拥有高科技成分和含量是能否成功维持和促进包括高科技产业本身在内的全部产业保护和安全得以实施的最关键因素，一切产业在保护和安全实施中能否拥有动态发展权也最终取决于科技进步。因此，应根据宏观产业发展政策的需要，以及我国自身技术的现有发展水平，积极引进先进的科学技术，发展科技，利用科技取得突破性进展，迅速提高我国综合国力，增强防御能力。

同时，我们还应大力发展战略性新兴产业。战略性新兴产业和高新技术产业的共同特点都可以简单的归结为以下三点：高风险、高投入、高收益。但是两者也有区别，高技术和高新技术重点是技术产业化，形成产业聚集效应，促进区域经济发展，不一定具有战略性。而战略性新兴产业的选择和发展必须具有战略性和全局性，既要对国家当前经济社会发展起到支撑作用，也要引领国家未来经济发展的方向。

（3）建设多元开放平台促进企业创新

多元开放平台是实现产业创新、资源共享、一体化、集成化的网络支撑体系，它通过集聚各种区域创新要素进行聚变创新、裂变创新和迁移创新，进而导致创新成果外溢及产业化的集聚发展过程。通过多元开放平台的制度环境建设，从根本上促进企业尤其是小企业的集聚发展，激发企业创新的动力，实现创新加速，维护产业链的完整和平衡，增强产业的国际竞争力，最终实现产业安全和国家经济安全。

参考文献

(一) 主要英文参考文献

[1] Theodore Levitt. The Globalization of Markets [J]. Harvard Business Review, 1983 (5, 6).

[2] GRAHAME F. THOMPSON. Financial ‘Globalization’ and the ‘Crisis’: A Critical Assessment and What is to be Done [J]. New Political Economy, 2010 (15): 127 – 145.

[3] V. SPIKE PETERSON. A Long View of Globalization and Crisis [J]. Globalizations, 2010 (7): 187 – 202.

[4] HIRST, P. Q., THOMPSON, G. F. & BROMLEY, S.. Globalization in Question [M]. 3rd Edition, Polity Press, Cambridge, 2009.

[5] JEAN BOIVIN, MARC P. GIANNONI & ILIAN MIHOV. Sticky Prices and Monetary Policy: Evidence from Disaggregated US Data [J]. American Economic Review, 2009, 99 (1): 350 – 84.

[6] LEVCHENKO, A., RANCIERE, R., AND M. THOENIG. Growth and risk at the industry level: The real effects of financial liberalization [J]. Journal of Development Economics, 2009, 89 (2): 210 – 222.

[7] FABIO MILANI. The Effect of Global Output on U. S. Inflation and Inflation Expectations: A Structural Estimation, Working Papers 080920, University of California – Irvine, Department of Economics, 2009.

[8] M AYHAN KOSE, ESWAR PRASAD, KENNETH ROGOFF, AND SHANG – JIN WEI. Financial Globalization: A Reappraisal [R]. IMF Staff Papers, 2009 (56): 8 – 62.

[9] SEBASTIAN EDWARDS. Globalization, Growth and Crises: The View from Latin America [J]. Australian Economic Review, 2008, 41 (2): 123 – 140.

[10] AYHAN KOSE, M. & OTROK, CHRISTOPHER & WHITEMAN, CHARLES H.. Understanding the evolution of world business cycles [J]. Journal of International Economics, 2008.

[11] FREDERICK S. MISHKIN. The Next Great Globalization: How Disadvantaged Nations Can Harness Their Financial Systems to Get Rich [J]. Eastern Economic Journal, 2008 (34): 135 – 138.

[12] BOUËT, A., Y. DECREUX, L. FONTAGNÉ, S. JEAN AND D. LABORDE. Assessing Applied Protection across the World [J]. Review of International Economics, 2008, 16

(5): 850 – 863.

[13] ROBERT E. KOHN. Environmental standards as barriers to trade [J]. Socio – Economic Planning Sciences, 2003, 37 (3).

[14] THORSTEN BECK. Financial development and international trade: Is there a link? [J]. Journal of International Economics, 2002, 57 (1).

[15] ANDREW R. DICK. Strategic trade policy and welfare: The empirical consequences of cross – ownership. [J]. Journal of International Economics, 1993, 35 (3 – 4).

[16] MACHAELE. PORTER. The Competitive Advantages of Nations [M]. No149, The Free Press, 1990.

[17] KAN, JOE. Handbook of Canadian "Security Analysis: a Guide to Evaluating the Industry Sectors of the Market" [M]. Canada: Tri – graphic Printing Ltd., 1997.

[18] NESADURAI (ED.). Globalization and Economic Security in East Asia [M] Rout ledge, 2005.

[19] WANG ZHENGYI. Conceptualizing Economic Security and Governance: China Confronts Globalization [J]. The Pacific Review, 2004 (17): 523 – 545.

[20] LOWELL DITTMER. The Asian Financial Crisis and the Asian Developmental State: Ten Years After [J]. Asian Survey, 2007, 47 (6): 829 – 833.

[21] YAO – CHUN LEE, JIN – LI HU, JIA – FU KO. The Effect of ISO Certification on Managerial Efficiency and Financial Performance: An Empirical Study of Manufacturing Firms [J]. International Journal of Management, 2008, 25 (1): 166 – 175.

[22] CHEN YUN CHUNG, PUN NGAI. Neoliberalization and Privatization in Hong Kong after the 1997 Financial Crisis [J]. China Review, 2007, 7 (2): 65 – 92.

[23] RENATO CRUZ DE CASTRO. The 1997 Asian Financial Crisis and the Revival of Populism/Neo – Populism in 21st Century Philippine Politics [J]. Asian Survey, 2007, 47 (6): 930 – 951.

[24] LEE BRANSTETTER. Is foreign direct investment a channel of knowledge Spillovers? Evidence from Japan' S FDI in the United States [J]. Journal of International Economics, 2006, 68 (2).

[25] ROBERT SPICH, ROBERT GROSSE. Global Security Risks and International Competitiveness [J]. Journal of International Management, Issuel, 2005.

[26] NIR KSHETRI. Information and communications technologies, strategic asymmetry and national security [J]. Journal of International Management, 2005, 11 (4).

[27] WILLIAM E. REES. Globalization, trade and migration: Undermining sustainability [J]. Ecological Economics, 2006, 59 (2).

[28] PETER NOLAN, ALAN SHIPMAN AND HUAICHUAN RUI. Coal Liquefaction, Shenhua Group, and China's Energy Security [J]. European Management Journal, 2004, 22 (2).

[29] KARL SCHUHZA, PETER WILLIAMSONA. Gaining Competitive Advantage in a Carbon – constrained World: Strategies for European Business [J]. European Management Journal, 2005, 23 (4).

[30] JUSTIN TAN. Curvilinear Relationship between Organizational Slack and Firm Performance: Evidence from Chinese State Enterprises [J]. European Management Journal, 2003, 21 (6).

[31] PETER BRUUNA, DAVID BENNETTB. Transfer of Technology to China: A Scandinavian and European Perspective [J]. European Management Journal, 2004, 20.

[32] ALAN BEVAN, SAUL ESTRIN, AND KLAUS MEYER. Foreign investment location and institutional development in transition economies [J]. International Business Review, Volume 13.

[33] ULRIKE MAYRHOFER. Globalization and multicultural societies; Marina Ricciardelli, Sabine Urban, Kostas Nanopoulos eds. [J]. International Business Review, 2003, 12 (6).

[34] G. S. KINDRA, NICOLINO STRIZZI, NORMA MANSOR. The role of marketing in FDI generation: evidence from ASEAN countries [J]. International Business Review, 1998, 7 (4).

[35] BERNARD MICHAEL GILROYA, ELMAR LUKAS. The choice between greenfield investment and cross – border acquisition: A real option approach [J]. Quarterly Review of Economics and Finance, 2006, 46 (3).

[36] J. BIELECKI. Energy security: Is the wolf at the door? [J]. Quarterly Review of Economics and Finance, 2007, 42 (2).

[37] AURÈLIA MAÑÉ – ESTRADA. European energy security: Towards the creation of the geoenergy space [J]. Energy Policy, 2006, 34 (1).

[38] JIE HE. Pollution haven hypothesis and environmental impacts of foreign direct investment: The case of industrial emission of sulfur dioxide (S02) in Chinese provinces [J]. Ecological Economics, 2006, 60 (1).

[39] SHIMIZU. K., HITT. M. A., VAIDYANATH. D., PISANO. V. Theoretical foundations of cross – border mergers and acquisitions: A review of current research and recommendations for [J]. Journal of International Management, Jan 2004.

[40] RAUSCHER, M.. International Trade, Foreign Investment. and the Environment [J]. Handbooks in Economics, 2005, 20 (3).

[41] FRANKEL, JEFFREY A. ROSE, ANDREW K.. Is Trade Good or Bad for the Environment? [J]. Sorting out the Causality. Review of Economics & Statistics, 2005, 87 (1).

[42] WENG CHANGHUA, ZHANG LUOPING, DAVID KLUMPP. Definitions and progress of ecosystem health and ecological security [J]. Ecological Economy, 2006, 2 (3).

[43] PAUL R. KRUGMAN, VENABLES A J.. Globalization and the Inequality of Nations [J].

Quarterly Journal of Economies, 1995 (110) : 857 – 80.

[44] YOUNG S, LAN P.. (1997) Technology Transfer to China through Foreign Direct Investment [J] . Regional Studies, 1997 (31): 669 – 679.

[45] AGUR, I.. The US Trade Deficit, the Decline of the WTO and the Rise of Regionalism [J]. Global Economy Journal, 2008, 8 (3): 1 – 32.

[46] A. ILLARIONOV. The Criteria of Economic Security [J]. Problems of Economic Transition, 1999, 41 (12): 63 – 92.

[47] FISCHER, STANLEY. 2003: Globalization and Its Challenges, AEA Papers and Proceedings [J]. American Economic Review, 2003, 93 (2).

[48] J. SPELLING, E. KIRCHNER. Economic Security and the Problem of Cooperation in Post – Cold War Europe [J]. Review of International Studies, 1998, 24.

[49] MICHAEL E. PORTER. The Competitive Advantage of Nations [M]. the Free Press, 1990.

[50] PATRICK J. DESOUZA. Economic Strategy and National Security: A Next Genwration Spproach [M]. West view Press, 2000.

[51] PETER J. BRUNEL. Economic Nationalism in the Third World [M]. Harvester Press, 1986.

[52] SPELLING, E. KIRCHNER. Economic Security and the Problem of Cooperation in Post – Cold War Europe [J] . Review of International Studies, 1998, 24.

[53] DAVID B. AUDRETSCH. Industrial Policy and Competition Advantage [M]. Edward Elgar Publishing Limited, 1998.

[54] FURMAN, JEFFREY L. , PORTER, MICHAEL E. , STERN, SCOTT. The Determinants of National Innovative Capacity [J] . Research Policy, 2002, 31 (6): 899 – 933.

[55] JORGENSON, D. Capital Theory and Investment Behavior [J]. American Economic Review, 1963.

[56] KAMINSKY, GRAEIELA L. AND REINHART, CARMEN M. The Twin Crises: The Causes of Banking and Balanees – of – Payments Problems [J]. The American Economic Review, 1999, 6.

[57] KRUGMAN P. A Model of Balance of Payments Crisis. Journal of Money [J]. Credit and Banking, 1979, 11: 311 – 325.

[58] MICHAEL E. PORTER. Clusters and the New Economics of Competition [J]. Harvard Business Review, 1998, 76 (6).

[59] LONGSTAFF, F. A.. The Subprime Credit Crisis and Contagion in Financial Markets [J]. Journal of Financial Economics, 2010 (97): 436 – 450.

[60] SAMARAKOON, P.. Stock Market Interdependence, Contagion and the U. S. Financial Crisis: The Case of Emerging and Frontier Markets [J]. Journal of International Markets, Institutions and Money, 2011 (21): 724 – 742.

（二）主要中文参考文献

[1]［美］乔尔·科特金．全球族：经济全球化大潮中的种族、宗教和民族认同［M］．王旭等译．北京：社会科学文献出版社，2010.

[2]［美］德罗萨．金融危机真相［M］．北京：中信出版社，2008.

[3]［美］戴维·赫尔德，安东尼·麦克格鲁，戴维·戈尔德布莱特，乔纳森·佩拉顿．全球大变革：全球化时代的政治、经济与文化［M］．杨雪冬，周红云，陈家刚，褚松燕，译．北京：社会科学文献出版社，2001.

[4]［英］帕德玛．德塞．走向全球化：从计划向市场的过渡［M］．郑超愚校译．北京：新华出版社，1999.

[5]［英］保罗·赫斯特，格雷厄姆·汤普森．质疑全球化：国际经济与治理的可能性［M］．张文成，许宝友，贺和风，译．北京：社会科学文献出版社，2002.

[6]［德］弗兰克．白银资本：重视经济全球化中的东方［M］．刘北成译．北京：中央编译出版社，2008.

[7]［德］弗里德里希·李斯特．政治经济学的国民体系［M］．北京：商务印书馆，1981.

[8]［法］雅克．阿达．经济全球化［M］．何竞，周晓幸，译．北京：中央编译出版社，2000.

[9]［俄］B．梅德韦杰夫．俄罗斯经济安全问题［J］．国外社会科学，1999（1）.

[10]［俄］B. K．先恰戈夫．经济安全——生产、财政、银行［M］．北京：中国税务出版社，2003.

[11]［埃及］萨米尔·阿明．不平等的发展（中译本）［M］．北京：商务印书馆，1990.

[12]［美］迈克尔·波特．竞争战略［M］．北京：华夏出版社，1997.

[13]联合国跨国公司中心．三论世界发展中的跨国公司［M］．北京：商务印书馆，1992.

[14]李琮．经济全球化新论［M］．北京：中国社会科学出版社，2005.

[15]程伟．经济全球化与经济转轨互动研究［M］．北京：商务印书馆，2005.

[16]薛荣久．经济全球化下贸易保护主义的特点、危害与遏制［J］．国际贸易，2009（3）.

[17]刘力．当前中国面临的国际经济摩擦与对策［J］．管理世界，2004（9）.

[18]夏斌．国际金融危机对我国的影响及对策［J］．中国产业经济动态，2009（7）：22－26.

[19]路江涌．外商直接投资对内资企业效率的影响和渠道［J］．经济研究，2008（6）.

[20]唐毅南，陈平．群体动力学和金融危机的预测［J］．经济研究，2010（6）：53－65.

[21]张燕生．经济全球化与世界性危机关系的研究［J］．宏观经济研究，2009（10）：3－8.

[22]罗杰·阿尔特曼，李磊，李红专．衰退中的全球化——金融危机对地缘政治的进一步影响［J］．国外理论动态，2010（05）.

[23]周维富．经济全球化发展新态势对我国产业结构优化升级产生的影响［J］．国际贸易，2010（2）：23－30.

[24] 江涌. 全球化时代国家经济安全［J］. 中国经济周刊, 2010 (19).
[25] 吴志鹏, 方伟珠, 陈时兴. 经济全球化理论流派回顾与评价［J］. 世界经济研究, 2003 (1): 29-33.
[26] 马杰. 经济全球化与国家经济安全［M］. 北京: 经济科学出版社, 2000.
[27] 赵瑾. 应对贸易摩擦的国际经验和中国选择［J］. 国际经济评论, 2005 (9-10).
[28] 沈四宝. 美国、日本、欧盟贸易摩擦应对机制比较研究——兼论对我国的启示［J］. 国际贸易, 2007 (2).
[29] 尹翔硕, 李春顶, 孙磊. 国际贸易摩擦的类型、原因、效应及化解途径［J］. 世界经济, 2007 (7): 74-85.
[30] 孙瑞华. 贸易自由化条件下影响我国产业安全的环境因素分析［J］. 经济体制改革, 2005 (6): 16-20.
[31] 金碚. 中国工业国际竞争力——理论、方法与实证研究［M］. 北京: 经济管理出版社, 1997.
[32] 赵英. 超越危机: 国家经济安全监测预警［M］. 福州: 福建人民出版社, 1999.
[33] 赵英, 李海舰. 大国之途—21世纪的中国经济安全［M］. 昆明: 云南人民出版社, 2006.
[34] 许铭. 中国产业安全问题分析［M］. 太原: 山西经济出版社, 2006.
[35] 王洛林. 全球化与中国［M］. 北京: 经济管理出版社, 2010.
[36] 薛荣久. 经济全球化的影响与挑战［J］. 世界经济, 1998 (4).
[37] 赵刚箴. 评美国新国家安全战略报告［J］. 现代国际关系, 1999 (3).
[38] 朱棣. 入世后的中国产业安全［M］. 上海: 上海财经大学出版社, 2006.
[39] 商务部产业损害调查局. 加入世贸组织六年来中国产业安全状况评估报告［M］. 北京: 商务印书馆, 2008.
[40] 黄烨菁. 中国信息技术产业的发展与产业安全［J］. 世界经济研究, 2004 (9).
[41] 马有才, 赵映超. 产业安全理论研究综述—兼论高新技术产业安全的特点［J］. 科技管理研究, 2009 (12).
[42] 顾海兵. 当前中国经济的安全度估计［N］. 科技日报, 1997.
[43] 余永定, 郑秉文, 等. 中国"入世"研究报告: 进入WTO的中国产业［M］. 北京: 社会科学文献出版社, 2000.
[44] 雷家啸. 国家经济安全的理论与方法［M］. 北京: 经济科学出版社, 2000.
[45] 杨公朴, 夏大慰. 现代产业经济学［M］. 上海: 上海财经大学出版社, 1999.
[46] 张碧琼. 经济全球化风险与控制［M］. 北京: 中国社会出版社, 1999.
[47] 郑通汉. 经济全球化中的国家经济安全问题［M］. 北京: 国防大学出版社, 1999.
[48] 王永县. 国外的国家经济安全研究与战略［M］. 北京: 经济科学出版社, 2000.
[49] 李坤望, 刘重力. 经济全球化: 过程、趋势与对策［M］. 北京: 经济科学出版社, 2000.

[50] 景玉琴，高洪力，高艳华．创造有利于产业安全的制度环境［J］．理论前沿，2004（24）．
[51] 王金龙．反倾销视角下我国产业安全的维护［J］．当代经济研究，2004（11）．
[52] 黄志勇，王玉宝．FDI 与我国产业安全的辨证分析［J］．世界经济研究，2004（6）．
[53] 王坚．加强运行监控确保产业安全［J］．上海工业，2000（10）．
[54] 高虎城．产业国际竞争与产业安全［J］．科学决策，2004（9）．
[55] 高虎城．努力提升产业国际竞争力，切实维护国内产业安全［J］．中国经贸导刊，2004（5）．
[56] 谢莹，喻文清．入世后维护我国产业安全的法律措施［J］．法学杂志，2004（3）．
[57] 卢新德．跨国公司本土化战略与我国产业安全［J］．世界经济与政治论坛，2004（3）．
[58] 王琴华．认真做好产业损害调查和维护产业安全工作［J］．中国经贸导刊．2004（13）．
[59] 景玉琴．产业安全概念探析［J］．当代经济研究，2004（3）．
[60] 景玉琴．论运用产业保护措施维护我国产业安全［J］．经济学家，2003（6）．
[61] 杨卫东，曹洪谦．合理运用世贸组织规则维护产业安全［J］．首都经济，2003（6）．
[62] 马克．努力掌握反倾销法律规则，切实保护国内产业安全［J］．中国经贸导刊，2003（15）．
[63] 汪浩泳，孔娴．外商直接投资对中国产业安全的影响［J］．企业经济，2003（1）．
[64] 韩未名．我国产业安全面临的挑战及原因、对策、发展态势［J］．云南财贸学院学报（社会科学版），2003（1）．
[65] 夏兴园，王瑛．国际投资自由化对我国产业安全的影响［J］．中南财经大学学报，2001（2）．
[66] 祝年贵．利用外资与中国产业安全［J］．财经科学，2003（5）．
[67] 李连成，张玉波．FDI 对我国产业安全的影响和对策探讨［J］．云南财贸学院学报（经济管理版），2002（2）．
[68] 谢峻锋、程燕婷．入世对中国金融产业安全的影响［J］．石家庄经济学院学报，2002（2）．
[69] 吴岩．反倾销条例——保护产业安全的有力武器［J］．企业管理，2002（2）．
[70] 何维达．中国“入世”后的产业安全问题及其对策［J］．经济学动态，2001（11）．
[71] 何维达，何昌．当前中国三大产业安全的初步估算［J］．中国工业经济，2002（2）．
[72] 李连成，张玉波．试析 FDI 与我国产业安全［J］．经济前沿，2001（12）．
[73] 黄建军．中国的产业安全问题［J］．财经科学，2001（6）．
[74] 刘德吉．经济全球化条件下提高我国产业安全度的对策［J］．华东理工大学学报（社会科学版），2000（3）．
[75] 于新东．中国加入 WTO 后产业保护和产业安全研究及对策［J］．学习与探索，2000（2）．

[76] 赵广林．经济全球化背景下我国的产业安全［J］．南京政治学院学报，2000（2）．

[77] 余治利．警惕“产业空洞化”——对我国产业安全的思考［J］．世界经济研究，2000（5）．

[78] 阳群．入世后贸易摩擦对中国贸易安全的影响［J］．商场现代化，2006（10）．

[79] 宋卫刚．中国贸易安全危机思考［J］．决策与信息（财经观察），2006（1）．

[80] 齐虹丽．国家经济安全与产业政策立法——加入 WTO 给中国产业带来的冲击与日本经验的启示［J］．云南财贸学院学报，2003（4）．

[81] WCO．全球贸易安全和便利标准框架［J］．中国海关，2005（12）．

[82] 项义军、尤涛．当前我国贸易安全存在的问题及对策［J］．商业研究，2005（13）．

[83] 何传添．加入 WTO 有利于中国的贸易安全［J］．国际经贸探索，2002（1）．

[84] 夏兴园，王瑛．论经济全球化下的国家贸易安全［J］．经济评论，2001（6）．

[85] 赵娴．开放经济中的金融安全问题及其保障对策［J］．现代财经——天津财经学院学报，2006（2）．

[86] 路晶．金融全球化与我国的金融安全分析［J］．首都经济贸易大学学报，2005（4）．

[87] 张汉林，李杨．利用 WTO 体制维护我国国家经济安全［J］．科学决策，2005（1）．

[88] 陆凯旋．我国金融安全问题探析［J］．财贸经济，2005（8）．

[89] 王前超．跨国公司战略性并购对我国产业安全的影响及对策［J］．亚太经济，2006（4）．

[90] 于新东．产业保护和产业安全的理论分析［J］．上海经济研究，1999（2）．

[91] 李孟刚．产业安全理论［M］．北京：高等教育出版社，2010．

[92] 蓝海涛．运用世贸反补贴规定，维护我国产业安全［J］．宏观经济管理，2006（5）．

[93] ［美］安纳特·内甘地．印度利用外资的政策［J］．世界经济译丛，1988（4）．

[94] 车敬子．韩国产业损害调查制度及其对中国的启示［J］．国际商务——对外经济贸易大学学报，2005（5）．

[95] 陈凤英．国家经济安全［M］．北京：时事出版社，2005．

[96] 景玉琴．产业安全评价指标体系研究［J］．经济学家，2006（2）．

[97] 乔颖，彭纪生，孙文祥．FDI 对我国产业风险的实证研究［J］．世界经济研究，2005（9）．

[98] 商务部．国别贸易投资环境报告［R］．2006．

[99] 孙瑞华，刘广生．产业安全评价指标体系的构建研究［J］．科技进步与对策，2006（5）．

[100] 叶辅靖．把握资本进出关——我国利用外资中的国际经济安全问题分析［J］．国际贸易，2004（1）．

[101] 李廉水，杜占元．中国制造业发展研究报告［M］．北京：科学出版社，2007．

[102] 周达．中国制造业结构变动研究 1981—2006［M］．北京：知识产权出版社，2008．

[103] 吕政．国际产业转移与中国制造业发展［M］．北京：经济管理出版社，2006．

[104] 史忠良，何维达．经济全球化与国家经济安全［M］．北京：经济管理出版

社，2003.
[105] 何维达等. 开放市场下的产业安全与政府规制［M］. 南昌：江西人民出版社，2003.
[106] 何维达，潘玉璋，李冬梅. 产业安全理论评价与展望［J］. 科技进步与对策，2007 (04).
[107] 何维达. 入世后我国机械工业经济安全的DEA模型估算［J］. 国际贸易问题，2005 (5).
[108] 何维达，于一，陈宝东. 金融危机对我国商业银行公司治理的启示［J］. 投资研究，2009 (7).
[109] 何维达等. 中国若干重要产业安全的评价与估算［M］. 北京：知识产权出版社，2008.
[110] 何维达，陈雁云. 我国机械工业经济安全的DEA模型估算［J］. 国际贸易问题，2005 (6).
[111] 孙瑞华. 贸易自由化条件下影响我国产业安全的环境因素分析［J］. 经济体制改革，2005 (6)：16-20.
[112] 路红艳，王保伦. 基于市场开放与贸易摩擦的产业安全形势分析及对策研究［J］. 北京工商大学学报（社会科学版），2006 (1)：17-21.
[113] 汪素芹. 中国对外贸易发展中的产业安全问题［J］. 国际经贸探索，2005 (7).
[114] 俞婷婷，徐明玉. 中国产业安全研究的最新进展：一个文献综述［J］. 经济研究导刊，2009 (28).
[115] 成思危. 提高金融产业竞争力，确保金融产业安全［J］. 中国流通经济，2010 (2).
[116] 王毅，中国产业安全报告——预警与风险化解［M］. 北京：红旗出版社，2009.
[117] 刘一飞. 国外有关产业安全的经验及教训［J］. 宏观经济管理，2010 (4).
[118] 卢欣. 2009年十大重点产业安全情况及问题［J］. 中国贸易救济，2010 (4).
[119] 程恩富，李炳炎. 警惕外资并购龙头企业，维护民族产业安全和自主创新——美国凯雷并购徐工案的警示［J］. 生产力研究，2007 (5).
[120] 马健会. 加入WTO后影响我国产业安全的八大因素［J］. 亚太经济，2002 (4).
王金龙. 反倾销视角下我国产业安全的维护［J］. 当代经济研究，2004 (11)：64-67.
[121] 李琮. 经济全球化与资本主义［J］. 理论前沿，2001 (5).
[122] 余永定. 世界经济形势分析与预测评析［J］. 世界经济，2002 (3).
[123] ［日］初獭龙平. 全球化的历史进程及其对亚洲的影响［J］. 世界经济与政治，2000 (6).
[124] ［德］伯恩德·梅. 全球化与新经济：国际经济关系中的老问题与新挑战［J］. 开放导报，2001 (7).

[125] 唐志良，王双英. 经济全球化影响我国产业安全的机理分析［J］. 生态经济，2008(8).

[126] 曹秋菊. 中国产业安全研究的最新进展：一个文献综述［J］. 经济研究导刊，2009(28).

[127] 何维达. 全球化背景下国家经济安全与发展［M］. 北京：机械工业出版社，2012.

后 记

本专著是本人作为首席专家主持完成的国家社科基金重大项目“经济全球化背景下中国产业安全研究”（00ZD&029）的基础上经过一再修改完成的，同时也包含了北京市社科基金重点项目（14JGA014）和教育部一般项目（15YJA790020）的部分成果。本研究有利于完善产业安全理论，包括理论体系、研究方法、评价体系和产业安全的监管与维护，进而完善产业经济学；同时有利于丰富国民经济学、宏观经济学等社会主义市场经济理论。

本专著是以北京科技大学和江西理工大学的名誉联合撰写出版的。主编何维达目前是北京科技大学东凌经济管理学院教授、博导，同时也是江西理工大学校长助理兼商学院院长。本专著的完成和出版，我们首先感谢国家社科基金规划办的资助；其次，感谢相关职能部门、行业协会和科研单位的支持和协助，它们是国家科技部、教育部、商务部、国家发改委等职能部门，还有中国汽车工业协会、中国钢铁工业协会、中国机械工业联合会、中国工业经济学会等单位；再次，我们还要感谢江西理工大学和北京科技大学的领导和同事，由于他们的关怀和支持，使得我们能够比较圆满地完成研究任务；最后，我们还要感谢知识产权出版社的蔡虹老师，由于她的热心支持，使我们这本专著能够尽快与读者见面。

本专著由何维达教授负责。具体写作分工是：第一章，第四章和第十章，何维达（北京科技大学、江西理工大学）；第二章，何维达、李孟刚（北京交通大学）；第三章，彭鹏（江西理工大学）；第五章，何维达、雷家骕（清华大学）；第六章，何维达、于一；第七章，何维达、张凯（洛阳师范学院、中国社会科学院）；第八章，郑世林（中国社会科学院）、周黎安（北京大学）、何维达；第九章，何维达、朱嵩（江西理工大学）。最后由何维达总纂、定稿。

2016 年 10 月